都市社会学

歴史・思想・コミュニティ

吉原直樹［著］
NAOKI YOSHIHARA

東京大学出版会

Urban Sociology
An Integral Perspective on the History, the Thought,
and the Theory of Community
Naoki YOSHIHARA
University of Tokyo Press, 2018
ISBN978-4-13-052028-7

序　都市を社会学的に問うということ

都市は洋の東西を問わず、古の時代から今日にいたるまで社会の写し鏡としてあった。常に時代のフロンティアとしての役割を担いながら、そのときどきの社会の矛盾を抱え込むコンテナーとしてあった。しかしその写し鏡＝コンテナーとしての都市がいま大きく揺れ動いている。イノベーションの船頭役を自任しながら、気がついたらその敵役を演じていたのである。そして多くの人びとを惹き寄せるとともに、そうした人びとに恐怖を植えつけている。

考えてみれば、都市はいついかなるときも、多種多様な人びとが出会い、ぶつかりあい、共振する場としてあった。都市のもつ賑わいの魅力は、そうした場がもたらしたものである。同時に、そうした賑わいは、さまざまなケイオスにともなう猥雑さを内包してきた。そして都市をめぐる知はといえば、そのときどきの時代の課題に向き合いながら、この賑わいと猥雑さをすくいあげようとしてきたのである。しかし都市に生きる人びとは、いまや、そうした賑わいや猥雑さを超えて自らの立ち位置／ポジションを示唆してくれる知をもとめるようになっている。もし都市社会学がそうした知の一つであろうとするなら、あらためて自らが何をめざしているのかを始原に立ち返って明らかにする必要がある。

いまさら述べるまでもないが、都市社会学は、長い間、指摘したような都市の賑わいと猥雑さに照準をあわせてきた。そしてそうしたものに形を与えようとする営為自体が都市社会学の発展をうながしてきたのである。しかしいつ頃からか、制度化された都市社会学は、生きた都市の現実から乖離するようになった。そこから、再び時代の音曲に耳を傾けながら、その刷新に明け暮れる社会学者たちが立ちあらわれた。そして都市の「現在性」に座をすえながら、常にリフレクティヴであろうとするスタンスがあらたな都市の社会学を特徴づけることになったのである。

　都市社会学は一九世紀から二〇世紀の転換期にシカゴで生まれた。そして都市の拡大・発展、都市的生活様式の進展とともに、二〇世紀半ばにはアメリカン・サイエンスとしての殻を打ち破って広がることになった。ところが一九七〇年代に入って欧米等の先進社会において「都市の危機（アーバン・クライシス）」が（社会の）前景に立ちあらわれ、それとともに（危機に必ずしもうまく対応できない）都市社会学のありようが取りざたされるようになった。そしてその再生が叫ばれるようになった。そこから「新しい都市社会学（ニュー・アーバン・ソシオロジー）」が出現した。

　この「新しい都市社会学」は一九七〇年代後半以降、ヨーロッパの社会理論の世界を厚く覆うことになった「空間論的転回」の動きと交響・共振することによって、社会学にとどまらないアーバン・スタディーズとしての射程を有するようになった。それと同時に、都市の危機＝再生のなかで人びとが「どこから来て、どこに行こうとしているのか」をさし示す里程標ともなった。その後、「新しい都市社会学」は進化し、空間論／場所論や社会史研究等と交差するようになる一方で、都市に生きる人びとの意識のありようや感覚の変容を重視する、記号論や身体論の世界に足を下ろす都市論への志向をみせることにもなった。さらにそうした動向と絡みあいながら、源流としてのシカゴ学派を新たな文脈で読む動きが立ちあらわれるようになった。

ともあれ都市社会学はさまざまな航跡をえがきながら、現在に至っている。そして、一方で微視的態様の記述を得意とするものと、他方でそうしたものの底に宿したラディカルな精神を、大掛かりな理論装置を用いてより尖鋭的、アクチュアルに、そしてグローバルに浮かびあがらせるものとが複雑に交錯し、それが都市社会学を特徴づけるものとなっている。そしていまや都市が大きくゆらぎ、混迷の度合いを深めるなかで、そうした特徴を見据えた上で理論的革新を達成することがもとめられるようになっている。とはいえ、その理論的革新の方向を提示することは簡単ではない。

何よりも、理論的革新に向けてどのような課題設定をするかが問われよう。なぜなら、都市社会学を内に閉ざされた体系としてよりもむしろ「開かれた課題設定」をおこなうものとして位置づけることによって、現実に都市において立ちあらわれているさまざまなイッシューに対応できるからである。平たくいうと、柔軟な課題設定によって、はじめて都市社会学は現実的たりうるのである。もちろん、この間、都市社会学は大きくその視角と方法を変えてきた。そしてそれゆえにこそ、課題設定は流動的で多方向的なものにならざるをえない。少なくとも、定型的な視角と方法を強いるようなひとつの価値意識の下で課題を開示することはできない。

　ここで「開かれた課題設定」に向けてまず指摘したいのは、都市を枠づけてきた「境界」がアーリ（John Urry）のいうグローカル・アトラクタの進展とともに社会の後景に退き、次第に都市が内に閉じるものから外に広がるものへと変容（トランスフォーム）していることである。このことは当然のことながら、都市の拠って立つところが「非動的なもの（ア・モバイル）」から「動的なもの（モバイル）」へと移っていることと深く関係している。ここで、かつてカステル（Manuel Castells）が情報発展様式の展開を踏まえたうえで、都市の軸線を「場所の空間」から「フローの空間」へと移動させたことが想起される。

　以上のことと関連して次に指摘したいのは、都市そのものの対社会における布置構成／形状（configuration）が異主体の併置・競合を軸に、きわめて多次元的な分水嶺（ディバイド）をともなって表出していることである。都市において、階級・階層だけでなく、エスニシティ、ジェンダー、ジェネレーション、カルチャー等が鋭くせめぎあって、一方で「飛び地のランドスケープ」がつくりだされるとともに、他方で排除と抑圧が渦巻く異界の生産と再生産がおこなわれている。それでもアダムズ（Jane Adams）は、そうした都市が端緒期においてはぐくんだ多様性と異質性に近隣デモクラシーの可能性をみようとした。

　いずれにせよ、今日、都市では自らを制約していた「境界」が絶対的なものでなくなり、いわばボーダレスな地層から立ち上がる流動性が多様性と異質性を呑み込み、きわめて示差的な建造環境をつくりだしている。とはいえ、それと表裏をなして、指摘されるような示差的な建造環境をとらえかえすようなネットワークや広狭さまざまのアソシエーションが、ナショナルなものにも私的なものにも回収されない集合性や関係性を都市に埋め込もうとしている。ここで最後に指摘したい点である。そうしたネットワークやアソシエーションは制度化されたコミュニティと時として対峙し、時として共振しながら、国家とは必ずしも直接にせめぎあうことのない市民社会の形成にかかわっているようにみえる。都市はもはやかつてのようにナショナル・アイデンティティに全面的に回収されるような存在ではない。むしろグローカルの地層にまたがる多重的なアイデンティティにもとづいて自らの存在証明をおこなおうとしている。

さしあたり、「開かれた課題設定」に向けて必要と思われる、都市をめぐるきわめて概略的でスケーマティックな論題の提示をおこなった。いうまでもなく、それらがそのまま「都市を社会学的に問う」ことにはならないが、そのためのいくつかの前提要件(＝論点)は示しえたであろう。以下、その点を踏まえたうえで、本書の内容をごく簡単に説明しておきたい。

本書は三部からなる。第I部では、都市社会学の理論的性格と思想的潮流を二つの対抗する理論地平／軸に照準をあわせて概観した。まず1章では、都市社会学の源流にひそむ特質を、ソーシャル・ダーウィニズムと世紀転換期のシカゴから着想を得たヒューマン・エコロジーの方法と枠組みに寄り添いながら明らかにした。2章では、一連のサバーバニズム論を紐解くなかで、1章で浮かび上がらせた初期シカゴ学派の方法と枠組みがどの程度の拡がりと深まりをもって継承されているのかを検証した。その継承の地平で明らかになったのは、「中産階級の挫折の論理」にもとづく社会的統合の観念がアーバニズム論→サバーバニズム論の基層をなしているということであった。3章では、その社会的統合の観念をマーチンデール（Don Martindale）の制度論からの批判に言及しながら、主にカステルの「都市イデオロギー」論に準拠して読み込んだ。そして4章では、シカゴ学派主導の都市社会学を向うにして「もうひとつの都市社会学」としてあらわれた「新しい都市社会学」の理論的性格と思想的背景を、より広い社会理論の文脈で明らかにした。

次に第II部では、「新しい都市社会学」をひとつの始まりとする、「空間論的転回」によって打ちたてられた理論地平の外的な拡がりと内的な奥行の深度を確認することにつとめた。そしてそのことによって都市社会学の「現在性」を浮き彫りにした。まず5章では、ハーヴェイ（David Harvey）とアーリの空間および移動に関する理論的立場を検証するなかで、都市社会学の理論的革新につながるような「移動と空間の社会学」の存立の可能性について論じた。6章では、「空間論的転回」の理路にあらわれた「移動論的転回」の理論地平を、ジンメル都市論の再解読を通して明らかにした。同時に、ジンメル都市論を方法的拠点とするシカゴ学派再考の文脈をさぐった。7章では、「空間論的転回」の意図せざる結果として立ちあらわれた、記号論、身体論等に足を下ろした都市論の世界を逍遥することで、都市社会学と共振するアーバン・スタディーズの可能性についてさぐった。そして8章では、以上の5章から7章までの展開を受けて、「空間論的転回」→「移動論的転回」によってとりわけ強い影響を受けた理論的領野としてコミュニティ論をとりあげ、その再審の方向を論じた。同時に、ありうべきコミュニティの「かたち」——創発的コミュニティ——について考察した。

最後の第III部では、理論的研究と経験的研究が交錯する次元／地平で、8章でとりあげたコミュニティの「かたち」の現出を一方でさまたげながら、他方でうながしている移動（モビリティーズ）、セキュリティ、ツーリズムの両価的（パラドキシカル）な現状を明らかにした。それは都市社会学の理論的革新の方向をさぐるための助走の役割を果たすだけでなく、現代都市の存立の基盤を確認し、その存続の課題をさぐる作業そのものでもある。

目次

III　現代都市の課題をさぐる

I

都市社会学の系譜

1章　都市社会学の原点

シカゴ学派の世界

自分は現在どこの国にいるか、それは目を閉じたままでも見当がついた。食料品店や窓のあいている家の炊事場から漂ってくる匂い、聞きなれない、あるいは聞きなれた言語によって、また、見知らぬ他人から頭に石をぶつけられるかどうかによって、である。……こうした〝民族的国家〟はヨーロッパの各国とほぼ似たような形で交際していた。ヨーロッパからの移民は、肩にかついだ大袋とともに、故国の古い偏見をそっくりアメリカにもちこみ、新大陸に住みつくと、ただちに新しい偏見をとりいれた。——M・ロイコ『ボス——シカゴ市長R・デイリー』

はじめに

一九二〇年代のシカゴは、ほぼ七〇からなる〝民族的国家〟のモザイクであった。ヒューマン・エコロジー（人間生態学）は、まさにこのモザイクを「一つの生きた全体」として「自然史的過程」として描くために立ちあらわれたといってよい。そして、パーク（Robert E. Park）によって主導されたこのヒューマン・エコロジーが、事実上、シカゴ学派都市社会学（以下、シカゴ学派と略称）の嚆矢をきり拓くことになったのである。これ以降、今日にいたるまで、シカゴ学派は都市社会学の源流をなしてきたが、長い間、雌伏のときを余儀なくされた。ようやく一九七〇年代後半になって、再考の動きがみられるようになった。コーザー（Louis A. Coser）が「第一次世界大戦から一九三〇年代の中頃までの約二〇年間のアメリカ社会学の歴史は、大部分シカゴ大学社会学科の歴史として書くことができる」（Coser 1978=1981: 91）と述べたのも、ちょうどその頃であった。

もともとシカゴ学派は、理論的に多様な影響源からなる。したがって一九世紀後半から世紀転換期にいたる、いわゆる「社会科学から社会学へ」（宇賀博）の時代における、アメリカ社会学の展開／転回の性質およびその理論的特徴を明らかにしようとすれば、どうしてもシカゴ学派を視野に入れなければならなくなる。しかし、そこに影をおとしている、ソーシャル・ダーウィニズム[*1]に端を発する均衡論的変動論の立場と特定の時間と空間の刻印があまりにも強すぎたために、「古い」とか「伝統的である」などと批判され、蚊帳の外に置かれてきた。長い間、忘れられた学派であったのである。そうしたシカゴ学派が、七〇年代後半になってなぜ顧みられるようになったのか。そこでまず、シカゴ学派再考の文脈をひもとくことから始めよう。その後で、本書の主題、すなわち生成期の都市社会学にたいして一つのささやかな思想的座標軸を設定することにする[(1)]。

1　シカゴ学派再考の文脈

再考の文脈

半世紀以上も経って、なぜシカゴ学派が甦ることになったのか。そこにはいろいろな要因が考えられるが、まず指摘されなければならないのは、それが、従来、脈絡もなく思い出したようになされてきた回顧風の追憶とは根本的に異なるという点である。たしかに、当時支配的にみられた、いわゆる量化技法の推敲とそれにもとづく理論モデルの構築にひた走る方法論的立場にたいする反証として、シカゴ学派の問題意識と方法をとりあげるという動きはみられた。しかし、それも大きくは上記の回顧風の追憶を超えるものではなかった。シカゴ学派再考の動きを誘ったのは、そうした心情的な古典シカゴへの郷愁ではなかった。それは一言でいうと、「社会学の遺産」(heritage of sociology) シリーズにおける「シカゴ学派の知的遺産の再発見」をこころみる動きや、当時のアメリカ社会学を「空白期」とおさえたうえで、そうした動向にたいする鋭意な挑戦として「過去の再構成」、すなわちシカゴ学派の蘇生をはかろうとする動きであった。

ところで、七〇年代後半におけるシカゴ学派再考の文脈は、概ね以下の四つの系においてとらえることができる。

(1)　〈正統派〉によるノスタルジックな継承、つまり〈正統派〉としての矜持をたもち、〈源流〉への

深い思い入れを先行させるもの

(2)　「黄金の時代」におけるシカゴ・ソシオロジーの〈財産目録〉に目を通しながら、そこから抽出されるいくつかの論点を異質のアプローチに統合することによってその復権をはかろうとするもの

(3)　初期シカゴ学派の知的雰囲気を「社会的・文化的コンテキスト」で再構成することによって、シカゴ・ソシオロジーの現代的地平をさぐろうとするもの

(4)　シカゴ・ソシオロジーの歴史的位相に立脚した社会的性格の抽出を通してその批判的継承の視座を得ようとするもの（吉原 1989: 24-25）。

いわゆる「シカゴ・ルネサンス」という状況は、こうした相互に異なる四つの系が複雑に交差するなかから生じたのである。より広い文脈に立つと、ポスト・パーソンズにおける**ヒューマニスティック・ソシオロジー**[*2]の台頭に符節を合わせるようにして、シカゴ・ソシオロジーの復興ないし再生への関心が広がったといえる。またそうした関心の広がりが当時の社会学のフロンティアの領域、たとえば、「人間の主体的行為」をめぐるミード（George H. Mead）のまなざし、ギデンズ（Anthony Giddens）の**「構造化」論**[*3]、ブルデュー（Pierre Bourdieu）の**「ハビトゥス」論**[*4]などの発展／深化をうながしたともいえる。それらは結果的に、シカゴ・ソシオロジー再・再考のモーメントをなしたのである。いずれにせよ、この時期を境にシカゴ・ソシオロジーに関する夥しい数の研究書（たとえば、Faris（1967=1990）、Short（1971）、Carey（1975）、Diner（1975; 1980）など）があらわれたのも、けっして偶然のことでは

ない。それは「シカゴ・ルネサンス」にふさわしい事態の進展であったといえる。

シカゴ・パラダイムの相対化、脱構築と再構築

ここであらためて確認すべきは、シカゴ学派再考の動きが一定の理論的必然性をともなって立ちあらわれたこと、と同時に、そうした再考の文脈がそのまま学派肯定の文脈を編むものではなかったということである。再考の文脈を通してシカゴ学派の〈現在性(プレゼンス)〉をあきらかにし、さらにそうした作業の一環として、シカゴ・パラダイムを相対化する視点を打ち出すことがもとめられたのである。またそこから、前述の（再考の文脈の）四つの系のうち、とりわけ(3)および(4)にいっそう目が向けられたのである。そこから共通に浮かびあがることになった課題は、「ロマンティックな好奇心」とか「思い出」などではなく、批判を価値基準としながら、再考の文脈でシカゴ・ソシオロジーに内在する〈積極的なもの〉をすくい出し、その上で、シカゴ・パラダイムの検証のプロセスを通して、〈現在性〉をになって立ちあらわれてくる異種の「メモワール（記憶）」を適切に位置づけるということであった。さらにこうした課題を追求するなかで、シカゴ・ソシオロジーを負の遺産としてとらえるラディカル・クリティークを向こうにして、シカゴ・パラダイムの相対化から「脱構築」へ、さらに「再構築」に向かう途が模索されることになった。

こうしてシカゴ学派再考の動きはきわめて重い課題と向き合うことになったが、実際に上述の相対化→「脱構築」→「再構築」の動きと相まって、シカゴ学派にたいしてある一定の評価が下されるように

なったのも事実である。なかでも、シカゴ学派を積極的に導いてきたリーダーたちの知的才幹を浮き彫りにすることによって、学派の「掘り起こし」をおこなおうとするような動きは、そうした評価と直結していた。ちなみに、そうしたこころみにおいて特に目立ったのは、リーダー層のそれぞれの生活履歴にまで遡及した性格づけであった。たとえば、テーラー・システムが広がりはじめた時代的状況下で社会的病苦の漸進的改革に身をささげる予言的求道者、**コーポレイト・リベラリズム**[*5]の担い手としての「社会改良家」、中産階級的価値観点から「現実的」改革を追求するアカデミックな求道者等々と、微妙に異なるフィギュア像が提示された。それとともに自由主義的なイデオロギーによって貫かれた、周到な改革主義と結びついた知的才幹が描き出されることになったのである（吉原 1989）。詳述はさておき、かれらは多かれ少なかれ、**バプティスト・ディシプリン**[*6]の内部もしくは周辺から立ちあらわれた、「社会福祉に関心をもつ人びと」であった。

パークの社会学的マインド

そうしたなかで傑出していたのはパークである。彼は反改良主義の立場をつらぬき、あくまでも自然主義的な観察眼を重視した。シカゴ学派再考の文脈でパークにそそがれたまなざしは、日常生活のリアリティにたいして常にヴィヴィッドな関心をもち続けた彼の社会学的マインドに向けられており、エピゴーネンたちはそこにシカゴ・スタイルの祖型をみようとしたのである。

パークがシカゴ学派と総称される人びとのなかにあって、社会学を社会哲学に依拠していた研究から人間行動に関する「実証的」で帰納的な研究へと転換させるうえで限りなく大きな役割を果たしたことについては、すでに多くの論者が指摘している。だがそのことをもってただちに、パーク以前のシカゴ学派第一世代と第二世代の間に大きな断絶がある、とはいえない。パークの「実証」の重視、そして色濃くみられた反改良主義的立場は、まぎれもなくスモールに色濃くみられた社会改良主義的立場をデューイのプラグマティズムを介して継承したものであり、それじたい、初期シカゴ学派の方法的態度を如実に示すものであった。またそうした点では、パークの社会学的マインドには初期シカゴ学派の苦渋にみちた知的共同体のありようがきざまれており、そこに深く足を下ろしている知的才幹の姿をみてとることができる(2)。

2　シカゴ学派の制度的文脈とパーク

アカデミック・ソシオロジーの制度化

本章の冒頭でも触れたように、コーザーは、シカゴ学派をアメリカ社会学の歴史に位置づけた上で、それが「実用的」で「経験的」な社会学のパイオニアとして果たした役割を高く評価した（Coser 1978=1981）。しかし「経験的」な社会学ということでいうと、その胎動はシカゴ学派成立以前の、いわゆるアカデミック・ソシオロジーの「制度化」のプロセスにおいて既にみられた。

アメリカ資本主義は、南北戦争後、いわゆる「強成長」を遂げ、それにともなって産業化、都市化が著しく進展した。その結果、大量の移民労働者が都市に流入し、大小さまざまな社会問題が噴出した。それとともに社会改良運動をもたらした「階級戦争」が台頭し、いわゆる「地位革命」が大々的に生じた。こうした変動の波は同時に、高等教育の再編にも及び、社会学の制度化を強くうながした。ちなみに、この社会学の制度化を、矢澤修次郎は以下のように指摘している。

> 社会学の制度化は、「地位革命」の影響を大きく受けた牧師、専門職などの中間階級、外国で高等教育を受けた若い大学卒業者などが社会改革運動の中で社会学を重用したことの帰結に他ならない（矢澤 1984: 154）。

考えてみれば、もともと、アメリカ社会学は、社会倫理を達成し、着実な慈善・矯正をおこなうという目標を掲げて、社会問題にたいする事実発見をこころみるものとして始まったが、上述の文脈でその制度化が著しくすすんだのである。ここであらためて注目されるのは、そうした社会学の確立→制度化の進展が何よりもまず、プロテスタンティズム主導の社会改良運動を合理化するものとしてあったという点である。

歴史学派の末裔

というのも、そこにこそ、社会学と「実践的」社会科学と社会改良が相補的な関係をおりなす原拠をみいだすことができるからである。社会学の制度化は結果的に、アメリカのアカデミズムに「実践」あるいは「改革」の意味をきわめてナイーブかつプラクティカルな形で埋め込むことになった。こうしてシカゴ学派成立要件としての制度化の道筋は、当初から「理論」と「実践」、「科学」と「改革」のジレンマに陥り、それをいかに克服するかということが、「アメリカン・サイエンス」としての社会学を確立するための最大の内発的モーメントを構成することになったのである。(3) 同時に、そのために、初期シカゴ学派全体の論調がある意味雑駁なものになり、また表層面の局面でスモールに代表される第一世代とパークらの第二世代の間に深い亀裂があるといった解釈も立ちあらわれた。しかし、この局面は既に触れたように、必ずしも断絶の相からのみ捉えられるものではない。以下にみるように、スモール（Albion W. Small）からトーマス（William I. Thomas）を経てパークに至る道筋は明らかにシカゴ学派の本流を形成しているのである。

フェアリス（Robert W. Faris）がいみじくも指摘しているように、シカゴ学派の形成、とりわけ第一世代の登場にたいして最大の影響をおよぼしたのは、歴史学派の方法的態度である（Faris 1967=1990）。これには第一世代の人びとが彼らのアカデミック・キャリアの形成の初期においてドイツで学んだということが大きく作用しているが、研究者の社会的責任として社会改良を追求するといった歴史学派に特有の方法的態度は、まずスモールによって受容された。そして次にトーマスの「**アドホックな経験主義**」*7へと継承／展開された。しかしこの系では、「理論」と「実践」の関係は等閑に付された。両者が統一されるのは、デューイ（John Dewey）のプラグマティズムの系においてである。つまり過去の経験律を相対化しながら、科学の実験的方法および探求のメソドロジーにもとづいて仮説構成と検証をおこなう「実験的経験主義」において達成された。そしてこの「実験的経験主義」がパークへと継承されるなかで初期シカゴ学派の方法的態度をささえることになったのである。こうしてドイツ歴史学派の「一般化定式」を純化するとともに、改良主義的スタンスを後に追いやり「客観性」を重視するパークに特有の立場が形成されることになった。したがって改良主義の取り扱いからして、一見歴史学派から遠いようにみえるが、歴史学派の末裔としてのパークという位置づけはやはり有効なのである。ともあれ、以上より、第一世代から第二世代へ潜り抜けていく経験主義の地平で、草創期以降かかえてきた既述したジレンマに一つの答えが与えられたということができる。

ヒューマン・エコロジーにおけるパーク

ミルズ（Charles W. Mills）によって「リベラルな実用主義の社会学」の典型とみなされたパーク社会学の方法的立場の特徴は、彼の理念型的立場によくあらわれている。それは一言でいうと、歴史的事実の固有性に目を向けるよりは、そうした事実のなかに一般性や典型性をさぐる、まさに自然史の立場をとるものであった。またそうした点で、社会過程の理念型を構成したジンメル（Georg Simmel）の立場と似通っていた。パークはこうした理念型的立場に立ちながら、「客観性」尊重の態度を、対象を「生身」の形で、しかも「ひとつの全体」として見据える方向へと徹底させた。そこにはシカゴ大学が創立当初から高らかに掲げ、第一世代の人びとの胸に深くきざまれた「掘り下げて、発見せよ！」というバプティスト・ディシプリンが（「実践」を介して）豊かに息づくとともに、社会学徒にたいして街に出て観察し、その観察を記録するよう求めたシカゴ・スタンスの確立へとつながっていった。こうしてパークらの指導の下に、参与観察にもとづくおびただしい数のシカゴ・モノグラフが生み出されることになったのである。

パークらの指導と若き社会学徒のみずみずしい感性とが響き合って織りなされたこれらシカゴ・モノグラフは、個別的にみるかぎりモノトーンであり、記述的性格を出るものではない。しかし、それらを「共同作品」の成り立ちのプロセスに立ち入って検討してみると、個別作品のオリジナリティを学派総体のストックに仕立て上げる「知的コミュニティ」の奥の深さだけでなく、個別作品の累積を通してつくり出される共同研究のモラールの高さも読み取ることができる。さらに内観を通して対象にせまるシカゴ・モノグラフが平板な調査至上主義に陥っているという批判に回収されない、ある種の「公的事象」[*8]（キャレイ）として機能していることがわかる。シカゴ・モノグラフが〈臨床社会学〉としての内質を有することについては後述するが、それも（シカゴ・モノグラフが）こうした「公的事象」としてあること、すなわち現実社会との存在論的な関係をきりむすぶなかで、フィールドの「発見」が都市と深く感応しあうところに根ざしているのだ。

ところで、指摘されるようなシカゴ・モノグラフは、先に言及した理念型的立場が現実との〈対話〉のなかで編み出したヒューマン・エコロジーを下敷きにして出来上がったものである。言い換えると、ヒューマン・エコロジーは多くのシカゴ・モノグラファーたちに理論的座標軸を与えたといえる。もっとも、ヒューマン・エコロジーは概念的に必ずしも整備されたものではなかったし、理論的にも未彫琢の部分を多く残していた。だからヒューマン・エコロジーをめぐって、その後賛否両論が交わされ、さまざまな系譜がしるされることになった。とはいえ、パークのヒューマン・エコロジーは、シカゴ・モノグラファーにとってあくまでも理論的公準として存在したのである。

パークのヒューマン・エコロジーにとって鍵(キー)概念となるのは、コミュニティである。パークは、個人が孤立から始まって接触を経て相互作用にすすむ道筋を、生態学的秩序（経済的均衡）から道徳的秩序（政治的秩序→社会組織→パーソナリティと文化的遺産）への移行としてとらえ、前者を競争（competition）に基礎づけられたコミュニティに、後者を闘争（conflict）、応化（accommodation）、同化（assimilation）に基づくソサエティに対応させている。ちなみに、パークは四つの相互作用の型について概ね次のように説明している。競争は相互作用の開始とともにみられるものであるが、基本的には無意識的な過程であり、それにたいして闘争は意識的な社会的接触が不可欠なものとなる段階で立ちあらわれる。この闘争は個人や集団にたいして激しい葛藤を惹きおこすが、やがてその内部に立ちあらわれる「社会統制」＝「合意」によって克服される。それが応化の過程である。そして相互作用の最終局面において同化がみられるようになる。そこでは共通の〈経験〉と〈歴史〉が共有されるなかで、多様な文化の融合が達成される（Park and Burgess 1921; Park 1952）。

こうした捉え方は、ジンメルの系をひく「相互作用」の概念を分析軸として、コミュニティを下部構造とし、その上に上部構造としてのソサエティを置く、いわゆる生態学的決定論（ecological determinism）の立場をとっている点に最大の特徴があった。マーチンデールはそこに「原始主義」的な性格をみているが（Martindale 1958: 29）、パークの「ソサエティ―コミュニティ」二分法においてより重要な意味をもったのは、無意識的、本能的な相互作用（競争）が意識的な相互作用（闘争、応化、同化）によって統制されるという点であった。だからバーガー（Peter L. Berger）にならって、パークのヒューマン・エコロジーをつらぬく「文化態度」をもとめるなら、それは「合意」、つまり「社会統制」へのあくなき執着ということになる。考えてみれば、そうした「文化態度」の形成には、一九二〇年代のシカゴ的世界がその内部にはらんでいた分裂の要素、すなわち「移民の問題」にたいするパークの危機意識が大きく作用していたのである。

ヒューマン・ネイチャーの世界

パークのヒューマン・エコロジーの基底にあるのは、〈ヒューマン・ネイチャーの神話〉が色濃く投影した、既述した均衡論的変動論の立場である。つまりヒューマン・ネイチャーによる自同律の世界をア・プリオリに想定した上で、パークのヒューマン・エコロジーは成り立っていたのである。ところでそこでいわれるヒューマン・ネイチャーによる自同律の世界とは、端的にいうと、神の見えざる手が作用する**レッセ・フェールの世界**[*9]のことである。この世界をいわゆる淘汰から再秩序化へと社会ダーウィニズム的に追い上げているのが他ならぬ均衡論的変動論の立場であるが、そこでは資本の価値増殖の論理が直接規定要因として作用するシカゴ的世界に目が向けられていた。

同時に、パークが熱いまなざしを向けたヒューマン・ネイチャーの世界には、「人間の可能性」を豊かに抱合する〈人間的自然〉が担保されていた。とはいえ、パークの着目した〈人間的自然〉は、「自然の人間化」と「人間の自然化」との往還にねざす、人間と自然のダイナミズムへの視点に裏うちされたものではなかった。つまり人間の社会的労働への視点を欠いていた。そのため彼の生態学的決定論の立場がいちじるしく空間フェティシズムの方向に傾斜することになったことは否めない。[4] ちなみに、かつて横山亮一がパークのヒューマン・エコロジーに投げかけた「原始主義」という批判は、まさにこうした空間フェティシズムのありようを別の視点から明らかにしたものであるといえる。

3　コーポレイト・リベラリズムと〈臨床社会学〉の間

コーポレイト・リベラリズムの機制

さて、みてきたようなヒューマン・エコロジーは、統合の機制（メカニズム）や合意の心理過程をヒューマン・ネイチャーの自同律の世界にゆだねているという点で、ある種の楽観性（オプチミズム）にもとづいていた。そしてそれじたい、既述した理念型を堅持する立場から立ちあらわれたものであるが、他方でシカゴ学派が生きた時代と社会、いわゆるフォーディズム体制が深い影をおとしていたのである。

ちなみに、世紀転換期から一九二〇年代前半にかけて、アメリカでは大規模な組織労働と巨大な企業独占の連携を制御する絶対的要件として、国家による介入がもとめられた。とりわけ、テーラー・システム[*10]にもとづく大量生産・大量消費のフォーディズム[*11]が先駆的に立ちあらわれた二〇年代において、社会の量的現象化＝質的流動化にともなって、水面下での伝統的な社会組織のなし崩し的な瓦解と人びとの心を広範囲にとらえた社会解体がすすんだ。上記の国家介入の要請は、そうした状況にたいする社会の危機意識を上からキャッチアップするものとしてあった。ある意味で、シカゴ・ソシオロジーはそうした要請に共振しながら、あるいはそうしたものと適合する形で、「社会的統合」の強調と同類と見なされる心理的還元主義に傾斜して、「人種対立」、「統合」、「利益団体」、「同化」、「生存」、「応化」といった一連の鍵概念を編み出したのである。こうした概念装置は、経済的不安定化そして忍び寄る反体制的な社会運動にたいする鋭意な自己認識のあらわれであった。「黄金の二〇年代」に労働運動のみならず、〈異質なもの〉にたいする極度に否定的な雰囲気が社会全般に広がっていた。また社会解体をまねくと見なされたものにたいする過剰なまでの自己防御本能がアメリカ社会のすみずみにまで浸透していた。それでは、この「黄金の二〇年代」は具体的にどのような時代相としてあったのであろうか。以下、この点について筆者が別の箇所で述べたことを引用しておこう。

一九二〇年代は、アレンの『オンリー・イエスタデイ』が示しているように、アメリカ史上、空前の繁栄をとげた時代であり、今日につながるアメリカン・ウェイ・オブ・ライフの嚆矢がきりひらかれた時期であった。けれども、そうした時代相の背後で社会の流動化がすすみ、伝統的な社会組織や価値意識が根底からゆらいでいた。つまり社会解体の危機に瀕していたのである。そしてアングロサクソン的伝統になじんでいたアメリカ人たちは、社会解体の元凶とみなした者に対して抑圧的な態度でのぞんだ。こうして一九二〇年代は「異質なもの／者」を排除する社会になった。ところで、この「異質なもの／者」として排除されたのがカトリック教徒であり、ドイツ系移民であり、労働運動であり[5]、それとともに世紀転換期から雪崩を打って流入してきた新移民であった。とりわけ新移民は容易にアメリカ社会になじまないとして、抜きがたい偏見や差別、非寛容にさらされた。ともあれ、このようにして新移民を主たる担い手にして、「移民の問題」が社会解体の危機をはらむものとして広く取り沙汰されるようになったのである（吉原 2017: iv）。

シカゴ・ソシオロジストはこうした時代の雰囲気を鋭敏に感じ取っていた。その上で容易にアメリカ化されない都市の移民、とりわけ新移民に異質なもの＝〈反社会的なもの〉をみる社会の風潮に違和感を抱きながらも、その同化の問題をすぐれて社会学的なテーマとした。つまり移民がいかにしてアメリカ社会に適応し、アメリカ人になるかということに関心を向けたのである[6]。必然的に「移民の問題」が「移民の適応の問題」として社会学的研究の焦点になった。パークのいわゆる人種サイクル仮説／生態学的コミュニティ論の基底に伏在している秩序感覚も、この点に引き寄せて考えてみるとわかりやすい。こうしてみると、シカゴ・ソシオロジストはコーポレイト・リベラリズムの創出にとって欠かせない存在であったとするシュヴェンディンガー（Herman Schwendinger）の主張は至言であるといえる（Schwendinger 1974）。

「遷移地帯」の社会学

ここであらためて注目されるのは、コーポレイト・キャピタリズムが空間にしるした刻印がヒューマン・エコロジストによって「分結」(segregation)という概念で捉えかえされ、記述的にマッピングされて、既述したシカゴ・モノグラフへと集成されていることである。そこでは、メラー(Rosemary Mellor)によって「衝撃都市」(shock city)と呼ばれたシカゴが抱える諸矛盾が、諸人種、諸文化の融合する途上での空間的凝離に置き換えられた。いうなれば「衝撃都市」シカゴがみせる光と影が、「アメリカの約束」[*12]の機制に囚われた地域構造の多様性と異質性に取って代わられたのである。そしてシカゴ・ソシオロジストにとって、この多様性と異質性がヴィヴィッドに立ちあらわれたのが、他ならぬバージェス(Ernest E. Burgess)の同心円地帯仮説(図1-1参照)における第二地帯の「遷移地帯」(zone in transition)であった(Burgess 1925=1965)。この「遷移地帯」を「社会的実験室」として、その円環から外側の円環へと旅立つもの、その円環に一時的にとどまるもの、そしてそこに沈殿していくものによって空間にきざみ込まれた航跡／態様がさまざまに描出されることになったのである。こうしてシカゴ学派の都市研究がすぐれて「遷移地帯の社会学」として立ちあらわれることになった。繰り返すまでもないが、シカゴ・ソシオロジストがコーポレイト・リベラリズムに丸ごと包摂されていたこと、彼らの編んだモノグラフが多様性、異質性が埋め込まれた都市社会を自然地域の布置構成(constellation)として描出したこと、さらにモノグラフじたいが人びとの生活世界の珠玉の事実を浮き彫りにし

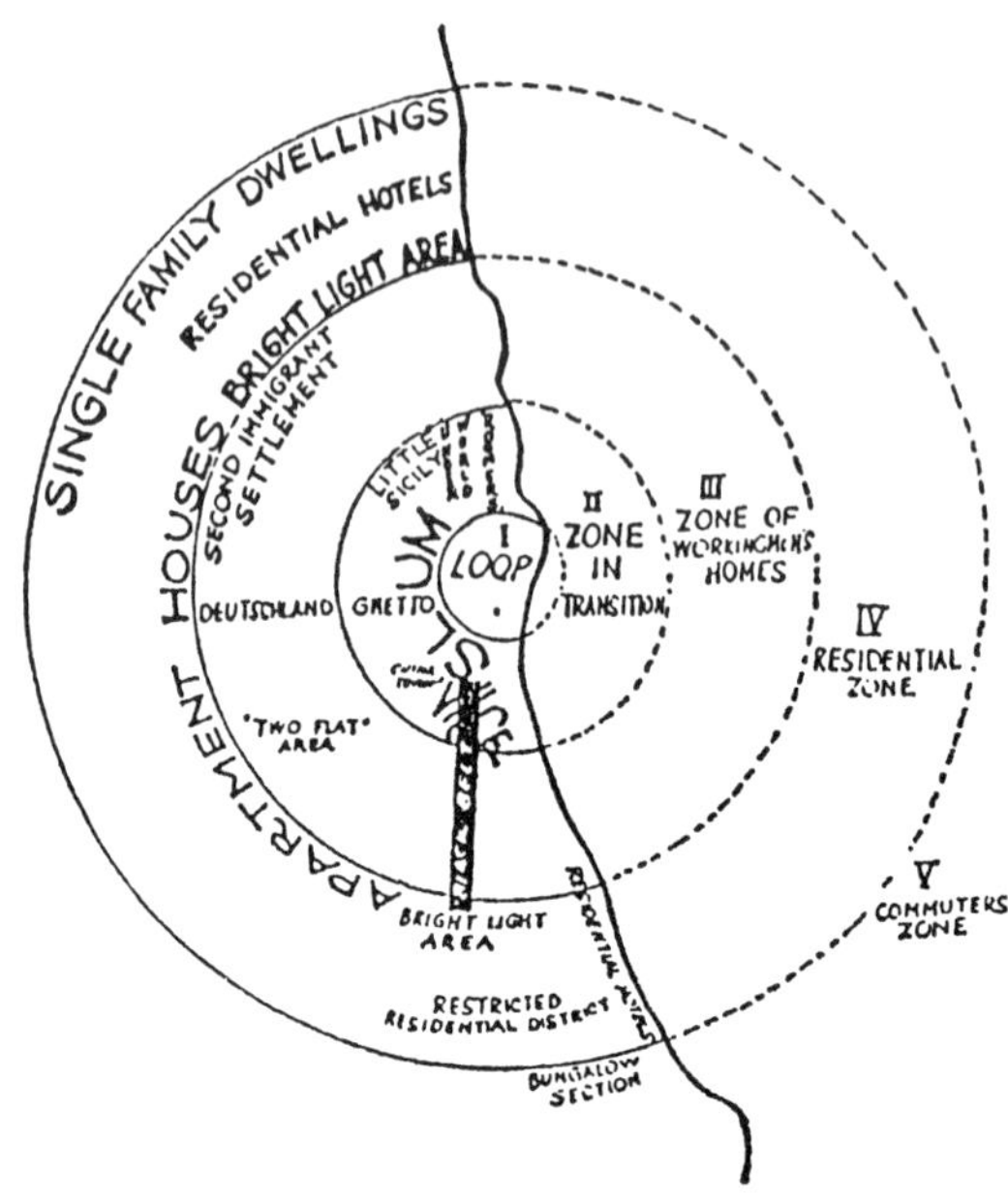

図 1-1　バージェスの同心円地帯仮説

ていたこと――これらは何ら矛盾するものではない。

ちなみに、上述したような「遷移地帯の社会学」と共振するような形で出現したのが、ドライサー（Theodore H. A. Dreiser）やアンダーソン（Sherwood Anderson）を旗頭とする「都市小説」ブームである。かつてメンケン（Henry L. Mencken）は、一九二〇年代のシカゴを「アメリカ文学の首都」と呼んだことがあるが（Gerfant 1954=1977）、それはこうした「都市小説」ブームの到来をさしてのことであった。こうしたブームをいざなったドライサーやアンダーソンは人物造形上のヒントをことごとくシカゴから得た。そしてシカゴがもたらす都市問題の魅力と呪詛をこぞって取りあげた。たとえば、中西部の田舎町から熱気にあおられるようにしてやってきたドライサーのヒーローたち。それらは、サンドバーグ（Carl Sandburg）が『シカゴ詩集』のなかで歌った、マミーの以下のような「シカゴに行けば……」という思いを共有していた。

マミーはインディアナの小さな町の柵門に頭をぶつけて、汽車がみんな走っていく方向のどこかにあるロマンスと素敵なことを夢みた。
彼女は鋼鉄の条(すじ)が陽にきらめく彼方に機関車の煙が消えていくのを見た、そして朝の郵便で新聞が来たとき、汽車が走っていく遥かなところにシカゴという大都会があることを知った（Sandburg 1916=1957）。

結果として、ドライサーのヒーローたちは、「衝撃都市」シカゴの自生的な発展のプロセスでにがい成功と苦しい挫折を味わいながら、たとえば、ゾーボー（Harvey W. Zorbaugh）が『ゴールド・コーストとスラム』で描出したようなアンビヴァレントな世界に染まっていった（Zorbaugh 1929=1997）。シカゴ・モノグラフが提示する「記述的」な資料を通して、都市が強制する「力」と人びとの「自己証明」への渇望の間で繰り広げられる無数の「ドラマとしての人生」に出会うことができる。そして同じようにして、「都市小説」から、空間の分結の背後にひそむ富の魅力と挽歌へのリアルな認識に分け入ることができる。いずれにせよ、「衝撃都市」シカゴを〈自然のなかの都市〉として見据えようとして

いる点で、シカゴ・モノグラフと二〇年代都市小説は共通の地平に立っていたといえる。(7)

〈臨床社会学〉としてのシカゴ・ソシオロジー

みてきたように、シカゴ・ソシオロジーの特質は、一つにはあくまでも「生身の現実」にこだわるという点にあった。とはいえ、このことは〈臨床社会学〉としてのシカゴ・ソシオロジーの一面を必ずしも否定するものではない。シカゴ・ソシオロジーはフィールドへの傾斜を通して、一方で「科学性」と「客観性」ということを自らの調査研究に禁欲的といえるほどまでに要求しながら、他方でそれじたい「公的事象」として、現実社会に存在論的に向き合うことを重視した。そこでは「実証」と「実践」が未分化のままに、すなわちオーバーラップした状態で存在する〈臨床社会学〉の守備範囲（レゾン・デートル）が問われるとともに、コーポレイト・リベラリズムがその基底をなしていることが確認されるのである。とはいえ、このことはシカゴ・ソシオロジーの上からの〈社会化〉のプロセスに寄りそって、より入念に検討する必要がある。

考えてみれば、一九二〇年代に〈専門化〉かつ〈技術化〉の進展とともにシカゴ大学で確立されることになった研究体制は、明らかにロックフェラーの利害に組み込まれていた。そしてそれに適合する形で出現したリベラルな実用主義は、社会学研究の〈事業体〉化をうながす一方で、シカゴ・モノグラフが風景と空間の即自的（アン・ジヒ）な模写レベルで現出させた「実践性」を社会の前景にもちだした。ここでは「生の証し」の実相分析において豊かにはぐくまれていた「実践性」が、社会学者のいう「社会参加」の文脈に埋め込まれることになったのである。だからこそ、メラーが「自由主義的民主主義」と呼ぶような段階での経験的研究の内実を、既述した〈制度化〉の文脈で再度検証することがもとめられているのである。

むすびにかえて

本章では、都市社会学の原像をさぐるために、パークのヒューマン・エコロジーに照準を合わせて、その理論的枠組みと鍵(キー)概念、さらにそうしたものに導かれて立ちあらわれたシカゴ・モノグラフの特質を概観してきた。それによって生成期の都市社会学思想の一つの断面を浮き彫りにすることにつとめたが、そこから暫定的に得られた結論は、一九二〇年代社会の〈現在性〉はとりもなおさず一九二〇年代社会学の〈現在性〉でもある、という何の変哲もない事実である。あらためて指摘するまでもないが、そこから、シカゴ・ソシオロジーに通底するものが社会解体パラダイムであり、それとわけがたく結びつきながら秩序中心の視座構造がシカゴ・ソシオロジーを特徴づけるようになっていること、そしてそのことじたい、コーポレイト・リベラリズムのありようを示すものとなっていることが確認されよう。

もちろん、そうであってみれば、シカゴ・ソシオロジーを〈統合の社会学〉に位置づけることも、あながち見当外れであるとはいえないであろう。しかしここでは性急に判断を下すことは避けたい。むしろ指摘しておきたいのは、シカゴ・モノグラファーがさまざまに切りとった〈自己完結的な都市領域〉

が、彼らが対象への〈共感的一体化〉によって獲得した全体性認識の所産であったという点である。たしかにコーポレイト・リベラリズムの強い影響下にあったとはいえ、そうした認識枠組みの下で浮き彫りにされたシカゴ的世界はいっさいの寓意と幻像を排して「生身の現実」を伝えていた。そしてこの「生身の現実」への接近を可能にしたのが、シカゴ・モノグラファーたちを背後からささえた「自由主義的エートス」であった。もはやくどくど述べるまでもないが、この「自由主義的エートス」に着目すればこそ、シカゴ・スタイルと揶揄されてきた立場性さえもが、研究主体の創造力の枯渇が取りざたされる現代の都市社会学のアポリアを向こうにして、一定の批判的機能を担って甦ってくるのである。しかしそれについては、手放しの評価は避けるべきであろう。筆者はかつて、前掲のメラーに倣って、シカゴ・モノグラファーが常に忘れなかったものとして、「やさしさと人間の可能性の意識」について言及したことがあるが、それが同時に特定の時間と空間に制約された道徳的規範を反映したものであることも忘れてはならないだろう。

いずれにせよ、いま一度、シカゴ・ソシオロジーの理論的性格を現代都市が戸口に立った時点に立ちかえって再帰的に検討することがもとめられているといえよう。

【注】

（1）本章は、内容的に筆者の他の論稿、とりわけ吉原（1993a）と大幅に重複している。なおそれらとは別に、一九二〇年代シカゴをある種の旅人としてさまよった結果あらわしたエッセーもある（吉原 1988）。ここで十分に伝えることのできなかった筆者のシカゴ学派へのまなざしについては、さしあたりそれを参照されたい。

（2）パークの生涯は毀誉褒貶に塗れている。だからこそ、彼の知的ポートレイトについては、さまざまなアングルから光をあてる必要がある。たとえば、「ファウスト的人間としてのパーク」、「マージナルマンとしてのパーク」等々、あげればきりがない。また彼のパーソナル・ヒストリーのそれぞれのステージにおいて異なった貌（かお）がみられるのも興味深い。

（3）初期シカゴ学派の「実践」および「改革」のありように関しては、またパークとシカゴ学派のその他の人びとの「異同」に関しては、シカゴ学派とハル・ハウスとのかかわりを検討すると、有益な論点が浮かび上がってこよう。この点に関しては、たとえば Deegan（1990）が参考になる。なお、吉原（1994）も参照のこと。

（4）ここでいう空間フェティシズムの原拠をさぐろうとすれば、「衝撃都市」シカゴのライフ・ヒストリーの初発段階に立ちかえる必要がある。つまりそこは何ら伝統のないところに、空間的に自由に発展することができ、なんら人為的におさえるものがなく、多数の人間が集団的に一定の場所に居住し、生活するときにどのような形態をとるのかを見るのに、真に好適の場所であったということを想起することがもとめられる（富田 1954: 154）。こうした都市のなりたちがいくつかの迂回の果てに空間フェティシズムを招き寄せたといえる。

（5）かれら／これらは、総じて出身社会の作法を踏襲し、それをかたくなに保持していた。それゆえ、カトリック教徒はローマ教皇に、ドイツ系移民は母国に顔を向けているということで、また高揚する労働運動にたいしてはクレムリンにつながっているということで、社会秩序を維持する上で「じゃまもの」としてあつかわれた。

（6）まさに人種的マイノリティの同化の問題が最大の社会学的課題となったのである。ちなみに、歴史学者のパーソンズ（Stow Persons）は、この同化を「支配的」なアングロサクソンが自らを白人として認識しながら、自分たちの体制（エスタブリッシュメント）を維持するために、肌の色への偏見（いわば生物論的人種主義）をエスニシティ化することで希釈しようとしたことの結果であると述べている（Persons 1987: 3）。簡略化していうと、「移民の適応の問題」は、多様な人種をエスニシティとして組み込む課題を内包していたということになる。

（7）　古今東西、都市は小説にとって格好の舞台である。ディケンズ（Charles Dickens）のロンドン、ジョイス（James Joyce）のダブリン、スタンダール（Stendhal）のパリ、枚挙にいとまがない。ちなみに、シカゴはといえば、アメリカ小説の舞台にもっともふさわしい。加えて注目されるのは、ドライサーとかアンダーソンなどの作家じたいが、シカゴの魅力に引き寄せられてほとんど無一物で田舎町から飛び出してきた「青年たち」であったことだ。彼らは無意識のうちに〈参与観察者〉だったのである。

【用語解説】

＊1ソーシャル・ダーウィニズム　個々の生物は自己の利益を最大化しようとして有限の資源をめぐる闘争を生き抜くとする、ダーウィン（Charles R. Darwin）の『種の起源』における考え方（→「自然淘汰・適者生存」の概念）を社会に適用したもの。ひるがえって国家干渉を排して自由放任を伸長させるところに社会進歩があるとするこの考え方は、スペンサー（Herbert Spencer）の社会学を経由してアメリカ社会学の成立に大きな役割を果たした。

＊2ヒューマニスティック・ソシオロジー　社会にとって根源的なものは、一見「当たり前」のようにみえる日常の裡にひそんでいるのであり、そうした日常のありようを問い、探ることが社会学の課題であるとする。そして社会学は、そうした探究を通して社会の成り立ちを明らかにし、その構成単位である人間の主体性、創造性、自己言及性を解明しようとする試みである、とみなす。

＊3 **「構造化」論**　「構造」は行為を生み出すが、知識をもった行為者による無数の再帰的行為によって（「構造」が）とらえかえされるとする（↓「構造の二重性」）。「構造」と「エージェント（行為主体）」に関する決定論的立場（＝還元主義的偏向）の批判の上に展開されている。

＊4 **「ハビトゥス」論**　社会化過程において無意識のうちに体得した態度や習慣がものの見方やふるまい方を持続的に生みだすとともに、文化的再生産のメカニズムにおいて鍵ファクターとなる、とする。

＊5 **コーポレイト・リベラリズム**　シュヴェンディンガーの用語。シュヴェンディンガーによると、一八八〇年代から一九二〇年代前半までのアカデミックな社会学者たちはコーポレイト・リベラリズムの創出に不可避な存在であった。この時期は、大規模な組織労働と巨大な企業独占の連携を制御する絶対的な要件として資本主義国家による介入がもとめられた。「社会的統合」に関する鍵(キー)概念を展開したシカゴ・ソシオロジーはこうした要請に適合的な形態としてあった、という。

＊6 **バプティスト・ディシプリン**　シカゴ大学はバプティストの神学校から始まった。そして草創期にハル・ハウスを中心とするセツルメント活動に積極的にかかわったが、そこには「掘り下げて、発見せよ！」という、バプティストであるハーパー（William R. Harper）の教えが深く浸透していた。

＊7 **アドホックな経験主義**　ズナニエツキ（Florian Znaniecki）との共著『ポーランド農民』を貫く方法的態度。それは調査をおこなう前に、方法論議によって調査の枠を決めてしまうのではなく、調査の段階ごとに目標を設定し、それに適合的だと思われる方法を用い、さらにその結果を踏まえて、あらたに目標を設定し、新しい方法を考えるという態度。この態度は、後述する「実験的経験主義」の立場、すなわち原理／原則から出発するのではなく、まず結果や事実を優先するといった態度の祖型としてあった。

＊8 **公的事象**　社会にたいして何らかのミッションを果たすような媒体（メディア）としてあること。

＊9**レッセ・フェールの世界**　ソーシャル・ダーウィニズム（＊1）が深く浸透した世界。そこでは各個人は自由に力を発揮して自己の利益を最大化することがすすめられる。

＊10**テーラー・システム**　テーラー（Frederick W. Taylor）が、それまで根強くみられた経験や習慣に基づく管理や生産に代わって、客観的な基準にもとづいておこなった科学的管理法のこと。それによって生産性の向上、労働賃金の向上が可能になったといわれる。

＊11**フォーディズム**　グラムシ（Antonio Gramsci）が編み出した概念。フォード（Henry Ford）が自社の自動車工場で実践した生産手法や経営思想のことをさしているが、現代の資本主義を特徴づける概念となっており、レギュラシオン・パラダイムの中心的概念として多用されている。

＊12**アメリカの約束**　アメリカは建国時から、ヨーロッパからの移民にとって成功への大きなチャンスを与えてくれる場であった。つまり「約束の地、ミルクと蜂蜜の王国」として多くの人びと、とりわけ切実に富、名声、美をもとめる若者たちを惹き寄せてきたのである。

2章 都市社会学の展開
サバーバニズム論とアメリカン・ドリーム

新しい郊外居住者のほとんどは、きれいな空気と空間と目を楽しませる緑と、よい学校を求めて市街地を出た、といった。彼らはそうしたものを手に入れたが、多くの人々は自分たちが自由に口に出してはいわない、ばくぜんとした目的をもっていた。それは、より高い社会的地位であった。若い夫たちは、自分たちの出世に役だつ有力な隣人を望んだ。妻たちは、自分たちがこれまでに知っていたよりも洗練された、家庭での楽しみを夢みた。——TIME-LIFE BOOKS 編集部編『赤狩りとプレスリー　アメリカの世紀 1950–1960』

はじめに

現代都市の出現によって、都市の風景は一変した。何よりも都市の影響圏が著しく広がった。工場の煙突が林立する近代工業都市は、当初は都市の発展を示すものとして歓迎されたが、やがて不健康と不潔さを象徴するものとして恐怖の対象になっていった。天をつくスカイスクレーパーとその間で妖しくうごめく下方世界との奇妙なアンビヴァレンスにゆれながら膨張をとげた現代都市は、こうした近代工業都市に取って代わった。合衆国で現代都市の幕開けがしるされたのは、世紀転換期から一九二〇年代における、いわゆる「都市の時代」であった。前章で触れたように、この「都市の時代」を舞台にしてはなばなしく登場したのが、まさに初期シカゴ学派であった。とりわけバージェスの同心円地帯仮説は、「都市の時代」にたちあらわれた現代都市の姿態をひとつの「**理念型**[*1]」として描き出したものとして、つとに知られている。

ところで、バージェスの同心円地帯仮説が明らかにしたのは、都市の同心円的な拡大が同時に内的な分化をともなっていること、そしてその内的な分化の進展によって都市のさらなる拡大が生じているということであった[(1)]。こうして一九三〇年代以降、大都市化の展開が見据えられるようになるのだが、社会学者がそこで特に注目したのは、郊外化であった。この郊外化をどうとらえるかをめぐって、都市社会学のあらたな展開がしるされることになったのである。つまり、「都市の時代」への突入とともに現代都市が立ちあらわれ、アメリカ大都市圏の骨格ができあがることになったのであるが、都市社会学はこの過程を大都市化—郊外化の文脈でおさえることによってあらたな展開へと踏み出したのである。

さて本章で特に論じたいのは、郊外化に照準を据えてあらたな段階に分け入った都市社会学がサバーバニズムを中心的な争点として展開されたことである。もともと近代工業都市の時代までは、反都市主義=郊外賛美、つまりマンフォード（Lewis Mumford）に倣っていうと（Mumford 1970=1974）、「楽しい風景、花咲く牧場、広い野原、影なす繁み、澄んだ流れ、泳げる川や湖、その他同様なあらゆる楽しさ」への希求は、もっぱら富裕階級の間でみられたものであった。しかし現代都市の展開とともに、そうした反都市主義＝郊外賛美は中産階級にまで広がり、それがサバーバニズム拡大の社会的基盤となったのである。

ちなみに、ここで取り上げるサバーバニズムには、ある種のコミュニティ・マインドが含まれている点に一つの特徴がある。それはたんなるロマン主義的な自然崇拝のようなものではなく、〈アメリカン・ドリーム〉につながる「草の根民主主義」を部分的に涵養しうるものとしてあった。本書の後の章で言及するような「都市の危機」(urban crisis) は、現代都市が肥大化した結果、その内部にかかえる矛盾が臨界局面に達して生じたものであるが、こうしたコミュニティ・マインドに裏うちされたサバーバニズムが、「都市の危機」の発現を回避しないまでも遅らせるといった役割を果たしたことは、たしかである。

いずれにせよ、サバーバニズムを都市社会学の展開をうながした一つの社会理論としてみると、それはあきらかに、現代都市がその展開の過程で抱えることになった矛盾にたいする、中産階級の危機意識を反映するものであったといえる。またそうした点では、一つのイデオロギー的な合理化形態としてあったともいえる。同時にそれは、以下に言及するように、ラーバン・コミュニティ論以降の一連の「コミュニティの社会学」に根ざしている。

そこでまず、課題を導きだす契機として、「コミュニティの社会学」の系譜をひもとくことから始めよう。そこに伏在している反都市主義的な基調を浮かびあがらせ、それがサバーバニズムの源流をなしていることを確認してみよう。

1　反都市主義と「コミュニティの社会学」

理念としてのコミュニティと小都市幻想

よく知られるように、アメリカではコミュニティという理念は、植民地時代の定住地における生活像をモデルとしている。そこでは、直接民主制にもとづく地方自治のための小規模で均質で親密な地域集団が理念の中心をなしていた。こうした理念をもつコミュニティは、エスタブリッシュメントである東部で発達した**ホーム・ルール**[*2]を起源とするものであり、長い間、「草の根民主主義」として伝えられてきたアメリカン・デモクラシーの基軸をなしてきた。このアメリカン・デモクラシーは、多分にロマンティックな響きをもち、中産階級の理想主義的な価値観点とむすびついていた。

こうした理念としてのコミュニティは、時代の思潮としてみると、一九世紀後半からはじまるルーラル・コミュニティの解体と世紀転換期からすすんだ「ヒューマン・コミュニティの崩壊」と相まって、その実体的基盤はほぼ失われていた。しかしながら、それは一つの思惟として存続し、社会学的なマインドをたえず喚（よ）びおこすことになった。そして結果的に一連の「コミュニティの社会学」へと継承されることになった。それはまず、農村社会学として立ちあらわれた。この農村社会学は、**フロンティア**[*3]の消滅以降、農村更生の要とされ、「民主主義の新たな適用」と呼ばれたラーバン・コミュニティ、そしてそれを支え推進することになったラーバニズム（rurbanism）の展開にうながされるような形で登場した。なかでも、ギャルピン（Charles J. Galpin）の生活圏域の研究は、この時期にあらわれた農村社会学を代表するものであった（Galpin 1915）[(2)]。それはまた、その後の地域社会研究の起点をなしたともいわれている。実際、ギャルピンの生活圏域の研究によって「地域性」（＝「範域性」）がコミュニティの基礎要件になることがあきらかになったが、それを「衝撃都市」シカゴの地域社会の解体状況の内部から浮き彫りにしたのは、シカゴ学派の生態学的コミュニティ論であった。この生態学的コミュニティ論がアメリカ都市社会学の草創期をおりなしたことは、前章で述べた。ここでは、そうした生態学的コミュニティ論によって導かれた地域社会研究の累積が、先に触れたラーバニズムから始まる「コミュニティの社会学」の豊かな内実を形成することになった点を指摘しておきたい。

というのも、生活圏域論、そして生態学的コミュニティ論から始まった「コミュニティの社会学」が、ルーラル・コミュニティの失墜に端を発するコミュニティの解体をとらえかえすところから立ちあらわれたものであり、それだけに多少とも「中産階級の挫折の論理」を反映していたからだ（宇賀 1971）。ちなみに、この挫折の論理は、「旧きよき生活（グッド・ライフ）」への郷愁に裏うちされていた点に一つの特徴があった。詳述はさておき、後述する中産階級を担い手とするサバーバニズムの深部に見え隠れしていたのは、こうしたコミュニティ解体にたいする批判的なまなざしの下にやどす小都市幻想（アメリカン・ドリーム）であった。ともあれ、「コミュニティの社会学」の基層をなしていたのは、まぎれもなく小都市への偏愛に根ざした反都市主義[3]であった。

アーバニズムからサバーバニズムへ

ところで、「コミュニティの社会学」に引き寄せてシカゴ・ソシオロジーに言及するなら、みてきたような生態学的コミュニティ論とともに、いわゆるアーバニズム論にも触れる必要がある。よく知られているように、このアーバニズム論は、ワース（Louis Wirth）のアーバニズム仮説において展開されている（Wirth 1938=1965）。それは「パークの広義の社会学の再編であり……社会解体の敷衍である」（高橋 1969: 80）といわれるように、ジンメルの形式社会学的概念を受容し、ヒューマン・エコロジーの基本的枠組みを援用している。その点では、あきらかにシカゴ学派の衣鉢を受け継ぐものである。実際、ワースのアーバニズム仮説にみられるコミュニティ解体論は、大衆社会論的枠組みをベースに据えている点に大きな特徴がある。そして注目すべきは、その背後に伏在する社会学的マインドから〈コミュニティの再発見〉というテーマが浮かびあがってくることである。このテーマ設定には現実の都市化過程への強烈な批判認識が活きづいており、そこにまさに「アーバニズム論のパラドクス」状況を観てとることができる。

ここでサバーバニズム論に目を転じるが、それは基本的には上述したアーバニズム論の延長線上に位置づくものである。奥田道大によると、それは以下の命題に基づいているという。

都市化社会にあって、人びとはむしろ第一次集団的結合に価値志向し、またそれにみあう諸事実が発見される（奥田 1977: 64)。

ここで指摘されている「第一次集団的価値の再発見」という命題は、「ゲマインシャフト」への郷愁を漂わせており、先に一瞥した〈コミュニティの再発見〉というテーマと響き合うものである。こうしたサバーバニズム論は、現実の郊外や郊外化にたいする事実認識に基づいているというよりは、むしろそうしたものを象徴化するサバーバナイト（郊外人）のライフスタイルへの、中産階級に特有の「思い入れ」に裏打ちされている点に一つの特色がある。この「思い入れ」は既述した「中産階級の挫折の論理」と根底のところでつながっている。

ところで、アーバニズム論からサバーバニズム論への転回は、明らかに「鉄とコンクリートの都市」から「緑・太陽・空間の都市」への対象移動としてある。ちなみに、その場合、前者から後者へとつながっていく軸線上において重要な役割を果たしているのが、反都市主義を基調とする**コミューナリズム**[*4]の論理である。都市的願望の中心にコミューナルなもの／反都市的なものを置くこのような価値志向のありようは、ある意味で現実の郊外化過程から目を逸らしている。またそうした点でいうと、「上から」の論理、すなわち、制御と支配のための手段を見いださねばならないという要請に応えるものとなっているといえよう。もっともここでは、そのこと以上にコミューナリズムの論理に深く貫かれたサバーバニズム論がアメリカン・ドリーム[(4)]の有力な社会理論となっていることを指摘したい。

2　サバーバニズムの論理と小都市幻想

シカゴ・ソシオロジーとサバーバニズム論

ワースに代表されるアーバニズム論が第一次的接触にたいする第二次的接触の優位、親族の紐帯の弱体化、家族の社会的意義の衰退、近隣の消失、社会的連帯の伝統的基盤の崩壊等を強調していることはよく知られている(5)。またそうしたアーバニズム論の特徴として、**大衆社会論的色調**[*5]を色濃くとどめ、いわゆる「解体」説の範型をなしていることもしばしば指摘されてきた。むろんそうであればこそ、数多くの反証や批判に晒されざるを得なかったのである。そうした反証や批判のなかで特に注目されてきたのは、フィッシャー（Claude S. Fischer）のアーバニズムの下位文化理論である（Fischer 1972）。フィッシャー自身、自らの立場を「非生態学的」アプローチと呼んでいるが、それがアーバニズム論にたいする反証、批判の頂点にあるのは誰もが認めるところである。そしてフィッシャーに代表されるこうした反証―批判の立場が、結果的にサバーバニズム論をアメリカ都市社会学史上、一大トピックに押し上げたのである。ちなみに、ガンズ（Herbert J. Gans）の論文「生活様式としてのアーバニズムとサバーバニズム」（Gans 1962）は、まさにそうした一大トピックを具体的に指し示すものであったといえる。

だからといって、単純にサバーバニズム論をアーバニズム論の反証のドキュメントとして位置づけることはできない。なぜならそうした位置づけをおこなうと、容易に両者の関係の整合性を純粋に経験的レベルで問うような主張に陥ってしまい、結局のところ「理念型方式は経験的調査には必ずしも有効ではない」といった類の議論に回収されてしまうからだ。ここで重要なのは、アーバニズム論とサバーバニズム論が形式的な次元で「連続」あるいは「非連続」の線上にあるかどうかということではなくて、両者がいかなる方法論的系譜の下にあり、またそこにどのような「思潮のサイクル」を帯同しているかということである。それを明らかにするには、両者がどのような価値付与的観点をもち、それがいかにして両者を分かつとともに結びつけているかを示す必要がある。いずれにせよ、シカゴ・ソシオロジーとサバーバニズム論とがどう響き合うかを、またそれぞれが視野におさめたシカゴ的世界と郊外社会ががどう異同／離接するかを、一九二〇年代と三〇年代以降の時代的位相の違いを踏まえて検討することがもとめられているのである。

サバーバニズム論の基本的特性——「階級なき郊外社会」の光と影

一言でサバーバニズム論といっても、論者によってかなりのバリエーションがあることはたしかである。実際、同じように論じているようにみえて、相互に鋭く対立しているという場合も少なくない。とはいえ、総称して郊外研究という場合、そのほとんどは人びとの社会関係や社会集団のありように照準化されてきた。そしてそこから共通に導き出されてきたサバーバニズムの性格は、社会構成面で立ちあらわれる強い近隣関係、階級の衰微（→「中間層」の肥大化）、拡大された家族機能というものであった。ところでサバーバニズム論で注目されるのは、これら三つの特徴がむすびついて「階級なき郊外社会」

というイメージがつくり出されたこと、そしてそうしたイメージが広がるなかで郊外の「同質性」が強調されることになった点である。なぜなら、こうした強調とともに、「垣根のない個人の芝生、公共の大公園、並木のつづく街路、低密度で随意に立ち並ぶ個人住宅」（Bernard 1973=1978: 149）という郊外像がますます〈神話〉化され、そのことによって同質性が画一性を生み、ひいてはコンフォーミティ（同調性）を強いることになったからである。[6] 考えてみると、こうした同質性の神話が実は同調性の悪夢を喚び起こすという点に、ほかならぬサバーバニズム論の基本的特性を見出すことができるのである。ここでは、そうした基本的特性をあぶりだすために、まず「郊外に関する最初の、全面的な社会学的研究」（Stein 1964: 207）であるといわれる、シーリー（John R. Seeley）らのクレストウッド・ハイツ（Crestwood Heights）に関するモノグラフを一瞥してみよう（Seeley et al. 1956）。

トロント郊外の上層住宅地域に立地するクレストウッド・ハイツは、地理的には他の地域から孤立しているわけではないが、ファミリー・スクール、教会、クラブ、アソシエーション等の地域の諸団体・組織が相互に関連しあっているローカルな社会システムを形成している。ここでは、スタイン（Maurice Stein）がいみじくも指摘しているように、子育て（rearing child）がコミュニティ形成の最大の要件をなしている。

> 子育ての社会構造は、それじたい、クレストウッド・ハイツの生活のもっともプロブレマチックな局面の一つである（Stein 1964: 210）。

当然のことながら、郊外人の妻の役割が「主婦業」へと特化することになり、日常的にそうした役割からの逸脱がむずかしくなる。いうまでもなく、こうした子育て―新しい家族のエートスは、子どものために「よりよい」と信じられている自然環境―生活環境へのビジョンに動機づけられているし、「小さな一戸建て住宅、庭木や芝生、静かな通りと澄んだ空気」(Berger, P. L. and B. 1972=1979: 127) という郊外にあてられたキャッチフレーズがこうしたビジョンにたいして恰好の素材提供の役割を果たしている。

さて以上のクレストウッド・ハイツ研究ときわめて近しい関係にあるのが、**ホワイト**[*6] (William H. Whyte) の、シカゴに隣接したパークフォレストの研究である (Whyte 1956=1959)。ホワイトによると、パークフォレストの基調をなしているのは同質型コミュニティであり、上述したクレストウッド・ハイツと明らかに類縁性を有している。ちなみに、バーナード (Jessie S. Bernard) はパークフォレストの生活様式を特徴づける様相を次のように指摘している。

近隣性、共有財産、参加によって埋合せをする企業が要請する根無し草の状態、組織体が要求する取代え可能な部分としての命令的無階級性、目立たない消費、子どもないしは親子中心性、プライバシーの欠如と誇張される社交性ないしは集団に対する有責性、教会所属、教育目標としての社会的適応の強調など (Bernard 1973=1978: 151)。

ホワイトは、こうした様相を呈するパークフォレストを「階級なき郊外住宅地」として描き出している。そしてそこに居住する大多数の郊外人がオーガニゼーション・マンといわれる「中間層」の人びとであることに着目した。ホワイトによると、オーガニゼーション・マンは大部分が中間管理職に就いている人たちであり、技術者であり、はたまた若き法律家、教育家などである。つまり十分な教育を受けてきた人びとであり、したがって自分たちが居住する郊外では、必然的に「教育の選択」→「子育て」が重要な関心事になる。こうして郊外住宅地とは、オーガニゼーション・マンの意向に適合するようにつくられたコミュニティにほかならない。同時に、ホワイトは、「組織化」のパラダイムから、郊外が全体社会における組織的ヒエラルキーの一部位をなしていること、すなわち一つの「地位社会」(status community) としてあることに注目している。詳述は避けるが、そうした「地位社会」は、個人の動機から説きおこしてゆく〈郊外の魅力〉論にささえられてきわめて安定的に描かれている。

ところで、以上の二つの郊外研究が示した郊外像にたいしては、その後肯認だけではなく、さまざまな論駁もなされてきた。たとえば、バーガー (Bennett M. Berger) はサンフランシスコ南部の労働者階級の郊外研究 (Berger 1960) から、またガンズはニュージャージー郊外のレヴィットタウンの研究 (Gans 1967) から、それぞれが得た知見にもとづいて、シーリーらやホワイトの主張が階層的に限定された「郊外生活」を過度に一般化しているとか、かれらの指摘する郊外属性はせいぜい部分的な現象にすぎないなどと論難し、同質型コミュニティの〈神話〉をあばこうとした。つまり郊外はなんら「約束された場所」ではないと主張したのである。ちなみに、バーガーもガンズも、郊外は階層差を内包しており、いわれるほどに同質的ではないとしている。たしかにシーリー、ホワイトの郊外研究とバーガー、ガンズの郊外研究は、相互に鋭い対抗的命題（アンチテーゼ）をはらんでいる。しかしこうした見かけ上の違いにもかかわらず、四つの郊外研究は社会心理学的色調を帯びた郊外化認識の上に議論を組み立てているという点で共通の地平に立っていたといえる。

その上であらためて指摘したいのは、バーガーもガンズも、シーリーらやホワイトのように、明確に「郊外を理念型的な村落地域に特徴的であると思われる、統合的な第一次集団型近隣になぞらえる」(Fava 1956: 35) 思潮に依拠しないまでも、それらを否定しているわけではないという点である。詳述はさておき、否定ではない対抗的命題を提示することによって、〈郊外の魅力〉論にねざす、既述したサバーバニズムの論理を印象づけるといった役割を積極的に果たしているようにみえる。もっともここでは、そのこと以上に、指摘されるような〈郊外の魅力〉論に深く足を下ろすサバーバニズム論をいわば「農村的イメージへの一般的な夢」というような通俗的なアンチテーゼに収斂させることの問題性を指摘しておきたい。なぜなら、そうすることによって、サバーバニズムを〈神話〉化させている現実的基盤を見失う惧れがあるからだ。かりに現実の郊外化が中心都市問題を見えにくくしているということを認めるにしても、そうした郊外化に誘われて立ちあらわれている郊外人のまなざしが「流動的」な社会そのものに向けられていること、そしてそうしたまなざしが、結果として**「第一次集団的価値」**[7]への思い入れに回帰していることを忘れてはならない。

イデオロギーとしてのサバーバニズム

興味深いことに、サバーバニズム論はその後、戦後の郊外化の起動因を個人の動機、とりわけ「中間層」の地位および上方への社会移動および「新しいブルジョア的スタイル」（ドブリナー）を獲得しようとする意欲そのものに求める「消費者選好」説への傾斜を深めている。サバーバニズムをすぐれて「新しい生活様式」であり「新しい心の状態」であると捉えたうえで、消費者＝「中間層」の「選好」を強調するこうした立場は、(7)「主体性」を回復する場として第一次集団的価値に貫かれた郊外の同質型コミュニティに期待する論理と響き合っている。そしてきわめて捉えにくいものになっているが、中心都市でみられる都市生活の緊張とか葛藤とか匿名性などといったものから脱却もしくは回避したいという郊外人の意図が、そうした共振の間で見え隠れしている。こうしてみると、サバーバニズムは良くも悪くも先にみたアーバニズムの衣鉢をつぐものであるといえる。

ちなみに、「消費者選好」説に傾斜する上述のサバーバニズム論に伏在する同質型コミュニティへの期待の論理は、何よりも「アメリカの約束」に囚われた小都市幻想を豊かに湛えている点に特色がある。それは、アーバニズムにおいて否定的に捉えられてきたものを肯定的に捉え返した結果立ちあらわれたものであるといえる。さてその上で再度注目したいのは、いわば〈反転〉の所産であるそうしたサバーバニズム論が、指摘されるような（「中間層」の）小都市幻想に取り込まれることによって、それ自体、現実の郊外を判断する基準（スタンダード）となり、結果的に価値観点優位の同質型コミュニティをおしつけるとどもに、「階級なき郊外社会」のイメージを増幅し敷衍することになっている点である。詳述はさておき、小都市幻想が現実認識に取って代わっているのである。そしてそこにこそ、イデオロギーとしてのサバーバニズム論の一つの形をみることができる。

3　郊外化と社会的不平等

ホワイト・サバーバニゼーションの進展

いうまでもなく、現実の郊外化および郊外的生活様式の展開過程は、前節で述べたイデオロギーとしてのサバーバニズム論が描き出すものとは大きく異なっている。したがってサバーバニズム論の社会的性格を明らかにするためにも、郊外化および郊外的生活様式の実相を浮き彫りにすることが避けられない。そこでまず、田口芳明にしたがって、一九〇〇年以降のデモグラフィックな郊外化の過程を一瞥しよう。

表2－1および表2－2は、一九〇〇年以降七〇年までの一〇年きざみの合衆国人口の地域種類別構成比および人口増加分にたいする各地域の寄与率の推移をみたものである。そこでは詳しく説明するまでもなく、都市圏の安定した成長ぶりもさることながら、郊外地域人口の著増が読み取れる。ちなみに、こうした人口面でみた郊外のウエイト上昇を、一九五〇～六〇年に限定して、上位一五位までの都市化地域の人口増加率でみると、中心市で五〇～六〇年一％、六〇～七〇年〇％、周辺部で五〇～六〇年七

表 2-1　合衆国人口の地域種類別割合（1900〜70 年）

（単位：%）

年次	SMSA（標準大都市地区）			SMSA 以外の地域
	計	中心都市	郊外地域	
1900	41.9	26.0	15.9	58.1
1910	45.7	29.5	16.2	54.3
1920	49.7	32.8	16.9	50.3
1930	54.3	35.1	19.2	45.7
1940	55.1	34.5	20.6	44.9
1950	59.0	34.6	24.4	41.0
1960A（212 地区）	63.0	32.3	30.7	37.0
1960B（230 地区）	(67.0)	(33.8)	(33.2)	(33.0)
1970	69.0	31.4	37.6	31.0

注）1900 年から 1960 年 A までの数字は，1960 年に SMSA と指定された 212 地区についての値であり，1970 年の数字は 1970 年センサスで SMSA と指定された 230 地区についての値である．比較のために，この 230 地区については，1960 年の値が 1960B として括弧内に示されている．

資料）U.S. Bureau of Census, Census of Population.

出所）田口芳明「米国におけるサバーバニゼーションと中心都市問題」大阪市立大学経済研究所編『現代大都市の構造』東京大学出版会，1978 年，84 ページ．

表 2-2　人口増加における各地域の寄与率

（単位：%）

期間	SMSA	中心都市	郊外地域	SMSA 以外
1900〜10	63.7	45.9	17.8	36.3
1910〜20	76.4	54.7	21.7	23.6
1920〜30	83.2	49.4	33.8	136.8
1930〜40	65.9	27.0	38.9	34.1
1940〜50	86.1	35.0	51.1	13.9
1950〜60	84.4	20.1	64.3	15.6
1960〜70	83.9	13.4	70.5	16.1

注）1960〜70 年だけは 230 SMSA についての値，他の期間はすべて 1960 年センサスの 212 地域についての値である．

資料）U.S. Bureau of Census, Census of Population.

出所）田口芳明「米国におけるサバーバニゼーションと中心都市問題」大阪市立大学経済研究所編『現代大都市の構造』東京大学出版会，1978 年，85 ページ．

一％、六〇～七〇年三九％の増加となっており、中心市の伸び悩み、郊外の急成長が明白に立ちあらわれている。もっとも、ホワイトとノン・ホワイトに分けた場合、こうした人口郊外化の過程はより特化した形で表出している。ホワイトの場合、中心市で五〇～六〇年マイナス七％、六〇～七〇年マイナス一二％、周辺部で五〇～六〇年七〇％、六〇～七〇年三六％となっており、中心都市の人口減少と郊外の人口増加の傾向がはっきりとあらわれている。他方、ノン・ホワイトでは、同期間において中心市で五八％、四二％、周辺部で七六％、九一％となっており、中心都市、郊外のいずれでも著しい伸びを示している。こうした人口分布の動向から、一つは中心都市の人口減少はホワイトの郊外への移動によるところが大きいこと、そしていま一つは全体的な伸び悩み、減少という基調下で中心都市のノン・ホワイト人口が増えていることが読み取れる（田口 1978: 84–89）。

ところで、こうしたホワイト・サバーバニゼーションの進展とともに注目されるのは、雇用分布の面でのサバーバニゼーションの展開がみられることである。この点について、前掲の田口は次のように述べている。

高所得・高学歴の者ほど郊外によりよい環境を求めて移動するという、ホワイトの間ですでに一般化した行動パターンがノン・ホワイト人口の間ではいまだ同じ程度に一般化していない（同上：92）。

実はそこに、ノン・ホワイトが中心都市に沈殿するといった事態、すなわちフィルタリング・ダウン[*8]という形でメトロポリス空間に埋め込まれる端緒形態を見出すことができるのである。こうした端緒形態はやがて中心都市問題、ひいては「都市の危機」へとつながっていくことになる。その点は後の章で述べることにする。

自動車複合体と「建築形態」としての郊外化

それでは、以上概観してきたホワイト・サバーバニゼーションの規定因としてどのようなことが想定されるであろうか。ハーヴェイは、その点に関して「資本主義社会におけるＧＮＰ拡大」、そしてそれとリンクした「剰余循環の地理的パターンの変化」に言及している（Harvey 1973=1980）。このことを敷衍して言うと、郊外化、とりわけ戦後段階の郊外化の規定因としてあげられるのは、都市間ハイウェイ・システムの社会化においてみられた「私企業（連合）と国家の協働／分業」であるということになる。この局面において、ハイウェイが自動車複合体のための国家投資となっていること、そして結局のところ、連邦政府による自動車にたいする有効需要の創出がサバーバニゼーションの全過程を貫いていることが明らかになるのである。ハーヴェイの言述に立ちかえって言うと、こうである。

自動車（さらに石油製品、高速道路建設、近郊開発など）に対する有効需要は、メトロポリスの建築形態を、車なしでは「正常な」社会生活を営むことがまったく不可能なように全面的に再編成することによってつくりだされ、拡大されてきた（Ibid., 359-360）。

同時に、こうした局面と密接に関連しながら郊外化をうながしたいま一つの基底的要因として指摘できるのは、国家の大幅な介入にささえられて急進展を遂げてきた大企業主導の住宅開発である。ここで再びハーヴェイの言述を援用してみよう。

合衆国では、一九三〇年代に、住宅購入に対する抵当融資を補助するために、連邦住宅管理局（FHA）法が制定されたが、その主要な効果は、不況の影響に深く痛めつけられていた金融機関を援助することであった。しかし、そのことが結果的に郊外化を促進することになった。FHAローンは、大部分が、古い住宅ストックよりも、新しい住宅の購入に対してなされたからである（Ibid., 366）。

こうした政策は住宅部門における経済的償却率を高め、最終的には住宅産業の再編を大々的にうながした[8]。そしてこうした再編とともに、表2－3にみられるように、郊外において新規住宅戸数が飛躍的に増えたのである。詳述はさておき、このようにして、一つの「建築形態」とし

表2-3　新規住宅戸数の推移（10年ごと）

期間	新規住宅戸数
1930〜39	2,734,000
1940〜49	7,443,000
1950〜59	15,068,000

出所）U.S. Bureau of the Census, 1966, 18. B. Checkoway, "Large Builders, Federal Housing Programmes, and Postwar Suburbanization," *International Journal of Urban and Regional Research*, Vol. 4, No. 1, 1980, p. 23より引用.

ての郊外化が「私企業と国家の協働／分業」を構造的与件としながら広範囲に現出することになった。実は、一九七〇年代以降取りざたされるようになる「都市の危機」の遠因は、こうした郊外化のメカニズムそのものの裡に既に内在していたのである（この点は後述する）。

メトロポリス的生活様式と社会的不平等

ホワイト・サバーバニゼーションの進展は、上述したように、郊外と中心都市の間に絶対的なギャップをもたらした。そして「豊かな郊外と貧しい中心都市」という対立的構図がメトロポリス空間にしっかりときざみ込まれた。むろん、そうしたギャップを埋めようとする政策的対応が講じられなかったわけではない。しかし結果的には、そうしたものはギャップを埋めるどころか却って広げてしまい、「郊外による中心都市の搾取」とオコンナー（James O'Connor）が指摘するような事態（O'Connor 1973=1981）を動かしがたいものにした。ここからメトロポリスが丸ごと問題となるような「都市の危機」に至るのは必然であった。

ホワイト・サバーバニゼーションの進展と中心都市問題の噴出が共進してみられたことは既に触れたが、それらへの政策的対応について言うと、両者は必ずしも一体のものとしては位置づけられていなかった。そもそも中心都市問題への有効な処方として打ち出されたスラム・クリアランスにしても中産階級呼び戻し策にしても、自治体のタックス・ベースへの配慮に偏った再開発に終始し、事実上、「スラム・リムーバル」（ガンズ）に終わってしまった。そのため、郊外に移動した白人中間層を呼びもどすどころか、逆に彼らの「都市脱出」(urban exodus) をいっそううながすという結果をもたらした。一方、ホワイト・サバーバニゼーションについては、上述のような政策的対応の従属変数として位置づけられ、積極的な抑制策はとられなかった。たしかに、郊外コミュニティに低所得層とかノン・ホワイトなどを積極的に参入させようとして**排他的ゾーニング**[*9]の緩和等が試みられたが、そうしたものも結局のところ白人中間層をより外の郊外へと移動させるだけになってしまった。ともあれこのようにして、中心都市の再開発も郊外のあらゆる階層に開かれた開発も、ホワイト・サバーバニゼーションをただうながすという結果に終わってしまったのである[(9)]。なおここで忘れてはならないのは、上述した中心都市問題への対応／サバーバニゼーションの抑止策が、何よりもまず白人中産階級の価値観点にもとづいて打ちだされたものであるという点である。そこには、イデオロギーとしてのサバーバニズムの原認識を観てとることができる。

ちなみに、みてきたようなサバーバニゼーションの深化過程は、メトロポリスを新たな段階へといざなった。一九六〇年代に入って、中心都市では、豊かな白人の流出によって財政基盤が弱まる一方で、「利用空間」として日々中心都市に流入してくる郊外人の昼間型需要の諸機能の充足と都市インフラストラクチャーの整備に追われるようになった。ところが六〇年代後半になって、こうした「郊外による中心都市の搾取」を放置したまま格差＝社会的不平等を深化させるといったメトロポリス的生活様式が壁にぶつかり、メトロポリス全体が「**都市衰退**[*10]」(urban decay) の局面に入るのである。まさに現代都市の黄昏とでもいうべき状況が色濃く立ちあらわれたのである。

むすびにかえて

「スラムが都市解体の中心であるのにたいして、郊外は都市的願望の中心となっている」とは、スタインの言説であるが（Stein 1964: 199）、まぎれもなく現代都市の郊外の「創出」過程を見据えながら、実相としての郊外化の描出を回避したサバーバニズム論がこうした言説に寄り添う形で、価値観点優位の同質型コミュニティへの思い入れを先行させてきたことは述べてきた通りである。そしてこのことを踏まえるなら、中心的都市問題の噴出を前にして、テーマ化されたサバーバニズムが「自らに独特のイデオロギーを与え、それにより、ひとびとの生活様式をかたちづくる上で、一定の自律的機能をもつ」（Harvey 1973=1980: 409）ようになったのも何ら不思議ではない。それは現実の郊外化過程を見えなくするという以上に、ゲマインシャフトへの郷愁にいざなわれた社会学的マインドを喚び起こすものになっている。それと同時に、既述した「私企業と国家の協働／分業」のメカニズムにすっかり組み込まれている。そう考えてみると、あらためて問われるのは、郊外（化）地域に先端化されている社会学者の課題意識のありようである。

同時に考えなくてはならないのは、郊外化の進展が大都市の危機をまねき、メトロポリスじたいの存立基盤を危うくするようになっており、そのためサバーバニズム論のリアリティが急速に喪われるようになっていることである。何よりも郊外人が同質型コミュニティに組み込まれるなかで、〈郊外の魅力〉

論が色あせたものとなりつつあることが指摘される。考えてみれば、こうした事態が生起するのは、先に述べたサバーバニズム論の理論性向からして必然であったといえる。もっとも、この点についてはより入念な検討がもとめられよう。ただ一言付け加えるなら、サバービアの〝挫折〟が現代都市のありようを多少とも示すものであったとすれば、サバーバニズム論のリアリティ喪失もまた都市社会学のありようを何ほどかさし示すものであったことを指摘しておきたい。アメリカ都市社会学がアメリカン・ドリームの社会理論から袂をわかつのは、サバーバニズム論以降のことである。それは何よりもアメリカ都市社会学のシカゴ学派からの離脱を示すものであったが、同時にあらたな理論的アポリァに陥ることを意味するものでもあった。それがどのような形となってあらわれたかについては、次章以降においてやや詳しく述べることにする。

【注】

(1) 詳細は第1章を参照のこと。

(2) ギャルピンのいうラーバン・コミュニティは、市街地を中核として、周辺の農場から形成される商取引圏とそれと結びついた各種サービス圏との複合からなるコミュニティのことであったが、そうしたラーバン・コミュニティを支え推進する思想としてのラーバニズムは「民主主義の新たな適用」と呼ばれ、農村更生の足場とされた。実はその農村更生とかかわって農村社会学の展開がみられたのである。

(3) 考えてみれば、反都市主義は常に都市思想の主流をなしてきた。それは小都市幻想がそうであるように、明確に都市からの逃避志向を宿してきた。そしてコミュニティはといえば、どちらかというと、都市のネガ（陰画）をとらえかえすもの／否定するものとして展開されてきた。しかしそのことによって、都市の内包する積極面が覆い隠されてきたこと、そして結果的に「イデオロギー」と化したことは否めない。「コミュニティの社会学」はある意味でこの点が中心的な争点になるべきであるが、これまでは必ずしもそうはなっていない。

（4）ここでいうアメリカン・ドリームは小都市幻想のことである。それは植民地時代の定住地における生活像をモデル／理想とするものであり、その中心には、直接民主制にねざす小規模で均質で親密な地域集団への思い入れ／ノスタルジーが据えられている。ある意味で「草の根民主主義（アメリカン・デモクラシー）」はこのアメリカン・ドリームと一体である。

（5）ワースは都市を「社会的に異質的な諸個人の、相対的に大きい・密度のある・永続的な集落である」と定義し、そうした都市に「典型的に現われる社会的行為および社会的組織の諸形態を発見すること」が都市社会学者の中心問題であると考えた。ワースによれば、そうした諸形態、すなわち「人間の集団生活の特殊な様式として特徴づけられるアーバニズムの諸要素」を抽出することによって、「現代文明に現われる人間結合の基本的なモデルの分析視角を得ることができるのである」（Wirth 1938=1965: 129–134）。

（6）これはまさに「悪夢」である。ちなみに、後に取り上げるホワイトは、郊外生活におけるうんざりするほどの画一性は、郊外人がそのビジョンに破れ、ますます深い孤独の機制に陥ることのあらわれである、と述べている（Whyte 1956=1959）。

（7）そこでは、選択的移動の主体を個人一般から（層としての）「中間層」に置き直している点が注目されるが、その点はさておき、「自由な消費者」を想定していること、そしてそうした消費者が戦後の郊外化において独立的不可変数的行為者として位置づけられていることは等閑視すべきではない。

（8）アメリカにおける住宅産業は長い間「資本主義から取り残された産業」としてあった。それがみてきたような「私企業（連合）と国家の協働／分業」のなかで再編されたわけであるが，その再編の内容は，ひとえに一部大手建設業者の成長と圧倒的多数の中・零細業者の零落であった。

（9）だからこそ，『ホワイト・サバーバニゼーション』がその対極に中心都市のスラム膨張を生み出してきた」（田口 1978: 83）とか「荒廃地域や細民窟の拡大と，郊外の発達とは，同じ鋳貨の二つの面にほかならない」（Baran and Sweezy 1966=1967: 364）などといった指摘がなされるのである。

【用語解説】

*1 **理念型**　複雑多岐にわたる現象の中から本質的特徴となるものを価値関係的に抽出し，それ自体論理的に矛盾のない理論モデルとして練り上げたもの。個々の出来事の因果連関を説明するための索出的役割をになう。

*2 **ホーム・ルール**　言葉の原義はアイルランドの自治獲得運動に由来するが，アメリカでは，都市にたいして憲章を起草し，採択する権限を付与する条項に関連するものとして，つまり都市主導の「地方自治」を担保するものとして受け継がれてきた。これによって現在もニューイングランドに伝わる「タウン」の原型ができあがった。

*3 **フロンティア**　もともとは開拓の最前線という意味で用いられてきたが，アメリカ史では，自然と文明との境界線としてあった辺境が次第に西へ移っていったこと（＝西漸運動），そしてそれとともにさまざまな人びとが辺境を拡大していったこととしてとらえられている。

*4 **コミューナリズム**　ピューリタンのユートピアであると同時に小農民のユートピアであった初期ニューイングランドのタウンに底在していた，自営農制に根ざしていた諸個人の同意にもとづく自治的な共同体を理念の中心に据えるもの。

*5 **大衆社会論的色調**　ミルズやリースマン（David Riesman）の論調に色濃くみられる，大衆社会を中産階級

の解体によってバラバラにされた個人が一元的に操作される社会とみなすもの。資本主義にたいするある種のイデオロギー批判としてある。

＊6**ホワイト**　一九一四年、アメリカに生まれる。二〇〇〇年、没する。社会学者、社会批評家。長い間、コーネル大学で教鞭を執る。彼の著作のなかでは、特に『ストリート・コーナー・ソサエティ』が周到な参与観察にもとづく名品として、また『オーガニゼーション・マン』が卓抜した社会批評に裏打ちされた名品として広く知られている。

＊7**第一次集団的価値**　直接的な接触による親密なむすびつきとかメンバー間の連帯感や一体感などを基軸に据える集団（家族や近隣など）を重要視する考え方。

＊8**フィルタリング・ダウン**　社会的濾過作用によってふるい落とされること、すなわち社会的上昇＝アメリカン・ドリーム達成のプロセスからドロップ・アウトすること。その典型的パタンがスラム／ゲットーへの落層化である。

＊9**排他的ゾーニング**　土地利用規制の基本的な手段としてとられたゾーニングのことであり、具体的には敷地の規模、密度、住宅の形式などの条件を定め、低所得層を排除した。そして低所得層の給源母体となっていた黒人を中心とするエスニック・マイノリティを中心都市内の一定地域に封じ込めることになった。

＊10**都市衰退**　都市の中心部あるいはインナーエリアにおいて、製造業の撤退、都市産業の衰退、失業率の増大、人口減少、建築物の遺棄・荒廃、地域コミュニティの解体、家庭崩壊、犯罪の増大、等が連鎖的にあらわれ、地域の活力が著しく損なわれ、自治と自律のシステムが機能しなくなること。

3章 都市社会学の理論的危機
カステル「都市イデオロギー」論の挑戦

われわれは都市のテクストのなかで何かを、いやすべてを見いだすことができよう。ただ都市そのものを創り出す生き生きとした原理以外は。われわれは、ピランデロの戯曲『著者を探し求める六人の登場人物』に想いをはせる。すべてのものはあるが、全体に生命を授ける一つの正確な本質だけはどうしても見いだせない。すべてが語られた後に、なお次のような疑問が残る。すなわち、都市とは何か。——D・マーチンデール「序言」(マックス・ウェーバー『都市』)

はじめに

社会学分野では、戦後しばらくの間、シカゴ学派はあまりにも「伝統的」であり「使いものにならない」といわれた。それとともに都市社会学にたいしては、その無理論的性格がつとに指摘されるようになった。たとえば、ゾンバルト(Werner Sombart)は、それについて次のように指摘している。

アメリカの都市社会学は「地域の住民という」統計的集団について観察されるところの、きわめて多種多様な特徴を列挙しながら、「都市的環境における人間行動の研究」（パーク）に従事している。しかしながら、アメリカの都市社会学者たちが実際にやっていることは、科学的な研究に使われる基礎的な資料を、ただ単に集めることで終っている……（Sombart 1931=1965: 50）。

こうした指摘は、かつてマンハイム（Karl Mannheim）がアメリカ社会学にたいして投げかけた批判、すなわち「勝手きままな経験主義」に陥っており、末梢的な事実の（興味本位の）蒐集に終始し、全体的関連の洞察を欠いているという批判（Mannheim 1953）を踏襲するものであるが、同種の指摘はその後も折に触れてなされている。ちなみに、ハーロー（Michael Harloe）は、たまたま都市において研究されることがよくあるという理由で、「都市的」と呼ばれるにすぎない「都市社会学」があまりにも多い、と述べている（Harloe 1977）。都市社会学の無理論的性格を一種のトリヴィアリズムと重ねてとらえるこうした見方は、都市社会学が方法論的自己確証を欠いた状態で対象領域を無限に拡大している動向を見据えたものである。しかしこうした無理論的性格が問題となるのは、それがマンハイムのいうような「過度の理論恐怖」（excessive fear of theories）に陥っているからではなく、むしろ都市社会学の理論的危機そのものを示しているという点にある。

考えてみれば、批判の対象となっている現象形態の記述は、もともとは「時代の要請」から始まったはずである。しかしそれが都市社会学の理論的危機として立ちあらわれるようになっているのは、量的現象の豊富さのなかに埋もれ、現実との緊張関係を喪失していること、そしてそのために結果的に、以下に論じるように（上からの統合に響き合うという）イデオロギー的性格を帯びるようになっていることに因るものである。つまり一部論者が主張しているような都市社会学に固有の守備範囲の喪失に拠るものではない。

そこで本章では、カステルの「都市イデオロギー」論にもとづいて、都市社会学の理論的危機が具体的にどのようなものとしてあるのかを検討することにする。以下にみるように、カステルの「都市イデオロギー」論はアメリカ都市社会学批判という形をとっているが、そこでは何よりも都市社会学の内在的論理の展開を追うことに照準が定められている。まずはその方法論的特質を明らかにするために、一つの参照枠として、マーチンデールのアメリカ都市社会学批判の立場を取りあげることからはじめよう。

1　マーチンデールとアメリカ都市社会学批判

ヨーロッパ都市論からのアメリカン・サイエンス批判

マーチンデールは、彼自らが訳業に従事したウェーバー（Max Weber）の『都市』の英訳本において、序言という形で、アメリカ都市社会学の理論的困難について詳細に論じている（Martindale 1958）。そこではヨーロッパ都市論、とりわけウェーバー都市論と対比させながら、研究史的概括を基点にして、アメリカ都市社会学批判をおこなっている。伝統的なアメリカン・サイエンス批判、すなわちアメリカ都市社会学の「精密コンプレックス」[*1]（exactitude complex）に陥った調査至上主義的動向を鋭く衝く批判の立場から、制度論不在[*2]の概念化の弊を指弾している。こうした批判は、何よりもヨーロッパ都市論を絶対視する立場からアメリカ都市社会学をその対極に見据えておこなわれている。そしてウェーバーの見地に依拠しながら、社会の総合的認識[(1)]に力点を置くなら、たしかに「精密コンプレックス」のなかにあるアメリカ都市社会学が「木を見て森をみない」事態に陥っているという指摘は、それなりに説得力をもつものであるといえる。

しかし、後述するように都市社会学の社会的現実的根拠を何ら問わずに批判をおこなっている点で、そして何よりもヨーロッパ都市論、とりわけウェーバー都市論に無媒介的に依拠している点で、外在的批判に陥っているという指摘もまた無視できないであろう。

ともあれ、こうしたことを念頭に置きながら、マーチンデールのアメリカ都市社会学批判の内容を簡単にみてみる。そしてそのことを通して都市社会学の「内在的」批判の可能性を問うとともに、カステルの「都市イデオロギー」論へとつながる糸口をつかむことにしたい。

マーチンデールがみた都市社会学の二つの系譜

マーチンデールは、まずアメリカ都市社会学の展開を二つの系譜でおさえることから始めている。一つは生態学理論の系譜であり、いま一つは社会心理学的理論の系譜である。マーチンデールはそれぞれについて、学説家としての知見と資料整理の手法を巧みに織り交ぜながら充実した概略を与えているが、ここではその点については省略し、むしろそれぞれの系譜にたいしてどのような批判をおこなっているのかをみることにしたい。

さて、生態学的都市理論の理論的困難としてマーチンデールが最初に指摘しているのは、以下の点である。

> 都市の社会生活よりも、むしろ地理物理学的な側面に分析を導くことによって、分析を誤った方向に出発させてしまった（Ibid., 29)。

つまり種々の地帯――自然地域、居住地など――の諸属性の設定に専念したために、こうした属性をもたらした生活の内実がないがしろにされているというのである。理論的困難として次にあげられているのは、中心となる概念に不必要な「原始主義」(primitivism）がみられるということである。マーチンデールは、この点についてマッケンジー（Roderick D. McKenzie）の競争（competition)、集中（concentration)、向心（centralization)、凝離（segregation)、侵入（invasion)、遷移（succession）という概念をとりあげながら、市民の社会生活を説明できても、その分化を十分にとらえることができない、と述べている。(2) 以上の点と関連して、第三の理論的困難として、集団、制度、社会構造のようなもっとも伝統的な社会学概念が正当に位置づけられていないことが指摘されている。

他方、第二の系譜である社会心理学的都市理論について、その祖型をジンメルの大都市論に索めた上で、その直系に位置するワースのアーバニズム論（詳細は、第1章を参照）について論評している。マーチンデールによると、それは明らかに上述の生態学の系譜とは異系をなしているにもかかわらず、相同的な理論的困難に陥っているというのである。具体的にこう述べている。

社会心理学的都市理論は、完成したものとしてではなく、一つのプログラムの可能性としてのみ存在し、われわれは単にそれが内包する危険な点を指摘することで諸動向を批評することができるだけだ。それにもかかわらず、社会心理学的都市理論は、ちょうど生態学が物理的レベルにおいて過度の単純化に導いたように、単純な心理学的アプローチに向かう傾向があるように思われる。そこには、関連のある行為の世界が心理学的結果をもたらす単なる人口の増加、密度、異質性という事態に収斂される強い傾向が見いだされる（Ibid., 41–42）。

結局、生態学的都市理論も社会心理学的都市理論も形式的次元で同列に論じられ、一方の側における単純な物理学の行使と他方の側における心理学の行使に批判の矛先が向けられている。そしてマーチンデールの理解はどうであれ、ワースのアーバニズム論が基本的にシカゴ学派の「嫡流」に位置づけられると考えるなら、マーチンデールのアメリカ都市社会学批判は、事実上生態学批判ということになる。みられるように、マーチンデールの生態学批判の骨子は、それが一貫して歴史的、制度的な裏づけを欠いてきたという点にある。

とはいえ、マーチンデールは、生態学理論をア・プリオリに否定しているわけではない。それがファーストハンドの調査[3]と自律的な科学の樹立をもとめたことを重視したうえで、「その原始主義そのものさえもが一種の利点を有していた」という。換言するなら、「それは理論的にはまったく制約されていなかったので、ほとんどすべての研究がその名において生起することができた」(Ibid., 30) というのである。

「抽象の危機」としての都市社会学の理論的危機

ところでここであらためて注目されるのは、こうした部分的評価が反転して都市社会学の理論的危機という認識に至ることになる点である。なぜなら、「ほとんどすべての研究がその名において生起すること」によって、「都市の研究は……財産目録、すなわち都市的環境の社会問題のための機械的な枠組みに帰する」(Ibid., 30) ことになるからである。このことは、本章の冒頭でかかげたマーチンデールのアンソロジーに集約されるが、要するに、ひたすら微視的操作に終始し対象領域を広げるなかで、都市社会学が現象諸形態を探究するためのある種の「技術的手段」と化していることが、理論的危機として捉えかえされるのである。マーチンデールにとって、こうした事態は、理論的主体 (theoretical corpus) としての都市社会学に固有の領域があいまいになるという点で理論的危機なのである。つまり既述した文脈でいうと、都市社会学に固有の領域設定を含む方法論的自己確証をともなわない対象領域の拡大が都市社会学の理論的危機を招いているというのだ。

しかしこうした危機論は、都市社会学の分析視角の論理構築化の軌跡ならびにその様相を内在的に検討するなかから出てきたものではない。先にも触れたように、ヨーロッパ種を絶対視する立場からのアメリカン・サイエンス批判を基調音としている。たしかに、いわれるような都市社会学の理論的危機をもたらしたものとして、自律的な社会的単位としての都市の消滅について言及している。とはいえ、ここでいう都市の消滅は、「現代都市は、その外部的、形態的構造を失いつつある」(Ibid., 62) という皮相的把握のもとに主張されたものである。したがって、先の都市社会学に固有の領域の喪失の議論がそうであるように、都市の消滅→都市社会学の理論的危機という議論も、〈抽象の危機〉論という性格を免れない。

都市社会学の理論的危機という認識が都市社会学批判から始まるとしても、抽象的なテーマ設定のもとで稔りある理論地平に到達するのはむずかしい。そうした点では、上述したマーチンデールのアメリカ都市社会学批判の立場および都市社会学の理論的危機に関する認識は、示唆に富む。それは一言でいうと、研究史を踏まえての分析視角をめぐる論点の抽出と整序の試みであるが、基点とする**ヨーロッパ都市論**[*3]、ことにウェーバー都市論への過剰な没入から派生する批判の「形式性」および危機認識の「外在性」は払拭しがたい。都市社会学の社会的現実的根拠を不問にした都市社会学批判はむなしい、と先に述べたが、そうした事態を避けるためには、何よりも都市社会批判にもとづく都市社会学批判を媒介にして危機論を展開することがのぞまれる。以下、カステルの「都市イデオロギー」論をとりあげながら、そうした危機論の一つの形を示すことにしたい。

2　カステルと「都市イデオロギー」論

「都市イデオロギー」とは

カステルの「都市イデオロギー」論の体系的な展開は、彼の不朽の名著『都市問題』においてなされている（Castells 1977a=1984）。しかしその簡約化された議論が、ピックヴァンス（Chris G. Pickvance）の編著においても展開されている（Castells 1976a; 1976b=1982）。そこでさしあたり、両者を適宜参照しながら「都市イデオロギー」論の素描につとめよう。

まず、カステルは、都市社会学の理論的危機は現実の危機を視野に入れた理論的仮説がないことによるという。それでは過去にどうして都市社会学は存続し得たのか、と自問する。カステルによると、それを可能にしたのは「都市イデオロギー」であるという。ちなみに、「都市イデオロギー」は以下のように定式化される[4]。

〔都市における〕社会組織の諸様式および諸形式を、人間生活の技術的、自然的状態……と密接にむすびついている社会進化の一局面をあらわすものとみなすイデオロギー（Castells 1977a=1984: 73）。

カステルのアメリカ都市社会学批判の試みは、事実上、アメリカ都市社会学の研究史を貫く基本的性格を「都市イデオロギー」として捉えることにもとづいている。それでは、具体的に「都市イデオロギー」はどのような形でアメリカ都市社会学の研究史を特徴づけることになっているのであろうか。この点についてカステルの述べるところを、項をあらためてみることにしよう。

「都市イデオロギー」の二つの潮流／立場

カステルによると、「都市イデオロギー」は都市の「空間的形態」と「都市文化」との間の因果連関の把握をめぐる二つの立場からなるという（Castells 1977a=1984）。まず第一の立場は、「自然による文化の産出の仮説」、すなわち「都市」（生態学的文脈）が社会諸関係の特殊なシステムである「都市文化」を生み出すという仮説に立脚している。この立場はテンニース（Ferdinand Tönnies）→ジンメル→シュペングラー（Oswald A. G. Spengler）と引き継がれてきたドイツ社会学の機能主義的思考、進化論的テーゼと直接に結びついたものであるが、カステルはこの立場のもっとも完成されたものとして生態学的理論をとりあげている。周知のように、これはパークを「祖」として、いくつかの潮流からなる。カステルはそれらをパークからワースに至るアーバニズム論の系譜と、バージェス→ホイト（Homer Hoyt）→ハリス＝ウルマン（Chauncy Harris and Edward Ullman）へとつながる都市発展論の系譜[5]に分けている。

ところで前者については、「都市」→「都市文化」をもっとも純然たる形で説明しようとするワースのアーバニズム論に照準を合わせて、それが一つの形態の社会組織（アーバニズム）を都市の生態学的特徴から引き出そうとする「社会形態の生産理論」と化しているとしたうえで、社会学理論の洞察力をあまりにも無力化してしまっている、と論難している（Castells 1976a=1982: 106–107）。しかしワースのアーバニズム論がより注目されるのは、演繹形式の非論理性を特徴とするアーバニズム論が「資本主義的産業化、市場経済の跳梁および現代社会の合理化過程の文化的表現」となっている点である（Castells 1976b=1982: 60）。こうして「統合の社会学」のイデオロギー的機能を担っていることが指摘されるのである（Ibid., 61）。

他方、後者の都市発展理論の系譜にたいしては、特にバージェスの同心円地帯仮説をとりあげて鋭い批判をおこなっている。カステルによれば、この理論は「経済発展と社会変化と空間の組織化との間に一つの関連があることを立証している」点で「素朴な経験的一般化」を超えているが（Castells 1976a=1982: 99）、「特定の状態のもとでのみ見いだされる社会過程を普遍的な特徴として述べている」点に困難がある、という（Castells 1976b=1982: 63）。

そして結局のところ、「利潤の論理が決定的因子となる資本主義的産業化によって支配された、急速な成長過程にある都市地域の進化」を正当化するものになっているというのだ（Castells 1977a=1984: 116）。ちなみに、ホイトの**扇状地帯理論**[*4]もハリス＝ウルマンの**多核心地帯理論**[*5]も、同心円地帯仮説にみられる上述のような理論性向（いわゆる生態学的運動とその機能的決定の仮説）を基本的に引き継いでいるとされる。

ともあれこのようにして、カステルは、アーバニズム論も都市発展論も社会有機体論的色調をおびた機能主義の枠内にあって、「統合の社会学」としてのイデオロギー的役割を果たしていると述べている。[*6]

なお、シカゴ学派の「嫡流」としてありながら、みてきたような「都市」→「都市文化」の一方的な規定性の弊をのりこえているようにみえる新生態学派（neo-orthodox approach）についても論究されているが、[(6)]この潮流も基本的には「自然による文化の産出の仮説」をかかげる立場に含まれるという。

さて、カステルがとりあげる「都市イデオロギー」の第二の立場は、以上概観した第一の立場の対極に位置するものであり、「文化による自然の産出の仮説」、すなわち「都市文化」が「都市」（＝「空間的形態」）を決定するという仮説にもとづくものである。それは「人間行動の特性を強調し、他の〈種〉において観察される自然決定主義を直接コミュニティに適用することを拒否する」アリハン（Milla A. Alihan）やゲティズ（Warner E. Gettys）の所説（Alihan 1938; Gettys 1940）、「空間は価値および集団の行動によって形成されるものとみる」ファイアレイ（Walter I. Firey）の所説（Firey 1947）等に代表される文化生態学（cultural ecology）の裡に見いだすことができる。その理論的特質は「空間の組織化は、文化的価値志向によって導かれた人間の行為によって本質的に決定される」とする点にあるが、カステルはこうした立場にたいして以下のような疑義を投げかけている。

都市を空間への社会の投影と考えることは、不可欠の出発点であるが、あまりにも基本的なアプローチにとどまっている。というのは、われわれは地理学的叙述の経験主義を超えなければならないが、われわれは（以上のようなアプローチを採用することによって）空間を諸集団や諸制度の行為が書き込まれる真白のページとしてイメージするという大きな危険をおかすからである（Castells 1977a=1984: 115)。

そして次のように続ける。

空間が純粋に社会構造の所産であると主張することは、ちょうど人間生態学の初期の研究が文化は自然によって直接決定されると仮定したように、文化が自然を生むとする主張と同様である（Castells 1976b=1982: 65)。

まさに第一の立場の裏返し的状況にあること、すなわち「自然」（=「都市」）と「文化」（=「都市文化」）を互換させただけに終わっていることが論難されるのである。だが、カステルの批判の主眼はそこにあるというよりは、むしろそこに伏在しているイデオロギー的意味をあばくことに向けられている。カステルによると、この第二の立場は空間の「主意主義的分析」に傾斜するとともに、制度化された価値にプライマシーを置くゆえに(7)、その社会的説明が秩序維持的なイデオロギーにもとづいておこなわれることになるという。

「社会的統合のイデオロギー」と都市社会学の理論的危機

こうしてみると、以上みた「都市イデオロギー」の立場／潮流は、「遠くて近い関係」にあることがわかる。両者がともに「文化的内容とその空間的位置との間の純粋に経験的な相互関係に執着している」こと（Castells 1977a=1984: 84）、そして「都市イデオロギー」としての共通の質を担っていることは明らかである。ちなみに、ここのところをカステルに寄り添ってもう少し詳しく説明すると、次のようになる。いずれの立場も「自然」と「文化」のみせかけの相関関係、いってみれば大凝集体の構造と行動の型との表層上の一致に焦点を据え、その内部的な構造連関のありようはいうに及ばず、それをささえる技術社会構造にも無関心である。したがって徐々に疑似概念化がすすみ、結果的に社会構成体の生産のイデオロギーを含むようになる。カステルによれば、このイデオロギーの社会的効用は、都市に生起する諸問題にたいして、その真因を問わないままに、皆で連帯して立ち向かうという統合的な社会の印象を強める点にあるという。だからこそ「社会的統合のイデオロギー」として論じられることになるのだ。

問題は、この「社会的統合のイデオロギー」が機能している間は、都市社会学が都市の現状を評定するインジケーターの役割を果たせないこと、つまりクリティカルな状況として見据えることができないということにある。まさにそれがカステルにとって都市社会学の理論的危機ということになる。彼はこう述べる。

都市問題は政治的プログラムにおいてだけでなく人々の日常生活においても、最も重要なものであると徐々に見なされるようになっているにもかかわらず、都市社会学はこれらの問題にたいして科学的な答えを用意することがますますできなくなっているようだ。すなわちそれは問題を叙述することはできても、現実の諸過程を説明できなくなっているように思われる（Castells 1977b: 61）。

3　「都市イデオロギー」の現実的基盤

「社会的統合のイデオロギー」の現実的必然性

カステルの「都市イデオロギー」論が明らかにしているのは、まさにこの点である。つまり都市社会学は「（都市の）問題を叙述することはできても、現実の諸過程を説明できなくなっている」ことから理論的危機に陥り、結果的に「社会的統合のイデオロギー」と化しているというわけである。しかしカステル自身が強調している歴史的・社会的現実との問題連関の把握という点でいうと、「都市イデオロギー」論は必ずしも説得的な議論を展開しているわけではない。カステルのいう「都市イデオロギー」が「社会的統合のイデオロギー」として立ちあらわれるメカニズムを明らかにするには、少なくとも「都市イデオロギー」がアメリカ的形態として土着化するプロセスに加えて、アメリカ社会の発展過程に内在する矛盾そのものの展開に即して検討する必要がある。

以下、「社会的統合のイデオロギー」として捉えられたアメリカ都市社会学の基調を、いま一度、一九二〇年代以降の、すぐれてアメリカ的な現実地盤によって拘束された問題意識のもとで捉え返してみよう。そのためには、何よりもまず、「都市イデオロギー」の既述した二つの潮流を、それらがみられた時代相とつきあわせることがもとめられよう。

「拡大の一〇年」と「黄昏の一〇年」

ところで、第一の潮流、すなわち「自然による文化の産出の仮説」の展開がみられた一九二〇年代は、フォークナー（William Faulkner）が「拡大の一〇年」と呼んだ時期に、また第二の潮流、すなわち「文化による自然の産出の仮説」の展開がみられた三〇年代は、アレン（Frederick L. Allen）が「黄昏の一〇年」と呼んだ時期にほぼ重なっている（Faulkner 1931; Allen 1939）。そこで「拡大の一〇年」と「黄昏の一〇年」がそれぞれどのような時代相を示していたのかを、簡単にみてみる。

まず「拡大の一〇年」である一九二〇年代であるが、この時代は、アメリカ史上「空前の繁栄」が謳われた時期であり、いわゆる「新産業」[*7]の発展にいざなわれた「産業化」と「都市化」が進展した。同時に、こうした「産業化」と「都市化」はローカル・コミュニティの広汎な解体と、そうしたローカル・コミュニティに生活の拠点を置き、またそこに価値公準を見いだしていた旧中間層の没落をともなった。ところで第1章で言及したように、パークらの初期シカゴ学派は、こうした時代相において都市の自由な空気や個人の可能性といった、いわば「自由主義的エートス」をみてとり、他方で、大衆社会状況下で進むさまざまな社会解体に瞠目していた。そしてその克服の契機を、ジンメルやテンニースの描く「ゲマインシャフトの世界」にもとめた。それはドイツ・ロマン主義的社会学への回帰というよりは、むしろ中産階級的偏倚（バイアス）を示していたのである。

ちなみに、第1章でヒューマン・ネイチャー＝自同律の世界が初期生態学派の都市理論の背骨をなしていることについて触れたが、そうした世界が一九世紀後半のフロンティアの社会構造を基盤とする「レッセ・フェールの社会学」とそれを基軸に据えた「スペンサーの世界」に支えられながら、結果的に「合意」を希求するものであったことについては、上記の中産階級的偏倚から容易に説明できよう。すなわち、一九二〇年代において「自由主義的エートス」に裏うちされながら、「合意」への希求とともに立ちあらわれた「社会的統合のイデオロギー」は、その生活のおおかたの基盤を根こそぎにされた旧中産階級の「危機」意識を反映していたのである。

しかしこれが「黄昏の一〇年」である一九三〇年代になると、「社会的統合のイデオロギー」の基調がまるで違ってくる。ここで一九二〇年代から一九三〇年代への社会学の転換を「変化」から「秩序」へという変遷を通して捉えたニスベット（Robert A. Nisbet）に倣っていうと（Nisbet 1952: 167）、一九三〇年代の「社会的統合のイデオロギー」はまさに「秩序維持のイデオロギー」としてあったのである。一九三〇年代になると、（大恐慌→）ニューディールの展開とともに旧中産階級の崩壊と新中産階級の台頭が決定的になる。そして「組織と制度の時代」がやってくる。そうしたなかで、「見えざる手」[*8]が社会的統合の要となるようなヒューマン・ネイチャー／レッセ・フェールの世界はもはや過去のものとならざるを得なくなる。「スペンサーは死んだ」のである（Parsons 1949: 3）。そこでは、大恐慌後の混乱のなかで無力状態に置かれた新中産階級を安心させ、彼らを体制に包み込む「ホッブズ的命題」[*9]（宇賀博）が必要とされた。「黄昏の一〇年」とともに立ちあらわれた第二の潮流が、この時期「制度的価値」や「主意主義的行為」[*10]を強調して頭角をあらわすことになったパーソンズの社会学の影響下にあったことは、決して偶然の一致ではない。いずれにせよ、一九三〇年代の「社会的統合のイデオロギー」は明らかに「合意」から「秩序維持」にシフトしており、それ自体、新中産階級の「ゆらぎ」を反映していたのである。

むすびにかえて

こうしてみると、「社会的統合のイデオロギー」としてある「都市イデオロギー」は、結局のところ旧中産階級の危機意識もしくは新中産階級のゆらぎのある種の自覚化形態としてあるといえる。しかしそうであってみれば、そうした自覚化形態が先に一瞥したイデオロギーの機能を超えて都市的世界に分け入ることのできる批判力を真に備えているのかどうかが、あらためて問われることになろう。カステルのみてきた「都市イデオロギー」論は、その点でいうと、ようやく戸口に立ったにすぎないといえるかもしれないが、都市社会学の理論的危機を解く手がかりを与えていることはたしかである。

カステルの「都市イデオロギー」論が明らかにしたことは、一つは都市社会学が草創期以降その内部に多かれ少なかれ湛えてきた小都市幻想が「社会的統合のイデオロギー」と化し、それが「拡大適応」や「おきかえ」を繰り返してきたということである。それからいま一つは、都市社会学が上述の動向と相まって、秩序中心の視座構造を織りなしてきたということである。これらの点は、みてきたような「社会的統合のイデオロギー」が現実との緊張関係を喪失し、結果的に現実を肯定してきたことと無関係ではない。カステルの「都市イデオロギー」論は、こうした「社会的統合のイデオロギー」の現実的基盤とその基底に伏在する「秩序原理の認識」（メラー）をある程度浮き彫りにしているといえよう。しかし秩序中心の視座構造に代わる葛藤中心の視座構造（それもパーソンズ流の「統合の社会学」に回収されない）を獲得しているわけではない。したがって、「都市イデオロギー」論は、たしかにみてきたようなマーチンデールの「抽象の危機」論からは脱しているものの、依然として都市社会学批判の枠内にとどまっていたことは否定できない。

詳述はさておき、「社会的統合のイデオロギー」が一つの思惟としての機能すら発揮できなくなり、それとともに秩序中心の視座構造が完全に崩壊するのは、一九六〇年代になって「都市の危機」が欧米の先進資本主義諸国を席捲するようになってからである。「都市の危機」は、もはや統合の問題としてではなく、すぐれて都市を包むシステム全体の問題として発現した（この点は次章で詳述する）。ここにシカゴ的世界が完全に終焉を迎えることになった。[8]そしてそれによって、都市社会学、そしてそれを特徴づけてきた「社会的統合のイデオロギー」の現実的基盤が大きく損なわれることになった。またそれとともに「イデオロギーとしての都市社会学批判」が立ちゆかなくなり、それに代わって葛藤中心の視座構造[9]に裏うちされたもう一つの都市社会学、すなわち「新しい都市社会学」（ニュー・アーバン・ソシオロジー）が出現することになったのである。

同時に、「新しい都市社会学」は単に都市社会学の再生にとどまらず、一九六〇年代以降のヨーロッパの知の変動に媒介された一つの「**思考の運動**[*11]」としてもあった。それだけに、今日に至るまでさまざまな毀誉褒貶がつきまとった。この点については、章をあらためて述べることにしよう。

【注】

（1）マーチンデールは、ウェーバーの都市論を「総合的にすべての制度を糾合した統体とみる立場」として、次のように述べている。

ウェーバーの見地はいずれの方向にも、すなわち都市の心理状態、概念的伝統、分節化した環境の方向へも、あるいは都市の時間を通じて持続する安定したパタン、制度の方向へも向かうことを可能にした。実際、彼の理論はこの両者を考えることを要求したのである（Martindale 1958: 52）。

（2）さらにマーチンデールは、これらの概念は、都市生活にも農村生活にも、過去の生活にも現在の生活にも、はたまた人間生活にも人間でない動植物の生活にも等しく適用できる、という。そしてとどのつまり「社会学理論と政治学理論や経済学理論、あるいは植物学理論のいくつかの部門とも区別することができない」と批判するのである（Ibid., 30）。

（3）　シカゴ・エスノグラファーに特徴的にみられる自然主義的観察眼とつながっている（この点は第1章を参照)。この対象を生身の形で切り取るファーストハンドの経験的研究は、その後、シカゴ再評価への導線の一つとなるが、ここで指摘しておきたいのは、それが「自己完結的な都市領域」という設定を前提にしてはじめて可能になったという点である。したがって再評価とは別に、こうした前提に内在する歴史的制約を踏まえておく必要がある。考えてみれば、指摘されるような自然主義的観察眼自体、「レッセ・フェールの世界」を下支えしていたといいえないこともない。

（4）　もともとカステルは、アルチュセールに依拠して、都市社会学分野で蓄積されてきた知識のイデオロギー的要素を、科学的な関連性をもつ要素から切り離すことを主張する。そして「科学としての都市社会学」を確立するにあたって、(1)都市社会学は都市的「認識対象」(theoretical object) をもっているか、(2)都市社会学は都市的「実在対象」(real object) をもっているか、という二段階の問題設定を試みる。こうした問題の立て方は、アルチュセールに特有の理論的困難（いわゆる認識論的切断）をともなっているが、カステルによると、都市社会学が理論的概念に適合する都市的「認識対象」も都市的「実在対象」をもっていないならば、とても科学とはいえず、イデオロギーにすぎないということになる。

（5）　正確にいうと、バージェスの同心円地帯仮説にはじまり、ホイトの扇状地帯理論（sector theory）を経てハリス＝ウルマンの多核心地帯理論（multiple nuclei theory）に至る、都市の内的構造をめぐる理論の系譜である。ただ後二者についていうと、同心円的発展の定型に錯乱を加える歪曲的要因の摘出に力点が置かれ、そうした点では同心円地帯仮説の亜流としての性格をぬぐえない（この点は後述)。

（6）　新生態学派のホーリー（Amos H. Hawley）によると、新生態学は初期生態学が強調する「都市」→「都市文化」の規定性を必ずしも否定しているわけではない。むしろその上に立って、人間生態学の科学としての自律性をはかろうとする点にその最大の特徴がある、という（Hawley 1950）。ちなみに、ホーリーの日本におけるすぐれた継承者である矢崎武夫は、ホーリーの理論的立場を次のように述べている。

ホーリーによって立てられた分析の方法はパークの文化社会と地域社会概念の矛盾を生態学の側から克服し、バージェスの理論と実証との間に横たわる諸問題に生態学的解答を与え、マッケンジーの方法をさらに広い動態的理論に止揚し、生態学の実証的研究に明瞭な焦点を与えた（矢崎 1960: 154）。

（7）第二の立場は一言でいうと、「空間の組織化を、文化的価値志向によって導かれた人間の行為によって本質的に決定される」（Castells 1977a=1984: 121）とみなすものであるが、こうした立場は、まぎれもなく「価値の社会学」を提唱するパーソンズ（Talcott Parsons）の影響下にあり、さらにいうなら、ウェーバーの流れをひく「歴史主義」にまで遡ってその祖型をさぐることができよう。

（8）シカゴ的世界はそれ自体「自己完結的な領域」としてあり、それを「一つの全体として」（as a whole）描くことが、第1章で言及したシカゴ・モノグラフを貫く社会学的スタイルでありマインドであった。しかし「都市の危機」はそうしたシカゴ的世界を内から破るようにして立ちあらわれたものであり、長い間、都市社会学がそれとの往還を繰り返してきた小都市幻想に「最後の鉄槌」を下したといえる。

（9）この場合、「都市の危機」を多面的にとらえることを可能にするような、包括的な歴史認識と経験的なレベルでの全体社会認識がもとめられよう。もっとも後者に関連していうと、まぎれもなくマクロ・フレームでありながら、「秩序」に収斂しがちな「価値の社会学」が強調するような全体性認識ではない。そうした全体性認識は、バーナードに倣っていうと、「社会体系を強調する立場」が「構造が帰属する体系全体に関心を示す」ことから立ちあらわれたものであって（Bernard 1973=1978: 27)、上記の全体社会認識とは自ずと異なっている。

【用語解説】

＊1**精密コンプレックス**　微に入り細を穿つファーストハンドの実証的記述にあまりにも囚われていること。些末なことにたいしてまるで強迫観念にとらわれているかのようにこだわること。

＊2**制度論不在**　都市をとらえる際に、外にあってかつ内から規定するような構造としての制度的文脈を視野の外に置くこと。上記の精密コンプレックスの「裏面」をなしている。

＊3**ヨーロッパ都市論**　多かれ少なかれ制度的文脈から都市にせまる、マルクス（Karl Marx)、ウェーバー、スミス（Adam Smith）等のヨーロッパ文化の知的伝統の上に立つ都市論。

＊4**扇状地帯理論**　ホイトによって提唱されたもの。都市発展のプロセスにおいて、家賃を指標とする地域構造は同心円よりもむしろ都心を中核とした扇状をなすとした。

＊5**多核心地帯理論**　ハリスとウルマンによって提唱されたもの。同心円地帯仮説、扇状地帯理論の批判のうえに、都市の核心は複数個あるとした。

＊6**社会有機体論的色調**　社会の平衡や発展の諸条件を生命現象との類推で考えようとする理論的性向のこと。社会には攪乱や不均衡が生じることを認めた上で、そこにたちあらわれる解体や崩壊は結果的には再組織へと向かい、より有効な調整作用を営むようになるとされる。このように社会はそれを構成する部分／要素が何らかの結合状態／秩序を有するときに存続可能とされるのである。均衡論的変動論の立場と親和的である。

＊7**新産業**　自動車、映画、ラジオなどの新技術にいざなわれ、大量生産商品の大消費市場をもたらした化学産業のこと。

＊8**見えざる手**　ヒューマン・ネイチャーが内包する自同律のメカニズムのこと。レッセ・フェール（自由放任体制）がまったく意図していなかった統合をもたらすことになるのは、これによって導かれた結果であるとされる。もともとはスミスが『諸国民の富』において展開した「神の見えざる手」に由来する。

＊9**ホッブズ的命題**　ホッブズ（Thomas Hobbes）は『リヴァイアサン』において、「万人の万人に対する闘争」について言及し、それが人間の自然状態であるとしている。つまりホッブズによると、社会は自立した個々人の集合である。したがってそこにいかにして秩序が形成されるかが最大の課題となるというのである。

＊10**主意主義的行為**　パーソンズは、行為や行為の結果を説明する際に客観的／外的な要因と、それから多少とも自律した行為者の主観的要因を重視している。そして後者の主観的要因を行為者の能動的な働きかけ、すなわち行為者が主観的な価値基準のもとで設定した目的を、客観的条件のもとで理念的に選択し追求する行為として明らかにしている。

＊11**思考の運動**　個別ディシプリンにとどまらないラディカル科学運動として表出（次章参照）。それが「思考の運動」としてあり得たのは、多くのディシプリンに共通してみられる現状維持の立場にたいする「異議申し立て」をおこない、その上で社会にいかに向き合っていくのかを鋭く自問するものであったからだ。

4章 「新しい都市社会学」の誕生

空間をとらえる視点

人間は歴史をつくる。だが、みずから選択した条件のもとにおいてではない。
――K・マルクス『ルイ・ボナパルトのブリュメール十八日』

はじめに

前章では、カステルの「都市イデオロギー」論などを検討素材にしながら、シカゴ学派に誘われてきた都市社会学が、おりおりの都市的現実を結果的に肯定／追認する「統合の社会学」としての役割をになってきたことを指摘した。その際特に着目したのは、そうした「統合の社会学」としての性格を色濃くおびた都市社会学が秩序中心の視座構造からなるミクロフレームを織りなしてきたという点である。ところでこうしたミクロフレームにたいして、視座構造の転換をはかる動きが一九七〇年前後から立ちあらわれた。いわゆる「新しい都市社会学」(new urban sociology) の出現である。

「新しい都市社会学」は明らかに葛藤中心の視座構造からなるマクロフレームを最大の特徴としてい

た。そしてそうしたマクロフレームは、シカゴ学派の都市社会学が一貫して都市を「自己完結的な領域」[*1]とみなしてきたことにたいする批判的認識に立脚していた。しかしその出現は、厳密にいうと、シカゴ学派都市社会学の清算主義的否定の上にみられたものではなかった。その出現をうながしたのは、一九六〇年代後半からたちあらわれ、七〇年代になって「ルネサンス」状況を迎えることになった、ヨーロッパの知の世界を広く席捲した国家論、階級論のうねりであった。そのうねりに触発されて登場することになった「新しい都市社会学」は、キーエリアをハーローのいう三つのテーマ、すなわち空間的脈絡での資本の展開と労働力の社会的編制、そしてこの二つの動きに拮抗する組織的動態にもとめたのである（Harloe 1981: 3）。そしてそこから必然的に「都市の危機」が理論的射程に組み入れられることになったのである。

なぜなら、「グローバルな次元での、ハイアラーキカルな都市間システムの次元とむすびついた大都市圏の不均衡な全体構造や郊外と中心都市の差別的な関連構造を示すもの」であり、「きわめて官僚化された大都市圏内の行財政構造と上からの一連の弥縫策によってかえって深化」をみせていた「都市の危機」は、それ自体、国家論、階級論の中心的なイッシューとなっていたからである（吉原 1990: 256）。「新しい都市社会学」は、こうした性格をもつ「都市の危機」の解明にたいして、秩序中心のミクロフレームがきわめて無力であることを深く認識するところから立ちあらわれた。すぐれてシステム全体の管理にかかわる問題としてある「都市の危機」の実相を明らかにするには、都市社会学を再審し、葛藤中心のマクロフレームへと視座転換をはかることが不可欠となったのである。いずれにせよ、最初からシカゴ学派主導の都市社会学への批判があったわけではない。

さて本章では、以上のことを踏まえた上で、一種の思考実験[1]としての性格を深くとどめていた「新しい都市社会学」の理論的性格とその転態のありようを検討する。そしてそのことを通して、シカゴ学派都市社会学にたいするオルタナティヴの可能性と課題についてさぐってみることにする。

1 都市社会学のアイデンティティ・クライシスと新たな全体知の模索

都市社会学のアイデンティティ・クライシス

「都市の危機」は、「自己完結的な領域」としての都市に照準を合わせてきた都市社会学にアイデンティティ・クライシス*2をもたらした。平たくいうと、都市をそれ自体として対象にし、都市化を資本主義的システムから独立したプロセスとして研究してきた都市社会学にたいして存在証明をもとめることになったのである[2]。同時に、カステルが「都市イデオロギー」として批判したミクロフレームとしてのシカゴ学派主導の都市社会学の社会的性格をあらたに浮き彫りにさせることになった。「都市の危機」の台頭をまねいた体制のありようを問わない無批判的な微視的アプローチの存在根拠が問われることになったのである。こうして、「都市の危機」はつまるところ、「都市社会学の危機」として現象することになった。

「新しい都市社会学」出現の背後要因をとりあえず以上のようにおさえると、都市社会学のアイデンティティの再定位が「新しい都市社会学」成立のための重要なファクターとなっていることがわかる。しかしここで指摘しておきたいのは、いわれるようなアイデンティティの再定位は都市社会学にとどまるものではないということである。そのことは、「新しい都市社会学」の影響源をなしたものがヨーロッパ出自の多様な知であったことを想起するなら、ある意味で当然であったといえる。要するに、「新しい都市社会学」はそれまでの都市社会学のアイデンティティ・クライシスを捉えかえしながらも、より広い文脈で、多様な知の交錯によって誘われるような全体知の樹立をめざす一種の思考実験としてあったといえる。

空間フェティシズム

さて全体社会の秩序形成に必ずしも与しない、指摘されるような全体知を獲得するには、何よりもまずシカゴ学派主導の都市社会学を再審することがもとめられる。ここでは、その一環として、カステルの「都市イデオロギー」論と、ホーリーの**新古典生態学**（neo-orthodox ecology）[*3]にたいするゴットディーナー（Mark Gottdiener）の技術決定論批判に目を向けるが、前者については前章で詳述しているので繰り返すことは避け、専ら後者について簡単に言及することにする。

ゴットディーナーは、その新古典生態学の立場において、人口が環境の変化に適応するにあたって自らをいかに組織するかという点への着目からはじまって、社会関係を生命維持に欠かせない協同関係に還元する見地、すなわち平衡（equilibrium）を重視する見地を、「ウェーバーもマルクスも社会史の基本的な原動力と認めた、資源の不平等な配分から生じる日常生活の重大な具体的問題を見えなくするために、調整や機能的統合といった論争にならない過程を強調する格好の事例」(Gottdiener 1985: 39)であると批難する。そしてこうした見地は意思決定のコンテクストをあいまいにする技術決定論であり、つまるところ現存する社会的不公正のシステムを補強することになっていると主張する[3]。そこから見えてくるのは、カステルが「都市イデオロギー」論で喝破してみせた「統合の社会学」と同質のものである。

詳述はさておき、前掲のカステルの「都市イデオロギー」論とゴットディィーナーの新古典生態学批判から共通に浮かび上がってくるのは、旧来の都市社会学が程度の差こそあれ空間を物神崇拝する「空間フェティシズム」に陥っていたという点である。ゴットディィーナーの慧眼は、この「空間フェティシズム」と先に言及した「統合の社会学」とが裏表の関係にあることを見抜いていることである。もっとも「空間フェティシズム」は、都市社会学にのみみられるものではない。それは「通常科学」を貫いてみられるものである。それでは、具体的にどのような形で立ちあらわれているのだろうか。

全体知獲得に向けての「通常科学」批判

まずコックス(Andrew Cox)の社会学にたいする批判をみてみよう。

伝統的に社会学者は、都市生活の諸個人への影響をめぐって起こった都市問題に関心をはらってきた。……だがこのアプローチは、都市変動をもたらす政治的、経済的な諸力を控え目にあつかい、上述の問題を激化させている政府や官僚機構の役割よりもむしろ都市生活の問題を強調しがちであった（Cox 1983: 32)。

この批判はシカゴ学派都市社会学に代表されるミクロフレームの理論的偏向を衝いているという点では、すでにみたカステルの「都市イデオロギー」論やゴットディィーナーの新古典生態学批判と共通するものがある。しかしコックスは、そうした理論的偏向を隣接領域においてもほぼ同じように観取している。たとえば、政治学について、「政府やその他官僚機構が都市形態や資源配分を具体化する際に、実際に自立的もしくはそれ相応の役割を果たしたか否かについて問わなかった」と述べている。さらに地理学にたいしては、空間的パターンの精緻な理論化を追求するあまり、空間の間でみられる資源の不均等な配分や格差をともなった成長を当然のものとみなし、その背後に伏在する構造的メカニズムを等閑視しているといった事態、まさに地理学が高らかに標榜してきた「価値中立性」[*4]を論難している(Ibid., 31)。ここでは、微視的態様の叙述に終始するその記述的性格ゆえに、「都市の危機」を全体関連的に捉えることのできない、狭隘な理論的射程と閉鎖的な領域的マトリックスが問われている。

重要なことは、こうした問いとともに、これまで絶対的なもの、不動のものと見なされてきた、「通常科学」にあまねく見られた実証主義的な理論枠組みや価値自由的立場の限界が明らかになったことである。換言するなら、「通常科学」が依拠してきた演繹論理にもとづく理論モデルのイデオロギー的性格、すなわち社会的にみて現状維持の立場に固執していることに批判的なまなざしが向けられるようになったことである（吉原 1984: 2）。「新しい都市社会学」は、たとえばラディカル・ジオグラフィ[*5]の動きと共振しながら、まさにこうした「通常科学」批判を旋回軸として立ちあらわれたのである。いうまでもなく、それは葛藤中心の視座構造に貫かれたマクロフレームを構築する方向へのパラダイム転換を示すものでもあった。

2 「新しい都市社会学」の原像

なにゆえ新しいのか?

上述したように、「新しい都市社会学」は一に葛藤中心のマクロフレーム／全体知を獲得しようとするところに最大の特徴があるわけだが、そうしたマクロフレーム／全体知は「都市の危機」を前にして、何よりもまず社会の生産手段ととけがたく結びついた、居住空間の構造に深く埋め込まれた不平等とか紛争などに照準することがもとめられた。しかし考えてみれば、そうしたマクロフレーム／全体知は、いわゆる「社会科学的」都市論[(4)]といわれるものにある程度担保されてきた。したがって「新しい都市社会学」が葛藤中心のマクロフレーム／全体知を打ちたてるには、「社会科学的」都市論の軌跡動向にたいする反省的視角を練り上げるとともに／なかで、「社会科学的」都市論との種差性を示す必要があった。つまり「なにゆえ新しいのか?」ということを明らかにすることがもとめられたのである。

ちなみに、ここでいう「社会科学的」都市論を、大澤善信は概ね以下のように述べている（一九九二年度日本都市社会学会大会報告より）。

日本のマルクス主義アプローチは、これまで都市の構造的側面の把握を特権的領域としてきたと信じられているが、都市の社会諸過程と空間的諸形態との関係については、事実上、何も論じてこなかった。そこでは都市は社会的分業概念に包摂され、それ自体を概念化することはなかった。国民経済、国内統一市場といった空間性のない資本主義モデルにからめとられていた。たとえば、日本資本主義構造の一環として都市研究を主導してきた島崎稔の理論装置を検討してみると、たしかに都市と全体社会についての重層的で内面的な連関を射程におさめた把握をしていたが、分業形態を超えた都市形態に注目することはなかった。山田盛太郎の再生産表式論の具体化を都市研究の主題に据えた島崎の「構造分析」は、一に現代日本の蓄積体制を空間的に表現するものであったのである(5)（但し、ここでは吉原（1993b: 213–214）より引用）。

こうしてみると、「社会科学的」都市論の最大の特徴は、「構造」の規定性とか「機構」の堅固性を過度に強調する点にあるといえよう。そしてそこから、いわゆる「基底還元主義」*6に特有の「反映論」を観て取ることができる。「新しい都市社会学」の〝新〟たる所以は、先に一瞥した、機能主義的分化と技術発展の不可避性を説く「空間フェティシズム」に加えて、こうした「反映論」、すなわち物的関係が空間に「翻訳される」という基底還元主義に異議申し立てをおこなった点にある。[6]「新しい都市社会学」はこの異議申し立てを起点にして、社会的分業の付帯現象でもなければ資本主義の単なる上部構造でもない空間の独自な意義の析出に向かうことになったのである。こうした社会的分業の凝集点から都市形態への視点変更は、思考実験という次元で考えてみると、社会理論における空間の位置づけという問題設定に本格的につきすすむことを意味していた。しかし「新しい都市社会学」の初発段階においては、こうした問題設定はきわめて未成熟なものに終わらざるを得なかった。項をあらためて述べることにしよう。

「反映論」の残照

「新しい都市社会学」が出現してからほぼ一〇年経った時点で、「新しい都市社会学」のオルタナティヴとしての内実を問う声が斯界で高まった（Lebas 1980; Walton 1981; Zukin 1980; Kemeny 1983, etc.）。そこでは議論は多岐にわたったが、概ね、シカゴ学派主導の都市社会学にたいする批判的検証については一定の水準／地歩に達しているが、未だ「経済決定論」の色調からは脱しきれておらず、「反映論」の枠内にあるという認識が示された。ちなみに、初発段階において「新しい都市社会学」を導いた「都市の政治経済学」的立場を概観すると、こうした認識はある程度妥当していたことがわかる。以下、上記の「政治経済学」的立場を積極的に担ったカステル、ロジキーヌ（Jean Lojikine）、ハーヴェイの主張を走り抜けにみてみよう。

アルチュセール（Louis P. Althusser）のマルクス理解に依拠するカステルの都市論は、一言でいって、彼が「生産、交換、消費領域での諸要素間の関係」として捉える「空間構造」、つまり「都市システム」に基軸が据えられている。カステルは、この「都市システム」という概念によって、一方で直接的生産過程に還帰されない労働力再生産の単位＝集団的消費過程によって構成される単位を、そして他方で社会構造の基礎的な構成要素である経済、政治、文化・イデオロギーが都市空間で連接されるところの組み合わせの内容を示唆している。こうして、彼は事実上、「都市システム」の概念を土台にして、都市研究のキー・エリアを集団的消費と都市社会運動に絞るのである。

他方、ロジキーヌによれば、資本主義都市は生産、流通手段および集団的消費手段の特殊な集中形態であり、社会構成体とほぼ等置しうる、という。そして、集団的消費手段は「社会的生産の一般的条件」としての性格を有し、また都市社会運動もそうした「一般的条件」の「空間的組み合わせ」（＝「都市的凝集」）のもたらす矛盾にねざす社会運動として把握される。したがってロジキーヌの目には、カステルの把握方法は、集団的消費手段を生産から機械的に分離した消費に限定するものと映るのである。

ちなみに、ロジキーヌとはやや色調を異にしながら、生産と消費を包絡した論理から都市空間を説明するものとして、ハーヴェイは「建造環境（ビルト・エンバイアメント）」という概念を打ち出している。ハーヴェイは、

「建造環境」(=住宅、道路、工場、事務所、下水道、公園、文化施設、教育諸機関等のフィジカルな構造の総体)を過剰資本の投資対象と位置づけることによって、この「建造環境」の造成や配置・使用をめぐって都市の問題構制が編まれる、と主張する(吉原 1990: 258-259)。

こうしてみると、同じ「政治経済学」的立場であっても、たとえば生産と消費の把握をめぐる鋭い分岐にみられるように一様ではない。しかし、それらが、変動の持つ意味が所詮外在的な契機でしかありえなかったような既述のミクロフレームの対向にあることは明らかである。そして何よりも、こうした「政治経済学」的立場が「都市とは何か」という解釈の幅を広げたことは否めない。とはいえ、それらはごく平たくいって、都市空間の編成のありようを資本蓄積のメカニズムにかかわらせてとらえる点で共通の地平に立っていたといわざるをえない。そしてその点でいうなら、前掲の「社会科学的」都市論とは明らかに異系のものであったにもかかわらず、それらを特徴づける「反映論」の枠内にあったことはたしかである。

3 「新しい都市社会学」の転回

カステルとハーヴェイの「方向転換」

さて、「新しい都市社会学」が上記の「反映論」を相対化するようになるのは、一九八〇年代とりわけ後半になってからである。この動きを強く誘ったのが、前節で概観した「政治経済学」的立場の理論的旗手であったカステルおよびハーヴェイの「方向転換（トランスフォーメイション）」であった。グラムシアンのカッツネルソン[*7]（Ira Katznelson）は、この「方向転換」をどちらかといえばネガティヴにみていたが、同時にそれらが「新しい都市社会学」の空間論への転成をうながしたことを認めている（Katznelson 1992）。そこで、さしあたりカステル、そしてハーヴェイの「方向転換」がどのようなものであったかを走り抜けにみてみよう。

まずカステルであるが、彼の「方向転換」を理解する際の鍵となるのは、『都市問題』からはじまって、『都市・階級・権力』、『都市とグラスルーツ』を経て、『情報都市』および『デュアル・シティ』に至る、それ自体、きわめて振幅の大きい理論的転回のプロセスをどうとらえるかである。それは一言でいうと、集団的消費を中枢概念として空間的単位と社会的単位を等置させる、みてきたような初期の立場から、「都市的なるもの」のオートノミーを説き、社会構造における空間の能動性を主張する立場への変更としておさえることができる。そこでは、背後要因としてのポスト福祉国家における国家の機能領域と権力作用面での変容に熱いまなざしが向けられている。カステルは、その変容のありようを福祉国家の危機→「正統性の危機[*8]」（ハバーマス）→再版「小さな政府」（→新保守主義）→「成長管理国家」の台頭、というプロセスを通して検証するとともに、このプロセスを全体として制約し、集団的消費の「再商品化」過程を貫く、産業様式に代わる「情報発展様式」の出現に注目している。カステルの空間認識の〝新しさ〟は、資本主義のリストラクチャリングと「情報発展様式[*9]」の出現とが同時的にみられるところに新しい空間形成の契機をみようとした点にあった。この「同時性」がもたらす「空間のフロー化」が「場（place）の論理」に根ざし、かつ規整される点に、身体的制約に媒介された空間の能動性／主体性を読み取るのが、カステルの空間認識の要をなしていた。

他方、ハーヴェイは、以上のようなカステルの「方向転換」を「マルクス主義からの脱落」と批判する一方で、いわゆる「フォーディズムの危機」からフレキシブルな蓄積への転回に合わせながら、前掲の「建造環境」論からポスト・モダニズム論（→『ポスト・モダニティの条件』）への大胆な転換をおこなった。[7] ハーヴェイは空間の独自の意義を強調する立場には距離をとっているが、「空間性」（spatiality）をもちだすことによって、「資本主義経済は空間のなかにあって、空間を経由して機能する」という立場を強めている。とりわけ『意識と都市の経験』以降、都市が生産様式の論理に還帰しえない「感覚上の変容」（意識形態）をともなう新しい空間編制を生みだしているとする主張を強めることになった。

あらためて指摘されるのは、カステルにせよ、ハーヴェイにせよ、ポスト・フォーディズム段階における空間編制のありよう、すなわち国家介入の深化とともにある新たな調整様式（＝新たな資本蓄積様式）の展開→「空間のリストラクチャリング」の進展を見据えながら、そうしたプロセスに制約されつつも、必ずしもそれに回収されない「都市的意味」の変容をさぐりあてようとしていることである。詳述はさておき、このこと自体、「新しい都市社会学」の空間論への転成を強力にいざなうものとしてあるとともに、後述する「空間論的転回」（spatial turn）の一つの潮流を構成するものとなったのである。

この動きをささえながら決定的なものにしたのが、以下に言及するルフェーヴル空間論の解読の試みである。

ルフェーヴル空間論の解読を通して

ルフェーヴル空間論の要をなす『空間の生産』の英語版の刊行（Lefebvre 1991）は、英語圏において多くの読者を獲得するとともに、ルフェーヴル再解読の動きに拍車をかけることになった。考えてみれば、かつてこの地においてルフェーヴル（Henri Lefebvre）が大きく取りざたされたことがある。しかしそれは専ら「都市的実践」の脈絡においてであった。それにたいして一九八〇年代以降みられたカステル、ハーヴェイ、ソジャ（Edward W. Soja）、ゴットディーナーらによるルフェーヴル解読の試みは、明らかに異なる文脈の下でなされた（Soja 1980; 1985; 1989=2003; Gottdiener 1985）。これら論者によるルフェーヴルに向けられたまなざしは、あくまでも社会の空間性にアクセントが置かれていた。そしてそれは、すぐれて経済的、政治的、文化的諸力の「都市の織り目」（letissu urbain）において発現し、それゆえ空間は物的場所であり、土地所有関係網のなかの一片の不動産であり、社会諸関係を編制する契機であり、実存主義的自由であると読み解かれた[8]。このようにしてルフェーヴル解読のポイントは、主に「都市的なるもの」の自律性をどう読むかという点に向けられており、またその点では、先に一瞥したカステルおよびハーヴェイの「方向転換」の理論的正当性および論理的必然性をどう示すかということと深くむすびついていたといえよう。

ちなみに、一九九〇年代後半以降、『空間の生産』をめぐる議論が白熱するようになった。そしてそこでいわれる視覚優位の「空間の表象」と身体や五感に根ざした生きられた空間である「表象の空間」とのせめぎあいがもたらす「空間的実践」が、それまでいわれてきた「都市的なるもの」の自律性／主体性とどうつながるのかが問われることになった。議論は結局のところ、そのことに直接答えるものにはならなかったが、ルフェーヴルの空間認識が「空間のリストラクチャリング」の原構造とそこに投企している身体的制約のメカニズムの把握に至っていることは、ある程度確認された。ともあれ、みてきたようなルフェーヴル空間論の新たな読解を通して、「新しい都市社会学」の空間論的転成の方向が動かしがたいものになったのである。

批判理論の再審

同時に、そうした空間論的転成の方向を確実なものにしようとするいま一つの動きとして、いわゆる批判理論一般を社会理論および経験的研究のレベルでいかに推敲するかという課題と関連させながら、空間論的転成に向けての理論的モチベーションを高めようとする動きがみられたことも指摘しておく必要があろう。たとえば、カステルのみてきたような「方向転換」は、まさにそのようなものとしてあったし、そもそも既述した一連のオルタナティヴな都市論がそれまでのオーソドックスな視軸を現代的課題の分析視座へと移すことによって出現可能になったということ自体、そのことを鋭意に示すものであったといえる。

総じて、こうした動きのなかで、従来の批判理論が空間論不在の時間論的偏向に陥っていたことが鋭く問われるようになった。それは批判理論が常に帯同してきた歴史主義的パースペクティヴをいかに脱構築するかという課題とむすびついていた。ちなみに、前掲のカッツネルソンは、こうした課題をマルクス主義の再生とかかわらせて「再空間化」への道筋において明らかにしようとした（Katznelson 1992）。だが、こうしたカッツネルソンのスタンスには、先に言及した「反映論」を具体的にどう止揚するかが明らかにされていなかった。「反映論」への回帰を避けるためにも、いま一度、「空間的諸関係と社会的諸関係の弁証法的関連」（ゴットディィーナー）の位相に立ち戻って、指摘される「再空間化」の内容を検証する必要があったと考えられる。

4　「新しい都市社会学」から――空間のあらたな全体知をもとめて

「構造と主体」から「空間と社会」へ

ともあれ、このように考えてみると、「新しい都市社会学」は終始空間の新たな全体知の獲得にこだわってきたといえる。そこでは、社会学分野に立ちかえっていうと、パーソンズに代表される**誇大理論／グランド・セオリー**[*10]が旧びてしまったといわれる状況下で、いかにして均衡ではなく葛藤にいざなわれた社会変動論への志向をはぐくみ、空間の全体知、すなわち「空間と社会」の総体把握を獲得するかが問われたのである。そしてそのためにも、時代の課題を踏まえ、それに触発されたマクロフレームへの旋回基軸を打ちたてることが必要であった。社会学を超えてオルタナティヴとしての内実形成に即していうと、「反映論」さらに「空間論不在の時間論的偏向」から脱して、いかにして非決定論的、非線形的空間論を確立するかということがもとめられていたのである。その点でいうと、幸いなことに、先に一瞥したカステルおよびハーヴェイの「方向転換」は示唆的であったし、何よりもそうした「方向転換」の基底に見え隠れしていた、ルフェーヴルに代表される、身体論にねざす空間と社会についての弁証法的思考の果たした役割には、かぎりなく大きいものがあった。

とはいえ、「構造と主体」に関する諸パラダイムがかつてほどに影響力を持ち得なくなったことが、そのまま「空間と社会」の総体把握につながっていくわけではなかった。空間のあらたな全体知の獲得をめぐる状況は混沌としていた。こうした状況に風穴を開けたのは、「社会理論における空間の発見」をもたらした空間論的転回であり、それを内部からうながした、構造に回収されない生成的主体を基軸とするパラダイムへの組み換えであった。そしてそうしたパラダイム・シフトをささえたのは、ハーヴェイの「意識の都市化」や「時間と空間の経験」をめぐる言説、さらにそれらを「空間の実践」の文脈で再組成した「空間と主体」アプローチであった。ちなみに、構造主義との対決を通して獲得したカステルの「都市的なるもの」をめぐる一連の再定式化の試み[9]は、指摘されるパラダイム・シフトに先鞭をつけたものとしてあらためて注目されよう。

素朴経験主義からの「立ち上がり」

ところで、「新しい都市社会学」の一つの転回の方向が、以上概観した、「空間と社会」の総体把握を練りあげようとするものであったとすれば、いま一つの方向は都市社会学分野に色濃くしみわたっている素朴経験主義からの「立ち上がり」をどう達成するかということを課題とするものであった。「新しい都市社会学」が初発段階において批判的に対峙したのは、みてきたように都市社会学の経験的効用そのものではなく、素朴経験主義を背後から跡づけている「統合の社会学」としてのイデオロギー的性格、そしてそれと一体としてあった秩序中心のミクロフレームであった。当然のことながら、素朴経験主義からの「立ち上がり」をめざそうとすれば、それが深く足を下ろしている経験的地平を、少なくとも「趨勢記述」に終始しているという批判を超えて位置づける必要があった。しかしこの点については、「新しい都市社会学」は驚くほど無関心であった。詳述はさておき、指摘される経験的地平をどう捉えるかは、上記の第一の方向、すなわち「空間と社会」の総体把握を推敲しようとする立場の成否とも密接に関連していたはずである。ちなみに、筆者はそうした経験的地平を、かつて次のように述べた。[10]

従来のグランド・デザインや社会構造の総括的な輪郭の検討がすすむなかで、シカゴ学派の占める位置が一つの重要性を帯びて浮かび上がりつつある。それは具体的には、都市の地域組織や社会関係の地域的パターンや社会諸集団の地域別配置といった下位社会レベルの微に入った研究が「社会の土台」との関連で追求されるなかで徐々に自覚されるようになっている。それはまた……新都市社会学の質の確定に即していえば、「国家と市民社会（＝都市社会）の相互浸透」という文脈のなかで、あらためて「定住地の様式と社会生活との相互関係」に関する定式化（C・S・フィッシャー）が再考されるようになっているという動向のもとで確認されるものである（吉原 1986: 18）。

しかし、こうした経験的地平の検証が「新しい都市社会学」のオルタナティヴの地歩の確立、そしてさらなる転回へとつながっていった、とは必ずしもいえない。だからこそ、素朴経験主義からの「立ち上がり」も未だその途上であるということになるのかもしれない。実際、先に言及した空間のあらたな全体知をもとめるパラダイム・シフトは、かりにそれが今後ラディカルにすすむにしても、不透明感がただようであろうことは否定できない。そうであってみれば、「新しい都市社会学」からの道筋は、いま一度「新しい都市社会学」への道筋に立ちかえって検討することが必要になってこよう。そこで最後に、この点について一言述べて本章を閉じることにしたい。

むすびにかえて――全体知のゆくえ

考えてみれば、「わが国の都市社会学界は一方での空間フェティシズムと他方での『反映論』が争点をもたないままに対峙するなかで、空間論の独自な展開をさまたげてきたという系譜なき系譜を有しており」（吉原 1993b: 221）、このことが「新しい都市社会学」の展開に大きな影を落としてきた。したがって、いま、この時点において「新しい都市社会学」からの道筋（＝あらたな転回）を考える場合、何よりもまず、「新しい都市社会学」と「伝統的」と目されてきた都市社会学との間の「異同」といわれているものの内実を検証する必要がある。これまで「伝統的」都市社会学と「新しい都市社会学」は、ややもすれば対立的にとらえられてきた。しかし両者の間で相互浸透する領域が拡がっている。そして相互に「積極的なもの」をすくい出そうとする動きが出てきている。こうした動きはいまのところ、連接と分極が入り混じった複雑な様相を呈しているが、現にすすんでいる相互浸透は「新しい都市社会学」からの道筋に確実に影響をおよぼしている。

ちなみに、「新しい都市社会学」からは「あちら」とみなされていた側で、かつて「都市そのものの形成発展を説明する、巨視的な新しい理論図式が……課題となっている」（倉沢・町村編 1992: iv）という認識が示されたことがある。ところがいまや、そうしたものが「新しい都市社会学」への道筋において里程標になった、都市を巨大な生産力体系とみなす立場をも包みこんだ認識へと発展しているのを示すモノグラフが立ちあらわれている。[11] しかもそこでは、空間フェティシズムにも「反映論」にも与しないスタンスが明瞭に示されている。詳述はさておき、上述した「一方での空間フェティシズムと他方での『反映論』が争点をもたないままに対峙する」状況が明らかに相対化されているのである。

それにたいして、空間論への転成にもとづいて、「空間の社会的生産」というアジェンダ設定をおこない、そうしたアジェンダの下で空間フェティシズムにも「反映論」にも加わらない立場を推敲してきた側では、一方で都市がますます生産力拡大のメカニズムになっているとともに、社会的剰余を集中させ統御させる都市的生活様式が途方もない「感覚上の変容」と「意識のずれ」をともないながらすすんでいることを説く論議が強まっている。そこでは、身体論的定式化を介して「空間の政治」から「場所の政治」に視点変更することが一つの特徴となっている。その場合注目されるのは、素朴経験主義の影にかくれて見えてこなかった「伝統的」都市社会学の経験的効用が可視化され、それが「場所の政治」を論じる際に素材提供の役割をになうようになっていることである。

ともあれ、いまや「新しい都市社会学」は「伝統的」都市社会学との「境界」設定の上に存立するのではなく、それとのボーダレスな地層において自らの存続基盤を確認するようになっているといえる。そしてそのことによって、「新しい都市社会学」が再び「反映論」に回収されたり、「伝統的」都市社会学が素朴経験主義の罠に陥ったりすることが回避されることになるだろう。

繰り返しになるが、「新しい都市社会学」はまぎれもなく思考実験としての性格を有している。もちろん、多次元的な時間と空間が複雑にからみあう社会的世界としての都市の構造の解明は避けて通れないが、「新しい都市社会学」が照準を合わせているのは、そうした構造の解明とともに、そこに見え隠れしている時代の思潮を読み込み、それを「生きられた世界」のあえぎとしてすくいだすことである。最初に、レゾン・デートルとか「普遍化」定式といったようなものがあるわけではない。

最後に、もう一つ指摘しておきたいのは、「新しい都市社会学」からの道筋をめぐってさしあたり以上のようなことを考えていくと、空間のあらたな全体知といった設定そのものがゆらがざるを得なくなることである。本章の冒頭で、「新しい都市社会学」出現の前提要件として、秩序中心のミクロフレームから葛藤中心のマクロフレームへの移行が欠かせないことを指摘したが、空間論への転成の道筋において立ちあらわれてきた全体知は、もはやミクロフレームかマクロフレームかといった問題次元にはおさまらない。換言するなら、ミクロフレームにたいする批判を、マクロフレームとの対比においておこなおうとする思考図式の上にはないのである。それはいうなれば、全体化し中心化することを否定する脱統合的な全体知ということになる。そしてそうした点でいうと、指摘されるような全体知は自らの構成原理の否定の上にあるといえる。それがどのようなものとして立ちあらわれているかは、第II部でみることにしよう。

【注】

（1）ズーキン（Sharon Zukin）はかなり早い段階でこのことを示唆していた。彼女は、「新しい都市社会学」の初期の軌跡は、三つの潮流、すなわちフランスのマルクス主義、イギリスのネオ・ウェーバー主義[*11]、アメリカの急進的な経験主義のパラレルな進展と合流の裡に見出すことができる、と指摘している（Zukin 1980: 575–601）。ちなみに、日本では「新しい都市社会学」を、ネオ・マルクス主義としてとらえる傾向が強いが、こうした捉えかたは、「新しい都市社会学」の思想的な影響源の多様さを考えると、当たっているようで実は大きく外している。

（2）こうした問い方は、ある種の現実的必然性をともなってなされたといえるが、結果としては純理論的な次元で都市社会学のレゾン・デートル（守備範囲）とか「普遍化」定式などを問うということにとどまった。

（3）ゴットディーナーによると、ホーリー等の新古典生態学派の大都市分散（metropolitan deconcentration）

や郊外化に関する議論はきわめて推敲度が高い。凝離（segregation）への着目からはじまって、メトロポリスの機能的分化のメカニズムを記述的に示すことで、そこに埋め込まれた不平等な社会的空間パタンを一定程度浮き彫りにすることに成功している。とはいえ、こうした不平等がなぜ空間的に表出することになったのかについての説明は、きわめて限定されたものになっているという。たしかに、新古典生態学派は郊外と中心都市の差別的な関連構造やメトロポリスの不均衡な全体構造に鋭いまなざしを向けるガンズらの急進的経験主義者たちと響きあっているが、そうした空間形態を生み出したものは輸送手段であり、コミュニケーション技術であるとし、結局のところ技術決定論に陥っているというのだ。

（4）ある時期までのマルクス主義者に特有の用語（法）である。「理論と実践の統一」をめざす方法的態度に裏打ちされた科学こそが「社会科学的」であるとされた。したがってその対向にあるものは「非科学的」であり、「俗流」であるとみなされた。後述する素朴経験主義は「社会科学的」都市論の恰好の批判対象となった。

（5）島崎の「構造分析」を貫く基本的視角は、「都市と農村」論であった。島崎はこの「都市と農村」論の一般的視角を、「工業の資本制生産と農業の小商品生産」との間の〝構造的不均衡〟として「資本主義社会に固有の形態」をとるとされる都市と農村の対立の裡にもとめ、その具体的な問題状況を、戦後日本の資本主義構造の抱える問題として問い質した。山田盛太郎の影響を受けたこうした視角は、空間を変動的実相においてとらえる視点を豊かに湛えていたが、つまるところ空間＝地域を「構造的不均等発展」に直接規定される分析に終わってしまった。そこでは「資本の論理」と「都市の論理」の互換・等置にともなう空間認識の一面性、形式性が浮き彫りになった。

（6）ここで「反映論」が「空間フェティシズム」にたいして投げかけた批判を一瞥しておこう。それは一言でいうと、社会科学としての方法論的系譜を有してこなかったというものである。こうした批判はかなり強い漂白作用をともなっており、すべての議論を丸ごと否定してしまうという、ある意味でわかりやすいが手に負えない性質を帯びていた。「反映論」が自らに投げかけられた法則の一元的理解という批判を回避するためにも、「空間フェティシズム」がその背後で未分化のままにとどめてきた経験的知見を、より高次のレベルで接合し自己内化すべきであったと思われる。

(7) この「方向転換」はさまざまな議論を喚起した。それほど衝撃的であったのである。だがいずれにせよ、それがハーヴェイの研究生活上、一大転機をなしただけでなく、空間論転回においても重大な画期をしるしたことはたしかである。

(8) ルフェーヴルにとって、彼の目に映じた都市はそれ自体巨大な生産力になっており、都市化され平準化される一方で、文化的差異と領域的分化が埋め込まれた世界において矛盾が集積する場であったのである。「都市革命」はこうした場において必然的に生起するものであったのである（Lefevbre 1970=1974）。

(9) カステルの「都市的なるもの」についての彼自身の位置づけおよびその展開に関しては、高橋（1993）を参照されたい。

(10) 通常、ミクロな技術知に特有のものとして論じられ、「空間フェティシズム」とセットで扱われてきた。その半面では、技術知が結果として明らかにした経験的事実が貶価されるという憾みがあった。「新しい都市社会学」の展開において、それが必ずしも自覚的に追求されて来なかったことは否めない。

(11) たとえば、園部（2014）はそうしたモノグラフの傑出した事例である。

【用語解説】

＊1 **自己完結的な領域**　都市を規定する歴史や体制から切り離して都市それ自体が独自のメカニズムを内包してい

るとされる領域。都市社会学のレゾン・デートル（守備範囲）が確認／立証される場でもある。

＊2**アイデンティティ・クライシス** 学としての自己存在証明が困難になること、あるいはゆらぐこと。

＊3**新古典生態学** クイン（James A. Quinn）やホーリーに代表される、ヒューマン・エコロジーの〝本流〟に位置づく立場。初期の基本的立場——ソサエティと区別されたコミュニティを第一義的なものとする——を継承して、その上にヒューマン・エコロジーの科学としての自律をはかろうとした。

＊4**価値中立性** 論理実証主義に依拠する地理学が自らの立論の基礎に置いたもの。ここではさまざまな価値に自由に接近できるという本来のありようから離れて、むしろ自分たちとは異なる価値判断を排除することに固執したために、却ってある種の価値に囚われる（イデオロギー的に現状維持の立場にたつ）というジレンマに陥ることになった。

＊5**ラディカル・ジオグラフィ** 一九六〇年代後半、アメリカ社会の矛盾の噴出を前にして沸き起こったラディカル科学運動から派生したもの。激化する都市危機や階層間格差にたいして従来の地理学があまりにも無力であるという自己批判の上に、「社会的有効性」の回復をめざして立ちあらわれた。それは新古典派的な理論モデルの精緻化をかかげる「新しい地理学」の台頭を向こうにして、自らの方法論的枠組みを再審するとともに、社会に向き合う実践的立ち位置を問うというものであり、その後の批判的地理学の展開のための礎となった。

＊6**基底還元主義** 社会の複雑なシステムやメカニズムを、基層にある法則に立ち返って一元的に説明するやり方。素朴唯物論において典型的にみられるものであるが、線形的理論もある意味でこの還元主義の亜流であるといえよう。

＊7**カッツネルソン** 一九四四年生まれ。政治学者、歴史学者。コロンビア大学卒業後、ケンブリッジ大学で博士号取得。コロンビア大学、シカゴ大学で教鞭を執るとともに、アメリカ政治学会およびアメリカ歴史学会の会長

を歴任。自由主義国家論、社会的不平等論の論客として著名であるが、グラムシアンとしての面目躍如たる *City Trenches* はアメリカ国内だけでなく海を越えて多くの読者を獲得している。

＊8 **正統性の危機**　後期資本主義（ハバーマスは晩期資本主義とも言っている）において国家は介入を拡げるとともに正統化への要求をいっそう強める。同時に資本主義の発展にともなって、自らの体制維持に欠かせない「文化的なもの」（たとえば、私生活主義、キャリア志向等）の土台が掘り崩されるなかで、国家は、市民運動や脱消費社会への志向を通して新たな「文化的なもの」をもとめる国民の要求に向き合わざるを得なくなる。

＊9 **情報発展様式**　カステルは情報社会の空間編制を「フローの空間」によって説明しているが、その際キー概念となるのが情報発展様式である。それは一言でいうと、生産性の規定要因が知識（情報）および組織的方法にあるような発展様式である。ちなみに、この発展様式は、労働の質、素材、エネルギーが生産性の規定要因となる産業的発展様式とは明確に区別されている。

＊10 **誇大理論／グランド・セオリー**　ミルズがパーソンズに代表される包括的な一般理論にみられる抽象的で形式的な体系を批判して編み出した用語。なおミルズは、これと対比させながら、ラザースフェルド（Paul F. Lazarsfeld）のきわめて抽象化された経験主義も批判している。

＊11 **ネオ・ウェーバー主義**　国家や社会のありよう、たとえば社会的不平等を考える際に、階級を単なる経済的カテゴリーとしておさえ、階級よりは「生活機会（ライフ・チャンス）」の配分とか官僚制の役割に基軸を据える立場。

II

都市社会学の理論的展開

5章　移動と空間の社会学
ハーヴェイとアーリ

グローバル化について考えるメソッドの根底には、グローバル化の過度に単純で直線的なすべてのイメージに対する根本からの警戒心が働いている……。

——S・メッザードラ『逃走の権利』

はじめに

グローバル化が世界を席捲している。そしてすぐれて流動体としての性格を有するそうしたグローバル化の進展とともに、穴だらけの、まさに透過性を有する国境をいとも簡単にすりぬけるヒト、モノ、コトのフローとネットワークが社会の前面に立ちあらわれている。ちなみに、アーリによって、すでに今世紀劈頭において、二〇一〇年までに他国への合法的な入国者数が延べ一〇億人に達すると推計されている（Urry 2000=2006）。そしてそれとともに工業製品のさまざまな部品が世界中からジャスト・イン・タイムで配送されるようになり、そうした国境をものともしないヒトやモノの動きが、信じられない速さで全方位的に広がるインターネットの普及と相まって地球環境に甚大な影響を及ぼすようになるであろうと予測されている（Urry 2007=2015: 3–5）。このことに関連して、カステルは、新しいミレニアムへの到達時点においてインターネットのユーザー数は、一〇億人に達している、と指摘している（Castells 2001=2009）。

さて本章では、以上のようなボーダレスなヒト、モノ、コトのフローとネットワークがそれ自体、国内現象（あるいはその延長線上で国際現象）として語られてきた移動に大きな変容をせまるとともに、国民国家と相同的に存在していた、まさに国民国家のナラティヴを豊かに湛えてきた場所の基盤を大きく掘り崩していることを明らかにする。何よりもフローとしてある移動（モビリティ）は国民国家に回収されない流動性（fluidity）をともなっている。そしてそれは、明確なメンバーシップのもとに自己組織的な力をもち、単一の声で語るとされてきた「社会」／国民国家の境界維持能力を弱める一方で、長い間モダニティとともに一元的、一方向的に論じられてきた空間と場所の解釈に新しい次元をもたらしている。ちなみに、今日、都市において上述のヒト、モノ、コトのボーダレスなフローとネットワークが凝集し交差しているゆえに、そうした新たな次元の解釈を展開するにあたって、都市が恰好のフィールド＝社会的実験室になっている。いうまでもなく、このことは、何らかの意味でナショナリティと緊密にむすびついていた都市社会学のパラダイム・シフト（アーリに倣っていうと、「**社会を越える都市社会学**」[*1]への転成）[1]をうながすことになる。ここでは、述べてきたような状況認識の下に空間と場所の把握、そして都市の理解にいかなる転回（→空間論的転回）が見られるかを、ハーヴェイとアーリを中心にして言説レベルで検討することにする。

1　場所から空間へ

ベンヤミンからド・セルトーへ

まずベンヤミン（Walter Benjamin）から始めよう。彼によれば、場所は独自の「アウラ」を有している、という（Benjamin 1992=1995）。それは定義によれば、「時間と空間とが独自に縺れ合ってひとつになったもの」のことであるが、そうした「アウラ」は、近代を通して、内向化された歴史とアイデンティティに依拠する地図学的なトポス（＝「線引きされた真正な場所」［Cresswell 2002: 12］）を下支えするものとしてあった。だがここにきて、そうした「アウラ」ないし独自性（＝真正性）が社会の背後にしりぞくようになっている。かわって社会の前面に立ちあらわれているのが、先のフローとネットワークに支えられた空間である。ここで想起されるのは、場所を秩序化され安定したものとして、そして空間を動きと速さによってとらえるド・セルトー（Michel de Certeau）の立場である（de Certeau 1984=1987）。詳述はさておき、そこでは色濃い定住主義（セデンタリズム）と自然主義のもとにある場所を向こうにして、空間が動きつつある推移体（space on the move）としてとらえられている[2]。

グローバル化にともなう以上のような場所と空間の布置構成（コンステレーション）は、コミュニティのありようにも深い影をおとしている。コミュニティはもともと多義的に用いられてきた。かつてヒラリー（George A. Hillery）は、コミュニティの定義はそれを論じる者の数だけあると言った（Hillery 1955）。とはいえ、場所および空間にかかわらせていうと、コミュニティという用語で含意されているものはそれほど多くない。極論すれば、コミュニティは、共同体的規制に希望を託したルソー（Jean-Jacques Rousseau）（→「ルソーの夢」（フーコー））とそれから人間を解き放つ自由を至上のものとしたジンメルの間を揺れ動いてきたといえる[3]。

フローとネットワークの空間にねざすコミュニティ

これまで社会学分野において支配的にみられたコミュニティ論の要となるもの（「コミュニティ」の意味）を、ベル（Colin Bell）とニュービー（Howard Newby）は次のように述べている。

第一は、地政学的な意味でのコミュニティである。これは地理的近接にもとづく居住地を指すものである……。第二は、ローカルな社会システムとしてのコミュニティである。そこでは、社会集団やローカルな制度組織による、局所的で相対的に境界付けられたシステミックな相互関係が見られる。第三は、感情の交わりである。つまり、コミュニティのメンバー間で見られる人格にもとづく強い紐帯、帰属意識、温かさを特徴とする人間同士の結びつきである。……これは、「感情」としてのコミュニティである（ただし、ここでは Urry［2007=2015: 242］より引用）。

だが今日、こうした要素を欠いているコミュニティが数多く立ちあらわれている。ヴァーチャルなモノや通信が溢れ出ているいま、緊密で「ともにある（コ・プレゼント）」、居住地でみられる「結びつき」が必ずしもコミュニティを構成する要件とはならないのである。たとえば、しばしば強調される上記の感情の交わりにしても、必ずしも特定の居住によってもたらされるものではない。むしろ、インターネットを介してのよそのヒトとのやりとりから生じることが多い。いずれにせよ、線引きされた場所よりも、先に一瞥した多様なフローとネットワークに支えられた空間に根ざすコミュニティが前景化している。

2　「社会／国家のなかの都市」から「社会を越える都市」へ

コミュニティの自己再審

さてあらためて指摘したいのは、線引きされた場所に根ざさない、上述の「ヴァーチャルなコミュニティ」が、「徘徊的、交差的、複合的ハイブリッド」（Urry 2000=2006: 9）からなる流動体としての性格を帯びているグローバル化から派生しているということである。実はこうしたグローバル化の進展とともに、自己再生産的な力を有すると見なされてきた「社会」の存立基盤がむしばまれ、「社会」／国民国家の境界維持能力が著しく減衰しているのである。「境界」とか「外」、あるいは「他者」などといったものが、もはやこれまでのような形で存在しなくなっている。

それとともに、これまで国家に同定され、国家に統合されてきたコミュニティも、従来のままでは存続し得なくなっている。詳述はさておき、ここで課題として浮上しているのは、国家の「調整者」としての役割が多重的で「パフォーマティヴなシティズンシップ」(Albrow 1996=2000: 287) や高度にメディア化された公的舞台に照準化し、「全世界を貫くフローの総体を……条理化する [線引きして区分する]」(Deleuze and Guattari 1986: 59. 但し、[ ] 内は筆者挿入) ことへと移行するのにともなって、コミュニティもまた自らの立ち位置 (ポジション) を再確認／再審しなければならなくなっているということである。以下、この見定めの作業を、さしあたり都市レベルに視点を移して進めることにする。

「社会／国家のなかの都市」から「社会を越える都市」へ

今日、私たちの視界に入ってくる都市、とりわけヒト、モノ、コトなどの中枢拠点が蝟集する都市は、多くのネットワークと競合する権力、さらに多元的な言語コミュニティが存在する場としてある。つまり都市がこれまでとは異なる社会的含意を担いながら、あらたな社会的位相の下に立ちあらわれている。考えてみれば、都市は長い間、そこから社会を見おさめる望楼としてあった。かつて矢崎武夫が「統合機関」としてとらえた都市は[4]、まさにそのようなものとしてあった (矢崎 1963)。整合的で統合的な国民国家が出現する近代以降、都市は「社会／国家のなかの都市」としての性格をますます強めることになった。そうした「社会／国家のなかの都市」は、バウマン (Zygmunt Bauman) のいう「庭園師(ガーデナー)」に符節を合わせるものであった (Bauman 2000=2001)。まさに庭園師が個々の植物にとっての適切な生育条件を把握し、それにもとづいて庭園の維持・管理に全体的にかかわるように、国家が社会のパタン、規則性、秩序化に腐心し、社会を全体的にまとめようとするにつれて、国家に仕切られ、「中心－周辺」の円環の構造に閉じていく、それ自体、集権的な権威主義システムによって裏打ちされた「社会／国家のなかの都市」が登場することになった。そしてそれゆえにこそ、この「社会／国家のなかの都市」は、「中心、権力の集中、垂直的なヒエラルキー、フォーマル、インフォーマルな構成を伴う」（Urry 2000＝2006: 59–60）構造のメタファーの役割を担ったのである。

だがこの間のグローバル化は、国民国家の内部でみられた対抗軸の境目を流動化させながら、自らの裡にあらたにさまざまな対立と協働の契機を埋め込みながら進展してきた。そしてそうしたグローバル化のもとに、空と電子の多重的なネットワークに根ざす「社会を越える都市」が出現している。この「社会を越える都市」を貫く機制は、都市そのものが脱コンテクスト化される一方で、距離や領域的な拡がりが瞬時に解消されていくアーリのいう「瞬間的時間[*2]」（Urry 2000＝2006: 223）とともにある空間の現在性／世界性に深く根ざしている。[5] そして何よりも、「社会を越える都市」はナショナルな枠組みの「脱全体化」の担い手である点に最大の特徴がある。先に一瞥した「ヴァーチャルなコミュニティ」がこうした「社会を越える都市」に深く投錨していることはいうまでもない。

ここであらためて注目されるのは、上述の「社会を越える都市」が国家の変容、すなわち国家がバウマンのいう「庭園師」から、諸々の活動を規制／調整し、個々の猟場で狩りをするのに十分な資源を確保することに専らかかわる「猟場番人（ゲートキーパー）」へと移行すること（Bauman 2000＝2001）にともなって立ちあらわれていることである。詳述はさておき、いまや国家の役割遂行が資本（猟師）が市場（猟場）でより利潤（獲物）を獲得しやすい環境の形成に向けられるとともに、既述した「社会／国家のなかの都市」とは明らかに異種の「社会を越える都市」の権力／知の布置構成がみられるようになっているのである。

3　ポストコロニアルの地層

「社会を越える都市」の立ち位置

さて「社会を越える都市」の立ち位置ということでいうと、ネーション、エスニシティ、国家などといった、これまでどちらかというと線引きされ、静態的なものととらえられてきたものよりも、移民やディアスポラ[*3]、あるいは流動性の高いシティズンシップなどが主役に躍り出る頻度や可能性が高まっている。「社会を越える都市」は、境界づけられた「社会」にかかわりなく、異質な文化、慣習、思考様式、さらに価値観が出会い、異種混淆するところで、多重的なアイデンティティを形成しながら、非定常的で非線形的なスケープ（状景）をつくり出してゆく。アパデュライ（Arjun Appadurai）はそれをエスノスケープとして表象しているが（Appadurai 1996=2004）、ここでいうスケープは、「機械、テクノロジー、組織、テクスト、アクターからなるネットワークであり……フローの中継を可能とするような相互に連結された結節点を構成している」もののことである（Urry 2000=2006: 62）。ともあれ、こうして「社会／国家のなかの都市」が「周辺」を「中心」へと呑み込んでいく際の誘導灯のような役割を果たしたのにたいして、「社会を越える都市」は「周辺」をボーダレスな地平で離接化し、脱中心的に節合（アーティキュレート）する際の〈触媒〉のような役割を果たしているのである。

　ちなみに、コーエン（Robin Cohen）はこうした役割を透かしてみせながら、世界／コミュニティの「ディアスポラ化」とともに、異質性、差異性、多様な移動性が蝟集する世界都市の現在性を浮き彫りにしている（Cohen 1992=2001）。コーエンに倣っていうと、「社会／国家のなかの都市」では、たとえば、激しい迫害による犠牲とか強制的剥奪、あるいは精神的外傷などにむすびつけられて考えられがちであった、それ自体、「周辺」に置かれていたディアスポラが、「社会を越える都市」では領土的に線引きされず、いくつもの言語を自由にあやつり、グローバルとローカルを架橋する世界的存在として中核に位置するようになるのである。

　一方、アーリはといえば、あらためて「社会を越える都市」の裡に現代のさまざまなポストコロニアルの関係のありようを検討する際の鍵となるものを見出している（Urry 2007=2015: 35）。たしかに、そこにポストコロニアルに特有の分水嶺（ディバイド）が潜んでいることは否めない。考えてみれば、「社会／国家のなかの都市」もさまざまな差別や抑圧、そして不平等や格差を抱え込んでいた。しかしそれらの多くは、社会／国家を大きくゆるがすことはなかった。なぜなら、それらは「国内現象」として取り扱われ、いわゆる「中心と周辺」の円環構造のなかで処理されたからである。その際、国民国家に埋め込まれたシティズンシップ、つまりナショナル・シティズンシップが選別とともに包摂（インクルージョン）という点で極めて重要な役割を果たしたことを指摘しておきたい。詳述はさておき、この包摂において歴史性やアイデンティティに依拠するナラティヴが規定的な作用をおよぼした。

ポストコロニアルの地層と「身体検査社会」

しかし、「社会を越える都市」では、多種多様なヒト、モノ、コトのフローにたいするアクセスや社会的資源（社会関係資本を含む）の布置構成においてみられる不均衡な状態は容易に「平衡」に向かうことはなく、むしろ「滝状の連鎖的な流れ」となって溢れ出る（Papastergiadis 2000: 102–104）。もはやここではナショナル・シティズンシップは有効ではない（機能しない）。だからこそ、ジェントリフィケーション*4をささえ担ってきた裕福な層が忌み嫌う「荒れ果てた地帯」や「恐怖の文化」が、「飛び地のランドスケープ」として「社会を越える都市」に埋め込まれることにもなるのである。こうしたランドスケープの下では、ナショナル・シティズンシップは半ば死語と化している(6)。

いずれにせよこうしてみると、「中心と周辺」の機制に簡単に回収されない不均衡な状態はコロニアルの地層に根ざしながらも、ポストコロニアルに特有のものとしてあるといえる。問題は、ここでいわれる不均衡な状態の基底をなす個別化の相が、裕福な層には他者と「ともにある（コ・プレゼント）」機会の叢生となってあらわれ、そうでない層には、ばらばらの情報の単位として分断・再構成され、専ら異質なものを炙り出す「身体検査社会」に埋め込まれるようにして立ちあらわれていることである（Urry 2007=2015）。「社会を越える都市」は、ある者たちには自分たちを守り、別のある者たちには自分たちを晒さざるを得ない「身体検査社会」を、いわば差異的に内包している(7)。

4 「フローの空間」化，そして主体の流動化

「情報都市」と社会的つながりの変容

とはいえ，こうした差異的な個別化の具体相／文脈は，それほど簡単に描き出せるわけではない。さしあたり，「社会を越える都市」がその基層においてつくりだしている，カステルのいう「フローの空間」化と主体の流動化を通して，そうした個別化の具体相／文脈をさぐることにする。そこでは，これまで述べてきた「社会を越える都市」は「情報都市」（informational city）としてある（Castells 1991）。

文字通り情報通信ツールを装備した「情報都市」は，メディア・テクノロジーを駆使したユビキタスネットワークによって浸潤されており，そのことでデータベースが交差し集積する場になるとともに，需要ネットワーク装置のスペクタクル空間と化している。そこでは，ボーダレスなリアルタイムの交信がみられるとともに，脱コンテクスチャルで自己言及的な電子メディアがすみずみまで行きわたっている。そして従来の市民的公共圏を特徴づけていた親密な人間関係は見る影もなく失せており，諸個人は先にみた個人化の闇のなかに押しやられている。そのため，人びとは大量の情報や知識を内蔵した一連の情報通信ツールに依存することによってしか自己のアイデンティティを形成することができない。ともあれ，通常いわれる社会的なつながりは，他者とのコミュニケイティヴな関係を通してではなく，「記号，マシーンテクノロジー，テクスト……との複合的な相互接続」（Urry 2000=2006: 24-25）のなか

でつくり出されるのである。

臨界局面にある主体の流動化と「フローの空間」

だからといって、「情報都市」がまったく空しいというのではない。そこでは予想もしなかったような「できごと」やあらたな形の交流が生み出されている。また、信頼に満ちた関係を育む、物理的近接に基づかない「ともにある（コ・プレゼント）」機会も育んでいる。ここであらためて注目されるのは、その背後に見え隠れする、絶えず脱統合化／脱中心化され、途方もなく拡散した意識と身体からなる主体である。ちなみに、吉見俊哉は、近代を通して「視覚」と「聴覚」にもとづくコミュニケーションを市場化し、欲望や感覚、さらに身体を商品化する際にメディア・テクノロジーが果たした役割にはかぎりなく大きなものがあったと述べている（吉見 1995a）。

さてあらためて指摘するまでもないが、上述した拡散した意識と身体からなる主体は、主体の流動化、抽象化が「フローの空間」化と共進しながら臨界局面＝極限状態に達した結果、表出したものである。そのこと自体、偶発的で離接的な秩序化の契機をはらみながら、中心点も組織化原理も階層性もないハイブリッドとしての「社会を越える都市」を特徴づけるものとなっている。だがより重要なのは、指摘されるような主体がどちらかというとツリー的であるというよりはリゾーム的である異種混淆的（ヘテロシニアウス）な空間に内在する開放性および非排除性を示していることである。(8) まさに「開かれた都市空間」の面目躍如たるものがある。

「開かれた都市空間」とポストモダニゼーション

ブレイドッチ（Rosi Braidotti）は、そこに「すべての関係が保留され、時間は拡張し、ある意味で現在が拡張し続ける」「狭間としての領域」をみている（Braidotti 1994: 19）。それはルフェーヴルによれば、脱領土化された移動性とともに「可動性の複合体というイメージ」（Lefebvre 1974=2000: 155）によって覆いつくされた都市空間のことであり、そこに遊歩者（フラヌール）*5ではなく滑空者（プラヌール）*6が踊り出るのである（Chambers 1990）。詳述はさておき、このようにして前節で言及した主体の流動化、抽象化が都市空間にある種のにぎわいとそれに特有の絵柄をもち込んでいる。

だが、こうした「開かれた都市空間」は、アモルフなカオスの空間に特有の差異的な個人化（前出）に加えて、監視化といった事態も伴っている。そしてこの点に鋭意に着目するなら、「社会を越える都市」／「開かれた都市空間」がきわめて両義的な性格を有すること、すなわち前に向かいながら後ろにしりぞく空間であることがわかる。もっとも、それはポストモダニゼーションの過程とシンクロしており、その具体相を析出することはそれなりに厄介で困難な作業である。何よりも、ポストモダニゼーションそのものをどうとらえるかが問われる。そこで節をあらためて、二人の論者、ズーキンおよびハーヴェイの言述に寄り添って、ポストモダニゼーションがどう捉えられているかについて走り抜けにみることにしよう。

5　空間の商品化、消費の空間化

空間の「モール化」とポストモダニズム的な消費モード

まずズーキンのいう「リミナリティ（異質性）の空間」に着目してみよう。ズーキンによれば、それは「公的なもの」と「私的なもの」、文化と経済、さらに場所と市場がせめぎあいながら、前者が後者に凌駕（代置＝置換）されていくランドスケープのことをさしている（Zukin 1991）。バーバー（Benjamin R. Barber）に倣っていうと、それはひたすら「私化」（privatization）／商業化に向かう「モール化」（Barber 2001）の結果として立ちあらわれる「建造環境」（built environment）のことである。それはみたところ、公的な空間としての多機能性や多目的性を宿しているようにみえるが、実態としては「私化された公共的空間」（privatized public space）としてある。そこでは、ルールなき巨塊＝超高層の建造環境が固有の風景（ヴァナキュラーなもの）となっている（齋藤 2005: 139）。

以上に関連して、さらにハーヴェイの主張に耳を傾けてみよう。ハーヴェイが**フレキシブルな蓄積体制**[*7]のもとでのポストモダニティの状況をあらわすものとして着目するのは、安定的とみなされるフォーディズム的な美学が、はかなさや差異、さらにスペクタクル、流行、文化形態の商品化を賞賛し首肯するポストモダニズム的美学に取って代わられるという事態であり、それと連動した消費モードである（Harvey 1989=1999）。このような消費モードのもとで、人びとはTシャツをまとい、スマートフォンに興じる。また組織のウェブ・ページを開いたり、イコン的な人物のビデオを購入したりする。ちなみに、アーリはそこに「代理的で流動的な『ネットワーク・メンバーシップ』の感覚」が見え隠れしている、と指摘している（Urry 2000=2006: 78）。

ポストモダン都市とジェントリフィケーション

ここで具体的に東京に目を転じると、指摘されるようなスペクタクル、流行、文化形態の商品化を宿した「モール」型の空間はたしかに出現している。しかしそこでは、バブル期までは残っていた視角の通路（ビュー・コリドー）がすっかり遮断されていて、多様性や多元性がコスメティック（お化粧＝表層的）なものでしかなくなっている。鳴物入りのスペクタクル空間は政治から完全に切り離されており、演じることができるのは、せいぜい公認されたパフォーマンスだけである。ともあれ、ヴィジョン抜き、イデオロギー抜きのポストモダン都市が野放図に拡がっている。こうしたポストモダン都市の状景にたいして、たとえばフランスでは、城壁を取り込んだポストモダン都市が農村と同じ肌理（きめ）をもってつながっている。またアメリカでは、ポストモダン・デコの高層が集積するCBD[*8]がサバービアのスプロールと奇妙に響き合っている。

もっともここでは、ボーダレスなスペクタクルもしくはシミュラークルとしての空間[*9]がポストモダン都市の特性を示していることよりも、むしろそうした空間が、資本のフレキシブルな蓄積様式によって創りだされた社会構造の所産であるということに目が向けられる。先に一瞥した「モール」型の空間ということでいえば、それはすぐれて資本の蓄積空間であり、空間の商品化、消費の空間化をデフォルメしたものとしてある。そしてそれが先端的に立ちあらわれているのがジェントリフィケーションであるといえる。今日、このジェントリフィケーションのもとでのさまざまな身体化されたパフォーマンスが「開かれた都市空間」を演出しているようにみえる。しかし、ジェントリフィケーションがそもそも資本の蓄積空間としての本性を宿すものであるかぎり、いくら「開かれた都市空間」に（自らを）同体化（カムフラージュ）しようとしてもかぎりがある。

「開かれた都市空間」と「閉じられた都市空間」の共軛関係

今日、より明らかになっているのは、「開かれた都市空間」のもうひとつの側面である。ジェントリフィケーションがゲーテッド・コミュニティを帯同していることは、いまや多くの論者が指摘しているところであるが、このゲーテッド・コミュニティにおいて無視できなくなっているのは、監視のインフラが大々的に埋め込まれていることである。ちなみに、マッケンジー（Evan McKenzie）が描述する以下のカリフォルニア州レジャーワールドの事例は、このことをきわめてリアルに伝えている。

> 住宅地は「高さ二フィートの鉄条網をその上に張り巡らせた六フィートのブロック塀」に囲まれており、三〇〇人以上の施設警備員が敷地内を巡回している。他の住宅地、とくに著しい金持ち向けの隠れ家のような安全警護団地では、レーザーセンサー、車止めつき警備門、電子施錠、テレビモニターによる高度な警戒システム、コンピュータにつながった自動警報装置による精巧なシステム

が備えられている……（McKenzie 1994=2003: 221）。

ここであらためて注目されるのは、ゲートとかフェンスなどがたんなる物理的障壁にとどまらない含意（インプリケーション）を有していることである。すなわち壁を介しての住み分けの進展が、「私化」の進行とともに、「公共的なものの無価値化」を促し、畢竟、都市空間の「公共的なものからの離脱」を招いていることが明らかにされるのである[9]（齋藤 2005: 142-143）。そしてそこから、「開かれた都市空間」が富裕層を囲い込むとともに、貧困層を排除することによって「閉じられた都市空間」に反転するといった状景が確認されることになる。なお、ゲーテッド・コミュニティの暴力的なまでのヒエラルキーの力によって排除され周縁化された貧困層は、仕切られた都市空間と分化した生活環境のなかで、ゲーテッド・コミュニティの対極にゲットーを形成している。それは都市空間のリストラクチャリング→ジェントリフィケーションによって、貧困層をかれら／かの女らが長年にわたって生活の履歴をしるしてきた場所から放逐する「場所剝奪」、もしくは一種の「リスク」回避として貧困層の居住地域を閉じる「封じ込め」の結果としてある。

ともあれ、こうしてみると、ポストモダン都市がもともと資本の蓄積空間を水脈としていることを踏まえた上で、「開かれた都市空間」と「閉じられた都市空間」は一方から他方へという文脈ではなく、一方は他方とともにあるという文脈で理解するのがより適切であると思われる。ホワイトヘッド（Alfred N. Whitehead）に倣っていうと、「開かれた都市空間」と「閉じられた都市空間」は「共軛（きょうやく）（cogredient）関係」、すなわち相互に絡みあい相互に整合しあっているものとしてあるのだ（White-head 1920=1982）。

以上、ここでは「フローの空間」化と主体の流動化を主軸にして、「社会を越える都市」、そしてそこを通底するポストモダニゼーションの過程をみてきたわけであるが、大筋としては、資本の欲動に規定された空間の機制が「開かれたもの」として現象するとともに、「閉じられたもの」へと反転していることが確認された。その上で、あらためて以上述べてきたことを経験的にどう検証していくかということが問われるが、それについては今後の課題として残しておく。

むすびにかえて

さて最後に、本章で明らかになったことを簡単にまとめておきたい。平たくいうと、グローバル化のもとでの空間と場所、そしてそれと深くむすびついた都市は、いまや明確な境界とメンバーシップにもとづく「社会」にではなく、ヒト、モノ、コトの多様で重なり合ったグローバルなネットワークとフロー、いうなればグローバルな流動体としてある移動に深く足をおろしている。そしてそうした移動に着目すればこそ、既存のナショナルなシティズンシップや公共圏とともに、国家の「調整者」としての役割にたいして再審の目が向けられるようになるのである。こうしてハーヴェイやアーリにとって、そしてその他の多くの論者にとって、都市をみることは、空間論的転回に身を置きながらモビリティーズ・

スタディーズの中心的な問題構制に分け入ることを意味していたし[10]、現にそうである。

さてそうした問題構制への関与を通して浮き彫りになったのが、「開かれた都市空間」を志向しながら「閉じられた都市空間」への反転の契機を内包するという、「社会を越える都市」の有する両義的性格である。それはポストモダニゼーションの過程から立ち上がったものであり、またそこに埋め込まれているものでもあるが、注目されるのは、それが市場の論理と交換価値に支配された空間に特有のものとしてありながら、部分的に多層的なネットワークにもとづく何らかの場所性を示しているようにみえることである。この場所性をアーリは「中心的な国家によって統治されていない」グローバルな空間形成から派生していると論じながら、結局のところ「グローバル・ガバナンスに対する種々の規則を作り上げる企業世界」がもたらしたものとしている（Urry 2003=2014: 143）。ハーヴェイはといえば、この場所性をいわゆる「時間と空間の圧縮[*10]」の文脈に降り立って、「空間的境界が重要でなくなるにつれて、空間内の場所の多様性について資本が敏感になり、資本をひきつけるために場所を差異化しようとする誘因が働いて生じる」と説明している（Harvey 1989=1999: 380）。

明らかに、アーリにしてもハーヴェイにしても、場所性は「社会／国家のなかの都市」が帯同していた場所性に立ち返っていくものではない。しかし現実には、「閉じられた都市空間」に宿っている場所性がナショナリティの再鼓吹と相まって、ある特定の歴史性やアイデンティティに根ざす場所＝ローカリティへと変換され、強化される動きが強まっている。そして空間によっていったんは開かれた地平で脱埋め込み化された場所が、ある種臨界局面に達しているポストモダニゼーションのもとで再埋め込み化されているようにみえる。そのこと自体、新自由主義と共同体主義が共振／交響するグローバル化の位相をよく示しているといえるが、「社会を越える都市」がグローバルな世界の脱統合化とケイオスのなかで行き先不明の状態に陥っていることだけはたしかである。

最後にひとつだけ指摘しておこう。筆者は、「はじめに」のところで、本章の目的はいわゆる空間論的転回とモビリティーズ・スタディーズが交差する理論地平で都市の転態が意味するものを明らかにすることにあると述べた。にもかかわらず、結論として得られたものは通り一遍のものであって、未だ複雑な相に分け入ったものとはなっていない。だからこそ、喫緊の課題として、いま一度、社会の前面に立ちあらわれているグローバルな世界がモダニティの機制（両義性）によってどのように貫かれているかを、そして人びとがどのようにして自己の立ち位置（ポジション）を確認しようとしているのかを明らかにする必要がある。

【注】

（1）　それはもはや都市社会学というターミノロジーでは語れないものとしてある。むしろ「空間の社会学」として言及するのが適切であろう。それは別の言い方をすれば、都市の裾野があまりにも広がってしまったために、それを実体的な概念としてとらえるのがむずかしくなり、機能的な概念としての空間によって説明するしかないといった状況を反映しているともいえよう。ちなみに、長谷川公一は、一九八九年のアメリカ社会学会大会に参加して、いち早くこのことを指摘している（長谷川 1989）。

（2）空間はデカルト以降、動かないもの、絶対的なものとみなされてきた。すなわち、前もってあるもの（所与のもの）で、領域的なものとして扱われてきた。だから人が住むという場合、ア・プリオリに存在する、自然的属性からなる領域に身を置くことであり、必然的に定住ということになった。しかし、近年、空間はそうした土地的な属性を帯びた領域的なものとしてではなく、どちらかというと関係的なものとして言及されることが多くなっている。

（3）都市思想はどちらというと、ルソーのような、共同体的規制をよしとするコミュニティを賛美する反都市思想が主流をなしてきた。そういう点でいうと、ジンメルは都市こそが共同体的規制から個人を解き放ち自由にするとして、上記のような反都市思想とは真逆の立場をとっている。だがジンメルはコミュニティをことごとく否定していたわけではない。筆者の主張する「創発するコミュニティ」に拠ると、ジンメルはある種のコミュニティ論者でもあった、といえる。この点については、次章を参照されたい。

（4）矢崎は、一定の範域からなる地域に一定の密度をもって定着した、非農業的生産活動に従事する人口を、多様な形態の権力にもとづいて、水平的・垂直的に構成したものを都市と規定した。その際、特定の政治、軍事、経済、宗教、娯楽、等々のさまざまな組織を通して広範な地域とむすびつき、農村の余剰をトータルに吸収することによって都市の存続は可能になるが、その要となるのが**統合機関**[*11]であった。

ちなみに、矢崎は系譜の上ではシカゴ学派の直系のようにみられているが、シカゴ学派に色濃くみられた、本書の第4章で言及した「空間フェティシズム」にたいしては一貫して批判的な立場をとっていた。

（5）「社会を越える都市」の特徴を最大集約的にになっているのが世界都市である。それはグローバルな世界のへゲモニックな構造の中枢に位置するものではあるが、単なる地理的拠点にとどまらず、グローバルに行き交う多様なネットワークを媒介する拠点としての機能を有している。基本的にはグローバルに展開する資本活動に規定されているが、何よりも国民国家を超えてその影響力をおよぼしている点が注目される。

（6）ナショナル・シティズンシップは、**リベラル・ナショナリズム**[*12]の台頭以降、その理念的基礎に疑いの目がむけられるようになったが、今日、その形骸化は著しい。あらためてナショナルなものに回収されず、それでいてグローバルなものにも拡散しない、フットワークの軽いシティズンシップのありようを追求するとともに、「動きながら地域に住まう」権利としてシティズンシップを練り直していく必要があろう。

（7）「他者」をスキャン化する側と「他者」としてスキャン化される側を強制的に作りだし、それを見えない権力によって統合・管理しているのが「身体検査社会」である。この「身体検査社会」の祖型は、すでに近代の初期の段階において見られるが、今日にいたるまで権力の不可視化の進展とともに、いっそう推敲されてきた。この点については、高野（2016）が示唆に富む。

（8）ちなみに、アレグザンダー（Christopher Alexander）は、都市の空間秩序にみられるツリー構造を次のように述べている。

ツリー構造が存在するとき、それは、この構造のなかにおいて、集合のいかなる部分も全体としてのこの集合という媒体を介することなしには他の集合と接続されないことを意味している（Alexander 2011=2013: 217）。

通常、都市では（人工の都市を除いて）複数の部分空間からなり、それらが重なり合って発展を遂げていく。しかしツリー的であると言った場合、これらの重なり合いを欠いている。

（9）ゲーテッド・コミュニティは公共性の否定の上にあるとよく言われる。そしてこのところ、それが「ネオリベラリズムの空間」としてとりあげられることが多い。たしかに、そこに住む住民には「私化」の肥大化傾向が顕著にみられるが、地域性にねざすある種の共同性＝共同感情もできあがっており、それがコミュニティ・モラールのようなものに発展しているケースも少なくない。ただし、その場合でも、対他性にねざすような共同性にもとづいていないので、外に開かれた公共性をはぐくむということにはならない。

(10) この点については、次章を参照されたい。ただ念のために記すなら、モビリティーズ・スタディーズは、たしかにグローバライゼーション・スタディーズにおける理論上の一つの重要な転回の契機となっているが、関連する諸科学（ディシプリン）を接合するような、固有の方法論的枠組みと対象をつくりだしているわけではない。どちらかというと、座標軸の設定に貢献しているといえるかもしれない。いずれにせよ、それ自体、空間論的転回のあらたな段階に向けての一つのプロセスを構成しているとみなすのが適切であろう。

【用語解説】

＊1 **社会を越える都市社会学**　都市社会学は今日、ボーダー／ナショナリティに回収されない、モビリティーズ／流動性とともにある都市に照準を据えるようになっている。必然的に一つの社会に閉じていかない理論射程を有することがもとめられている。

＊2 **瞬間的時間**　ネグロポンテ（Nicholas Negroponte）がアトムからビットへのシフトと表現するものから立ちあがるもの。ちなみに、アーリはこの瞬間的時間の性格を、(1)完全に人間の意識を超えてしまう、想像も及ばない短い瞬間を基底としたテクノロジー、(2)クロック・タイムの線形的論理に代わって生まれている、社会的、技術的関係の同時的性格、(3)ひどく短期的、断片的時間のもつ幅広い意味を表すメタファーの性格、としてとらえている。

＊3 **ディアスポラ**　ギリシア語で「離散した者」、ヘブライ語で「追放された者」という意味。もともとはイスラ

エルに帰らないで他国に住む離散したユダヤ人のことをさしていたが、今日では他の国民や民族を含む一般の離散定住集団のことをいう。

＊4ジェントリフィケーション　都市再開発によって居住地域が活性化し、文化的、社会的に高級化すること。その結果、住区では低所得者層から中・高所得者層への階層の入れ替えが大々的に生じる。結局、スラム・クリアランスと同じようなことがみられる。中・上流階層（上流サラリーマンや若手芸術家など）をひきよせる一方で、低所得者層を玉突き的に別のところに移させる。つまり「追い出し」＝「排除」の空間が形成されるとともに、「貧困隠し」がすすむのである。

＊5遊歩者　ベンヤミンは、自己陶酔と過去への追憶にひたって都市＝街路を散策・彷徨する者のことを言っているが、ここではぶらぶら歩きをしながら目に入って来る過去の建造物を娯（たの）しんでいる者という意味で用いている。

＊6滑空者　遊歩者との対比でいうと、鳥が広げた羽を動かさないで飛ぶように、まるで空を滑るように飛行し、現在の瞬間に立ち入っている者という意味である。

＊7フレキシブルな蓄積体制　レギュラシオン・パラダイムによると、フォーディズム的蓄積体制は、時代の音曲に合わせた個人の行動、社会的手続きにもとづく調整様式を通して自らの危機を突破（スルー）し、再生産を可能にするという。そのために国家と資本は連携して、よりフレキシブルで包括的な支配と管理を強化するとされる。

＊8CBD　Central Business District の略語。中心業務地区のこと。いわゆる中心都市（central city）の核となるところであるが、モール化しているところと衰退しているところの懸隔が大きくなっている。

＊9スペクタクルもしくはシミュラークルとしての空間　消費社会の最先端であらわれた、演出された見世物の空間であり、現実との対応関係を必要としない、ホンモノとニセモノが無効になるような空間のこと。しばしばディズニーランドがつくり出した空間にたとえられる。ちなみに、ボードリヤール（Jean Baudrillard）は、こう

した空間を「オリジナルなきコピー」として捉えている。

＊10**時間と空間の圧縮**　ハーヴェイの術語。ハーヴェイによると、「存在するのは現在ばかりという点にまで時間的地平が縮められるにつれ、われわれの空間的、時間的な諸世界が圧縮しているという圧倒的な感覚」に襲われるという。

＊11**統合機関**　都市社会学者矢崎武夫が提唱したもの。矢崎は、都市を一定の地域に、一定の密度をもって定着した一定の人口が非農業的生産活動を営むために、種々の形態の権力を基礎にして水平的、垂直的に構成された集落、と定義したが、そこで特定の政治、軍事、経済、宗教、娯楽、その他の組織を用いて広範な地域を結びつけ、時代、社会によって異なるかたちで農村の余剰を吸収する装置として考え出したのが統合機関である。

＊12**リベラル・ナショナリズム**　ミラー（David Miller）やキムリッカ（Will Kymlicka）などによって主張されたもので、国民レベルの連帯感はナショナルな次元で共有される「文化」への言及なしには生み出されることはないとする。つまり文化＝「文化的なもの」を取り込むことによって、帰属意識、忠誠心、そして連帯にもとづくナショナリティを蘇らせようとする点に、リベラル・ナショナリズムの最大の眼目がある。

6章 空間論的転回から移動論的転回へ

ジンメル都市論の再解読

人間は境界を知らない境界的存在だ。——G・ジンメル「橋と扉」

はじめに——いまなぜジンメル都市論なのか

本章では、表題にあるように都市社会学の理論的革新の方向をさぐるために、前章でみた空間論的転回のありようを踏まえながら、そこから立ちあらわれている移動論的転回がどのようなものとしてあるのかを考察することにする。その場合、出発点として考えたいのは、ジンメル都市論を移動論的転回にかかわらせてどう読むかということである。こう考えるのも、ジンメル都市論のうちに移動論的転回への初発の契機を見出すことができるからである。この点は後述するが、実はこのことをさらに検討するなかで、近年、ジンメル都市論によって大きな影響を受けたとされるシカゴ・ソシオロジーにおいて、モビリティーズ・スタディーズにつながるような複雑系の議論が端緒的にみられるという主張が立ちあらわれている。まったく思いもしなかったことである。

　ちなみに、奥田道大は、「一九四六—六〇年のセカンド・スクールの誕生」とともに「テーマ的に『分裂都市（Divided City）』、『二重都市（Dual City）』の問題に直面し……改めて初期シカゴ学派がそれこそ命懸けで問うた、一種のカオスとも言うべき都市的状態（Urban Conditions）を解く社会的異質・多様性（Social Diversity）が再テーマ化されるに至った」と述べ、それが『脱制度化』の複雑系への転換期」をなしていると指摘している（奥田 2017: 320–321）。この奥田の指摘に倣って、ただちに初期シカゴ学派の議論を複雑系にむすびつけることはできないにしても、初期シカゴ学派に色濃くみられる異質性・多様性認識がモビリティーズへの視点を内包していたとみることはできよう。そしてそう捉えると、あらためてジンメル都市論が初期シカゴ学派にどのように受容されたのか、あるいは受容されなかったのかが問われることになろう。もちろんこうした問いかけは、移動論的転回の源流をさぐるという意図の下でおこなわれる。またそのかぎりで、複雑系をベースに据えて両者がどうつながっているのか、あるいはつながっていないのかが大きな争点になろう。

　以下、上述したことを念頭において、まずはワースのアーバニズム論とジンメルの「大都市と精神生活」との連続と非連続の地平を浮き彫りにすることからはじめよう。そしてその後で、アーリのモビリティーズ・スタディーズを参照枠にして、ジンメル都市論の再解読をこころみるとともに、シカゴ・ソシオロジー再考に向けての一つの視点を指し示すことにしよう。もちろん、こうした作業の目的は、最終的には、モビリティーズ・スタディーズと共振する都市社会学の可能性を追求することにある。

1　都市社会学におけるジンメル

ワースのアーバニズム論とジンメル「大都市と精神生活」の間

ワースの“Urbanism as a Way of Life”（以下、“Urbanism”と略称）は、「社会的に異質的な諸個人の、相対的に大きい・密度のある・永続的な集落である」とされる都市に典型的に現われる「社会的行為および社会的組織の諸形態」、すなわち「人間の集団生活の特殊な様式」を示すアーバニズムを論じたものとして、あまりにも有名である（Wirth 1938=1965）。三つの人口属性（人口規模・密度・異質性）ごとにワースが抽出してみせたアーバニズムの現象形態は実に多岐にわたっているが、それは都市のあらゆる事象を対象にしているのではない。いわゆる**第二次的接触**[*1]の概念を梃子に、社会解体、個人の不適応、自律的な下位文化の存続、逸脱、そうしたものの統合にたいする抵抗の諸過程に照準を合わせている。[(1)] こうしたアーバニズム仮説にたいしてよく指摘されるのは、パーク以来の生態学的枠組みおよびソーシャル・プロセスの概念をキー・コンセプションとしていること、そして方法的に「形式社会学」的といわれる演繹形式をとっていること、である。

ちなみに、フィッシャーは、ワースの“Urbanism”は二つの要素、すなわち、デュルケーム（『社会分業論』）に基礎を置く「社会学的なもの」とジンメル（「大都市と精神生活」）に由来する「社会心理的なもの」からなる、という。まず構造レベルでは、人口規模、密度、異質性が構造的分化、制度の形式化、アノミーに導く。次に、行動レベルでは、（人口学的含意での）アーバニズムが高水準の神経刺激、心理的重荷、社会的孤立という形をとる都市生活への適応をまねく。そして「この区分は、構造は認識という媒体を通して行動に影響を及ぼし、それ自体、個人的行動の集合である、と仮定している」という（Fischer 1972）。マーチンデール[*2]は、フィッシャーに先駆けて、ワースの"Urbanism"がジンメルの圧倒的な影響下にあり、社会的相互作用の形式を内容から分離するいわゆる形式社会学的立場を継承している、と指摘している（Martindale 1958）。これらはいまなお通説として広がっているが、そうした議論が展開されていた当時においてさえ、すでに"Urbanism"と「大都市と精神生活」（以下、「精神生活」と略称）とを機械的に類推するやり方にひそむジンメル理解の「浅さ」については指摘されていた。たとえば、レヴィン（Donald N. Levine）らは、このような通説、とりわけフィッシャーの上述の（"Urbanism"の）モデル化の試みの基底にひそむジンメル理解の「浅さ」を指摘しながら、ワースのジンメル受容の限界について以下のように述べている。

まず第一に、ワースの理論をデュルケーム学派とジンメル学派という構成要素に分ける方法は必ずしも正しくない。ジンメルは明らかに、他の多くの箇所と同じように大都市論文でも、集団規模を社会関係の構造面での諸変数の主要な決定要素と見なした。ワース自身は、「量的増大はかくして社会関係の変わる性格を意味する」という彼の論旨を徹底させるためにジンメルを引用しているにすぎない。

第二に、ワースは、たしかにデュルケームから都市的アノミーという概念を援用しているが、ジンメルのなかに都市の社会的孤立という関連概念があることを見抜けなかった。ジンメルは、大都市を社会的孤立の源泉として叙述するよりはむしろ、それが新しい形態のアソシエーションになりうることを強調した。

第三に、ワースがジンメルの都市の社会心理学に依拠していると理解されるかぎりで、彼がジンメルの見地を選択的に組み込んでいるということを考慮しなければならない。というのは、彼は大都市が個人的自由と個性の発展のための優良無比の機会を与えるというジンメルの概念の中心的特徴の一つを明確にできなかったからである（Levine et al. 1976: 1113–1114）。

しかし、こうしたワースのジンメル受容の限界については、その後、まともに議論されることはなかった。それは当のシカゴ学派都市社会学の衰退とも関連していた。項をあらためて述べることにしよう。

シカゴ学派都市社会学の衰退とジンメル都市論の「後景化」

周知のように、一九三〇年代後半になると、パーソンズに代表される構造機能主義が社会学を席捲するようになった。またこれと前後して「変数」にもとづく実証主義的な分析が、社会学的分析の前面に立ちあらわれてくる。こうして静態的な構造理論が社会学のなかで支配的になったのであるが、それとともにシカゴ学派都市社会学は「あまりにも古すぎる」とか「伝統的である」などと言われ、学界からは「もはや過去のものである」とされ、忘れ去られた存在になった。少なくとも一九四〇年代から六〇年代にかけて「雌伏のとき」をきざむことになったのである。シカゴ学派がよみがえってくるのは、一九六〇年代後半に入って、シンボリック相互作用論に代表される一連のヒューマニスティック・ソシオロジーが台頭するようになってからである。

しかし都市社会学の系譜に即していうと、一九六〇年代の「都市の危機」[2]と相まって登場した、カステルに代表される**構造主義的マルクス主義**[*3]に導かれたシカゴ学派批判が隆盛をきわめ、シカゴ学派都市社会学がよみがえることはなかった。ちなみに、そこでのシカゴ学派批判の論拠は、一言でいうと、（シカゴ学派が）「自己完結的な都市領域」を論の前提に据えているということであった。たしかに、都市社会学じたいは、前掲のフィッシャーを中心にして下位文化をめぐって独自の展開をとげていた。しかしそれは、先に一瞥した、ヒューマニスティック・ソシオロジーの台頭とともに立ちあらわれたシカゴ学派再考の動きがそうであったように、つまるところ、「異系の継承／復活」としてあったのである。

ここで指摘したいのは、いま述べたようなシカゴ学派都市社会学の衰退によって、初期シカゴ学派が必ずしも適切に理解し得なかった、レヴィンの指摘するようなジンメルの着想が顧みられるどころか、かえって忘却の彼方に置かれてしまったことである。つまり都市社会学のこれまでの展開において、ジンメルの「精神生活」等にみられる都市認識は正当に取り扱われることなく、常に「後景」をなしてきたのである。

「空間論的転回」とジンメル都市認識の〈再発見〉

しかし都市社会学の系譜に、いわゆる正統派といわれるものの「外」にある、本書でみてきたいわゆるニューアーバン・ソシオロジー以降の「もうひとつの都市社会学」の展開を組み入れると、ジンメルの「精神生活」等にみられる都市認識の積極面に目が瞠かれていることがわかる。ちなみに、ここではそうした「もうひとつの都市社会学」の展開を「空間論的転回」(spatial turn) に即してみるが、そこには、その発展形態である「移動論的転回」(mobilities turn) も含まれている。むしろ、この後者の「移動論的転回」の局面においてこそ、「空間論的転回」の特質がよくあらわれているといえる。この点は後述しよう。

ところで「空間論的転回」は、社会認識が「社会的なるもの」を「境界づけられたもの」、「仕切られたもの」とみることから離脱することからはじまっている[3]。重要なことは、その際、基本的な視座をいわゆるニュートン的時間／デカルト的空間からアインシュタイン的時―空間へと移したうえで、社会諸関係が空間的に編制されるとともに、そうした空間的な構造化が社会諸関係のありように大きな影響をおよぼす、ととらえている点である。後述するように、こうした「空間論的転回」の只中から「移動論的転回」が立ちあらわれることになるのだが、指摘されるようなジンメル都市認識の〈再発見〉はまぎれもなく、こうした「空間論的転回」から「移動論的転回」への展開が水脈となっている。ちなみに、ジェンセン (Ole B. Jensen) によると、ジンメルは、モビリティーズ・パラダイムの展開を試みた最初の人物であり、近代都市における近接性、距離、動きに関する分析を展開している、という (Jensen 2006: 146)。

同時に、いわゆるポストモダン都市論がここでいうジンメル都市認識の〈再発見〉をうながしていることも否定できない。それは広い文脈でいうと、「空間論的転回」→「移動論的転回」と共振しているといえなくもないが、いずれにせよ、一連のポストモダン都市論が共通に差異や個別性が展開する場として都市をとらえることによって、ジンメル都市認識〈再発見〉のための磁場を構成していることは、たしかである。なお、こうした動向とともに、一九二〇年代から三〇年代においてシカゴ・ソシオロジーの「裏面」をなした一連のシカゴ・モノグラフ（エスノグラフィー）がポスト・ジンメルの移動研究としてよみがえっているのは興味深い。

それでは、そもそもここでいう「移動論的転回」とは、どのようなものとしてあるのであろうか。とりあえず、アーリのモビリティーズ・スタディーズに照準を合わせて述べることにしよう。

2　アーリとモビリティーズ・スタディーズ

「脱・社会科学」とモビリティーズ・パラダイムの方法的拠点

アーリはモビリティーズ・スタディーズを「移動論的転回」の中心に据え、それを旧来の社会科学、すなわち「仕切られ、線引きされ、互いに相容れない『学問分野』という明確な『領域』ないし『要塞』のなかで編制されてきた社会科学」を再審することから説きおこしている。そしてそうした再審の結果、「分野別の学問体系を横断ないし超える新たな……パラダイム」の樹立が不可欠である、と主張している（Urry 2007=2015: 32)。こうした主張にはまぎれもなく、同じように複雑性科学にもとづいて行われているウォーラーステイン（Immanuel Wallerstein）の「脱＝社会科学」[*4]という議論を彷彿させるものがある（Wallerstein 1991=1993)。だからといって、社会科学そのものを否定しているというのではない。アーリがいうには、「移動の『レンズ』を通した思考によって」導かれた「これまでとは一線を画す社会科学」（Urry 2007=2015: 32)、文字通り「もうひとつの社会科学」の確立がもとめられているのである。

ここであらためて指摘したいのは、そうした「もうひとつの社会科学」が「分野別の学問体系を横断ないし超え」ながらも、それらに底在するものを取り込もうとしている点である。それは、アーリによると、「地中に沈み視界から消えていた理論、方法、模範」の社会科学への〈再埋め込み〉ということになるが、アーリにしたがってより丁寧に説明すると、次のようになる。

> 今の学問分野の堅固な場所のなかに留まる［さまざまな］断片を檻から解き放ち、飛び立たせ、さらには……他の飛び交う「天使」たちと向かい合い交わり合えるようにする（Ibid., 33)。

ジンメル都市認識の〈再発見〉も、まさにこうした社会科学への〈再埋め込み〉としてあるといえよう。ちなみに、先のウォーラーステインに立ちかえっていうと、それは一九九六年の『社会科学をひらく』のなかで示された「知の社会科学化」にあたる（Wallerstein 1996=1996)。

そこで次に、こうした「知の社会科学化」をめざすモビリティーズ・スタディーズがどのような方法的拠点に立っているのかを考えてみる。アーリによると、それは何よりもまず、「非動的(ア・モバイル)」なものから「動的(モバイル)」なものへのパラダイム・シフトにもとめられるが、そうしたパラダイム・シフトを支え、うながす要件として、彼があげているのは、「移動や通信、そして、それらの経済的、政治的、社会的な編制のされ方」の重視、「仕事や学校教育、家庭生活、政治、抗議活動の性質そのものにおける種々の移動の重要性。つまりは決定的に重要な社会制度における移動の重要性」への着眼、さらに「研究対象となる者たちの交流の……経済的、政治的、社会的パタンを編制するとともに支えている物理的、物質的なインフラ」の解明、である(Urry 2007=2015: 34-35)。

まさに「移動の組織化」があらたなパラダイムの中心に位置することになるのであり、アーリに従うと、こうした「移動の組織化」とその社会的帰結についてより広い視座から深く考察したのが、ほかならぬジンメルであったというわけである(Ibid., 35)。

モビリティーズ・パラダイムへの理路

としてみれば、あらためて問われるのは、モビリティーズ・パラダイム確立のための理論的な道筋／方向性をどう示すかという点である。この点に関して、アーリが注目するのは、いわゆる「複雑性(コンプレキシティ)への転回(ターン)」であり、それとともに立ちあらわれている流動性とノマドのメタファーである。

まず「複雑性への転回」であるが、ブキャナン(Mark Buchanan)のいう、物理学における「還元主義から……複雑適応の問題への遷移」が確認され、その下で「移動と複雑性との親和性が高まってきている」ことが確認される（Ibid., 45-46)。アーリによると、それを具体的に示すものとして、概ね以下のようなことがあげられる、という。

(1)状況依存的な秩序形成（↓「準安定（メタスタビリティ）」状態の生成)、(2)階層構造からネットワークへの組織化形態の転換、ネットワークのオートポイエーティックで「平衡から遠く離れた」自己再生産、(3)「グローバルなミクロ構造」の創発（ex.反グローバリゼーション運動、テロリスト・ネットワークなど)、(4)社会諸関係とモノからなるハイブリッド・システムの拡がり、(5)予測不可能でまったくコントロールできない、予期せぬ不均衡をともなうモノ、コトの生起、(6)人間関係、家庭、社会におけるさまざまな**非線形的変化**[*5]の生起、(7)分岐点の重要性、(8)唯一無二の自己調節システムを変える不可逆のプロセスの進行、(9)グローバルな基準にもとづく科学の自己組織化の進展（Ibid., 43-47)。

ちなみに、こうしたものの基底にあるのは、プリゴジン（Ilya Prigogine）のいう「散逸構造」(Nicolis & Prigogine 1977=1980)、すなわち無秩序の海に浮かぶ新たな秩序の島が、より大きな全体的なエントロピーを犠牲にして自らの秩序を維持し、さらには高めているような事態である、とアーリは述べている。それとともに、彼は「複雑性への転回」を強力にいざなったものとして、自らの座標軸から独立した固定的、絶対的な時間、すなわちニュートン的時間と、測定可能な、前にも後ろにも進めることができる空間、すなわちデカルト的空間を打ち壊して立ちあらわれたアインシュタイン的時—空間をあげている。アーリによると、そうしたアインシュタイン的時—空間は、コヴニー（Peter Coveney）とハイフィールド（Roger Highfield）にならっていうと、「物理的世界や社会的世界そのものが作用するプロセスに『内在』するものであり、その力の構成に与するものである」ということになる（Urry 2007=2015: 48）[(4)]。

さて、アーリにしたがって、モビリティーズ・パラダイムが複雑性科学をベースに据えていることをみてきたが、こうしたパラダイムの中心をなしているものとしてアーリが注目しているのが「創発性／創発的なもの」（the emergent）である。それは、わかりやすくいうと、システムの構成要素が要素間の〈相互作用〉を通しておのずから発展させる新たな集合的特性もしくはパタンのことである（Ibid., 49）。この「創発性／創発的なもの」がモビリティーズ・スタディーズのキー・タームをなすとともに、その性格を集約的に示すものとなっている。

ちなみに、アーリによると、モビリティーズ・スタディーズの展開において、こうした「創発性／創発的なもの」とともに重要な役割を果たしているのが移動性とノマド[*6]のメタファーである。この場合、まず移動そのものの意味が大きく変容していることをおさえる必要がある。たとえば、ラッシュは、そうした意味変容を「フローから流動へ」のプロセスに即してとらえている（Lash 2005）。ここでいう流動は不安定性（flux）および変移性（fluidity）のことである。と同時に、アーリが多重的な移動の含意（コノテーション）するものにも言及していることを指摘しておく必要がある。それには循環、過程、非線形、自己組織化、反還元等が含まれているが、アーリによると、これらはパタン化されない「互酬的な因果関係」としてある相互作用の内実を示している（Urry 2007=2015: 44）。

メタファーとしての流動性とノマドは、以上のような移動の意味変容および多重的な移動の含意を踏まえた上で検討されるようになるが、まず前者に関連して、アーリはデリダ（Jacques Derrida）のいう「差延」を持ちだす。それは「構造という概念のもつ静態的、共時的、分類学的、無歴史的、等々といったモチーフ」の対極をなすものである（Derrida 1987=1992）。次に、後者について、それがドゥルーズ（Gilles Deleuze）とガタリ（Pierre-Félix Guattari）のいう「脱領土化されたもの」／「再領土化されないもの」を表象していることが指摘される（Urry 2007=2015: 54）。そしてこうしたメタファーの延長線上において、遊牧民やジンメルのいう「よそ者」が想到されることになる。結局、このようにして、アーリは「プロセスと変化は社会生活の核をなす」、「静止した安定はなく、あるのは創造と変容のプロセスだけ」、「運動の前には何もない。運動こそが事物のありようを表す」といった、モビリティーズ・スタディーズの中核をなす一連の定式化をこころみるのである（Ibid., 54）。

3　モビリティーズ・スタディーズからみたジンメル

都市におけるシステム化と個別化／人格化の相克——一つの「不動と移動の弁証法」

それでは、ジンメルの都市認識が、みてきたようなモビリティーズ・スタディーズの基調とどのように響き合っているのであろうか。しばしば指摘されるように、「精神生活」では、近代における個人的自由のありようが中心的な争点となっているが、そこで描かれた個人的自由はきわめてアンビヴァレントな発現形態をとっている。まず、人口量と密度の増大による機能的専門化が移動の「システム化」として論じられる。そしてそうした移動の「システム化」が、貨幣経済を媒介にして大都市的生活者に特有の倦怠と自己保存をもたらすとともに、個人の個性および独自性の喪失をまねくとされる。ジンメルが述べるところを約言すれば、こうである。

「大都市的な個性の類型を生じさせる心理学的基礎は、神経生活の高揚であり、それは外的および内的な印象の迅速な間断なき交替から生じる。」「大都市は……これらの心理学的な諸条件をつくり出すことによって……都市がわれわれに要求する意識量において、小都市や田舎の生活にたいする深い対立をつくり出した。」そして「このことから……小都市の心的生活がむしろ情意や感情的な関係にもとづいているのにたいして、大都市のそれが主知主義的な性格をもつことが理解される。」「小都市の感情的な関係は心のより無意識的な層に根ざしており、変化のない静かな絶えまない慣れにおいて、もっとも早く成長する……。これにたいして悟性の場所は、われわれの心のもっとも表面的な、意識された透明な層であり、それはわれわれの内的能力のうちでももっとも適応能力のある層なのである。」こうして「大都市の類型は、彼の外的環境の潮流と齟齬とが彼を根絶せんと脅かしているかぎりは……それらの潮流や齟齬にたいして、情意のかわりに本質的に悟性で反応するのであり、同じ原因のひきおこした意識の高揚が、この悟性に心的な特権を得させる。」ところで、この悟性的態度は「生の表層の見かけは重要とも思われない特徴に、同じく特色のある仕方で結びついている。現代精神はますます計算的となった。」「貨幣の計算的な本質によって生活諸要素の関係のなかに、外的には懐中時計の一般的な普及によってひき起こされたような正確性が生じた。」しかし他方で、こうした「正確性と計算可能性と精密性」をもたらす「同じ諸要因が……最高の人格的な形象にも作用をおよぼしている。……倦怠ほど無条件に大都市に留保される心的現象は、けっしてないであろう。これはまず第一に、急速に変化し対立しながら密集するあの神経刺激の結果であり、大都市の知性の高揚もこのような神経刺激から生じるように思われる。」「自己保存」もまた「人間と事物とが密集して、いわば個人を刺激して最高の神経伝導をひき起こすといった、あの結果が頂点に達する」ことによってもたらされる（Simmel 1903=1976: 270–276. 但し、ここでは吉原（1983: 102–103）より引用）。

みられるように、ここでは「悟性」および「自己保存」がキー・タームとなっている。ちなみに、「悟性」は「神経刺激」にたいする「自己保存」／「一種の防衛装置」という文脈で理解されているが、それは事物をモノとして、つまり即物的に取り扱う力、そして本来個性的な生の形式を没個性的な、見せかけのものに還元してしまう力としてある。こうした「悟性」が計算可能な形式性／形式的関係をはぐくみ、「懐中時計の一般的普及」をうながす、そしてそうした「正確性と計算可能性と精密性」を要件として生じる時間厳守が活動のスケジュール化、合理化をうながし、結局のところ「システム」化に至るというのが、ここでの主張のあらましである。他方、「自己保存」は、基本的にテンポの速い、間断なき変化にたいする「防御」としてあらわれるが、それとともに人びとの間で「相互の冷淡さと無関心」が広がり、倦怠（「飽きの態度」）がみられるようになる。そして、諸個人はといえば、「事物と力の巨大な組織化」のなかで、まるで水流のなかの歯車のようになってしまうとされ、そこからあらためて「システム化」が浮き彫りにされるのである。

さて、こうした移動の「システム」化による個別の生、活動の形式化、即物化、平均化、そして非個人的なものへの形象化は、「精神生活」についてこれまでなされてきたテーマ設定では、個人的自由を制約するものと位置づけられてきた。他方で、同じテーマ設定の下で、指摘されるような客観的な「システム」化による主観的な個性化／人格化が、「個人を比類なきものとし、できうるかぎり不可欠なもの」とする専門化のもうひとつの側面、すなわち個人的自由をうながすものとして言及されてきた。そうした点では、まさに悟性や計算可能性に還元される形式性／形式的関係の〈反転〉に目が据えられてきたといえる。実際、「精神生活」ではそうした〈反転〉を、個性的な生との断絶が「自由の裏面」、もしくは自由の「陰画」として表出しているとして読み込み、次のように述べている。

大都市は、小都市人を押し込めている狭量と偏見とは反対に『自由』なのである。それというのも、大きな圏の精神的生活条件たる相互の冷淡さと無関心とは、個人の独立性にとってその結果において……もっとも強く感じられるからである。……まさに大都市の雑踏のなかほどに孤独と荒涼とを感じるところがないとすれば、これは明らかにこの自由の裏面にすぎない。

大都市のもっとも重要な本質は、物理的限界をこえたこの機能的な大きさにある。そして、この効果がふたたび反作用して、大都市の生活に重要性と重大性と責任とをあたえる。……（ところで）このことがすでに示しているのは、そのような広がりの論理的および歴史的な補足たる個人的自由が、たんなる移動の自由と偏見や俗物性の脱落として、たんに消極的な意味においてのみ理解さるべきではないということである。……われわれが自己の本性の法則にしたがうということは、この本性の表現がまた他者のそれから区別される場合、はじめてわれわれと他者とにまったく明白となり、かつ確信的となる。われわれが他者と代替不可能であるということ、実はこのことは、われわれの生存様式が他者から強制されていないということを証明しているのである（Simmel 1903=1976: 279–281. 但し、ここでは吉原（1983: 104）より引用）。

ここでは、前述の悟性や計算可能性に還元される形式性／形式的関係が、「小都市や田舎」においてみられる、濃密な人と人の接触から生じる制約や依存への〈距離〉の維持としてあらわれており、そのことが「他者との代替不可能性」＝「唯一無二」の個人を引き立たせ、「他者から強制されない生存様式」を示すものとなっているとされる。つまり「他者と代替不可能」な個人は「高度にパーソナルな主観性」をもった個人であり、そうした個人において、個人的自由の〈拡がり〉↓個性的な生の形を観て取ることができるというのだ。そして大都市は、生の個別性、具体性を均す即物的関係／形式的関係とそれに還元されない「取りかえがきかない」個人とがせめぎあう／オーバーラップする「場」としてとらえられる。

いずれにせよ、「精神生活」では、ニスベットのいう、近代合理主義的個人主義をめぐる以下のようなパラドキシカルな問題構制から個人的自由の相克（↓自由の消滅と〈拡がり〉の両義性）をめぐる命題設定へと視界が拡がっていることは明らかである。

> 自我の全体性と自己確証を解放するとともに、［その重要さを］強調する第一の手段と考えられていたまさにその潮流［近代合理主義的個人主義のそれ］に対して、人間が自我の全体性と自己確証の感覚を保持することができない（Nisbet 1967=1975: 402）。

こうしてみると、「精神生活」をつらぬくモチーフが、個人的自由↓「自我の全体性と自己確証の確認」をめぐるシステム化と個別化／人格化の交錯を示すことにあったことは明らかである。そしてそれが自我の確立というモダンの内実を担いながらも、きわめて不安定で、流動的な状況にあるかぎり、一方で「動かないもの」、他方で「動くもの」にねざすということになる。つまりここで、いままでとは異なるもうひとつの読解方法を示すなら、「精神生活」をめぐってこれまで主要に議論されてきたシステム化と個別化／人格化の交錯の基底に、「不動と移動の弁証法」（Urry 2007=2015: 44）を垣間見ることができるということである。もちろんそのためには、視線を個人的自由をめぐる「統合と分化」のプロセスから、多様な自我の離接的共振／共進のプロセスへと移す必要がある。アーリの指摘を待つまでもなく、「精神生活」では、すぐれて流動としてある、多重的で複線的な非線形的変化に照準している。

さてあらためて注目されるのは、「精神生活」をつらぬくみてきたようなモチーフがジンメルのいう貨幣および「よそ者」にも通底していることである。項をあらためて述べることにしよう。

都市と「双対」をなす貨幣、そして「よそ者」、「橋」との相同性

貨幣は通常、経済学的観点から論じられるが、『貨幣の哲学』（以下、『貨幣』と略称）におけるジンメルの論議は、きわめて特異な立場に立っている。ジンメルによると、貨幣は前項でとりあげたシステム化と個別化／人格化の相克の基礎的過程としてある。すなわち都市は貨幣の君臨する〈場〉であり、貨幣と都市はあきらかに相同的な関係にある。何よりも、『貨幣』も「精神生活」もみてきたような個人的自由の問題を共通のテーマにしている（Simmel 1900=1999）。そのことを踏まえたうえで、『貨幣』に先立って刊行され、『貨幣』にたいして祖型となる議論を展開している小論「近代文化における貨幣」に寄り添いながら、ジンメルが貨幣の基調音となっており、都市を方向づけているとする、相反する「二つの方向」を以下にとりあげることにしよう。

ひとつは、平均化へ、均一化へ、もっとも離れたものを同一条件のもとに結び合わせ、より包括的な社会圏を生み出す方向へと。もうひとつは、もっとも個性的なるものの形成へ、個の独立性へ、個我形成の自立をめざす方向へと（Simmel 1896=1999: 271）。

貨幣は、一方では以前には知られていなかったあらゆる経済活動の非人格性を生み出し、他方では同じように強化された人格の自立性と独立性を生み出した（Ibid., 264）。

貨幣は……人間同士の結合の拘束性や必然性だけでなく、他方では、個性や内的自立感情にきわめて大きな余地を開くという独特の結果をもたらした（Ibid., 270）。

ここでは、個人的自由という観点から、貨幣が都市と「双対」[*7]をなすことが示されている。そして都市と貨幣の相同性にたいする関心にもとづいて、両者がつながっていることが示唆されている。ちなみに、『貨幣』では、貨幣を経済交流の自己組織化のメディアとしてとらえる立場が強くうちだされている（Simmel 1900=1999）。先にもみたように、「精神生活」では悟性という大都市に特有の心理がみられるといっているが、『貨幣』では、そうした悟性が独立変数であり貨幣経済が従属変数であるのか、それともその逆なのかについては、特定していない。しかし、大都市での生活が両者の相互作用の基体をなしていると指摘している（Ibid., 178）。アーリは、そうした相互作用を「互酬的な因果関係」と捉え直している（Urry 2007=2015: 44）。そこで示されているのは、因果よりは「つながり」が鍵となるという認識である。その場合の「つながり」は、貨幣と都市の間でみられるある種の共進化のことをさしている。

ジンメルは、こうした「つながり」を「よそ者」、そして「橋」を通しても確認しようとしている。ジンメルのいう「よそ者」は、潜在的定住者であり潜在的放浪者でもある、すなわち特定の場所への定住者でもなく、場所といっさい関わらない放浪者でもない人のことである（Simmel 1908a=1994）。彼は、その典型として行商人をあげている。ジンメルによると、行商人は諸共同体／異なる圏を貨幣を手段（＝メディア）としてつなぎ、媒介する。さらに、こうした「よそ者」＝行商人と相同的（パラレル）に想到されるのが「橋」である（Simmel 1909=1999）。「橋」はまさに切り離されたものをつなぎ媒介するものとしてある。つまり「よそ者」の機能を内包しているのである。[5] ちなみに、「アクタンとしての橋」（Urry 2007=2015: 53）について、ハイデガー（Martin Heidegger）が次のように述べている。

> ［橋によって］川、岸、土地が互いに近づき合う。橋は、川を取り巻く風景として大地を集摂する（Heidegger 1993: 354）。

考えてみれば、こうした「橋」を自由に行き来し、客観性を保持しながら行動する自由人が「よそ者」なのである。別の言い方をするなら、共同体にたいして距離をおきながら、諸共同体をむすびつける「よそ者」の機能を内包するのが「橋」であるのだ。いずれにせよ、こうしてみるとジンメルの論議において、都市と貨幣、貨幣と「よそ者」、そして「よそ者」と橋の間に類同性があることは明らかである。アーリがモビリティーズ・スタディーズの起点にジンメルを据えるのは、まさにこの類同性に着目すればこそである。

むすびにかえて――ジンメル都市論の到達地平から

開かれた都市への視点

ジンメルにとって、都市は「他者と代替不可能」な自己をもたらし、個人的自由を保証する「場」としてある。近代都市はそうした「場」を最大集約的に示すものであるが、同時に用象としてとらえた場合、都市はすぐれてメディアとしてある。そしてみてきたように、そうしたメディアとしての都市は、貨幣、「よそ者」とクロスオーバーしながら「つなぎ媒介するもの」を外に広げている。つまり都市は「間共同体」としてあるのだ。ちなみに、アーリはモビリティーズを一方から他方へのフローではなく、不定形で非線形的な流動性（fluidity）としてとらえている。アーリの、こうした流動性としての性格を有する、複層的で多重的なモビリティーズへのまなざしは、先のジンメルの開かれた都市への視点と相互浸透しているが、それを可能にしているのは、他ならぬ「つなぎ媒介するもの」である。

あらためて注目されるのは、この「つなぎ媒介するもの」に含まれる「運動（動き）―空間」である。

それは見方を変えると、「時間持続」でもある。この「運動（動き）―空間」／「時間持続」が〈遠近という距離〉、〈境界―「あいだ」〉、〈hybridity―'on the move'〉、〈固定化―「凝結」〉などとしてある、相互作用をめぐる多様な移ろいの諸相を社会の前景におしだし、そのことによってモビリティーズ・スタディーズの内容構成にかかわるようになっている。ジンメルの「精神生活」には、都市を一種の「旋回点」あるいは「乗り継ぎ点」とみる視点が見られるが、そうした視点も上述の「運動（動き）―空間」／「時間持続」を写影している。またそうした点で、モビリティーズ・スタディーズの起点を織りなしているともいえる。

反還元主義的思考から立ち上がるもの

これまで述べてきたところから明らかなように、ジンメルの「精神生活」等の基底に伏在しているのは、反還元主義的思考である。アーリはジンメルが創発的な機制を有する相互作用を強調していること、そしてそれが反還元主義的思考に由来することに注目している（Urry 2007=2015: 43）。アーリのこうしたジンメルへの傾注は、アーリ自身、モビリティーズ・スタディーズの展開を、複雑性科学の手法を積極的に援用／取り込み、**オートポイエーシス概念**[*8]を基軸に据えることから始めていることを考えると、きわめて自然な成り行きであるといえる。ともあれ、ジンメルが社会生活の基軸をなすものとして、プロセスと変化、そしてそこから派生するゆらぎ／不安定とともに異他的なものを「つなぎ媒介するもの」に照準していることは明らかである。またそうであればこそ、みられるような理論動向の裡にモビリティーズ・スタディーズにつながる一つの契機を見出すことができるのである。ちなみに、ジンメルは『貨幣』において、「共にあること(コ・プレゼンス)」の相互作用場面でみられる、「つなぎ媒介するもの」を通して形成される創発的な契機を次のように示唆している。[6]

事物は互いとの関係のなかで自らの意味を見出し、そして、事物のつながりの相互性が、それらが何であるのか、どのようにあるのかを構成している（Simmel 1900=1999）。

モビリティーズ・スタディーズの再「転回」の方向をもとめて

世界にはいま、排外主義が吹き荒れている。グローバル化はたしかにコスモポリタニズム[*9]を世界のすみずみにまで拡げた。だが気がついてみれば、それ以上に偏狭で内向きなローカリズムを世界の随所に埋め込んでいる。ベック（Ulrich Beck）は、この過程を「非直線的で弁証法的な過程」として捉え、次のように述べている。

その中で、普遍的なものと特殊的なもの、類似したものと類似していないもの、グローバルなものとローカルなものとが、文化的な両極としてではなく、相互結合し相互浸透する（Beck 2006: 72–73）。

まさにアーリのいう「グローカル・アトラクタ」としてであるが，それが一方で「ずれを伴った複数のコスモポリタニズム」(Clifford 1998: 367)，他方で偏狭で内向きなローカリズム→排外主義として露出し，世界を混沌に陥れている。ところでこうした状況は，モビリティーズ・スタディーズの存立基盤を大きく掘り崩している。モビリティーズは，「他者と代替不可能」な個人の叢生を前提としている。だが，排外主義はこうした個人を「行方不明」状態にし，「検出不可能」な状況に追いやっている。モダニティの機制に立ち返っていうと，個人的自由の否定と掘り崩しが極限状態にまで達しているのである。このことは「他者と代替不可能」な個人が溶解してしまっていることを意味するものでもあるが，そうした状態が「生存権の剥奪」といった事態を世界のあちこちでもたらしていることは，いまさら指摘するまでもない。いずれにせよ，このような状況下で，モビリティーズ・スタディーズは宙づり状態になっていると言わざるを得ない。

それでは，モビリティーズ・スタディーズはどのようにして再「転回」をはかるべきであろうか。それは決して容易なことではないが，何よりもまず近代の再・再審に向き合うことがもとめられていることを指摘しておきたい。ここでは，そうした課題設定の下でさしあたり以下の三点，すなわち(1)「つなぎ媒介するもの」の検証と再設定，(2)モビリティーズ・スタディーズの理念的基礎の再確証，そして(3)再編されるグローバライゼーション・スタディーズとのせめぎあいのなかでのモビリティーズ・スタディーズの再定位，が避けて通れないことを述べておく。[7]

その上で，以下の二つの作業がきわめて重要になってくることを喚起しておきたい。一つは，複雑性科学／創発性科学の適用場面でジンメル社会理論がいかなる可能性を有するかを検討することである。[8] そしていま一つは、上述のまさに裏面をなすことになるが、ジンメル社会理論の取り込み／埋め込みによって、複雑性科学／創発性科学がどのようにして発展し得るかを示すことである。

【注】

（1）ここでは紙幅の構成上詳述することは避けたい。詳細は本書第2章を参照のこと。

（2）一九六〇年代以降、欧米の先進資本主義諸国を襲った「都市の危機」は、統合の問題というよりはシステム全体の管理の問題を問うものとしてあった。むろん、危機の発現形態は都市によってかなり異なっていた。アメリカの大都市でいうと、概ね四つのフェイズ、すなわち⑴大都市の病理現象と貧困の蓄積、⑵都市社会資本の老朽化と教育・文化・生活環境の悪化、⑶インナー・シティの生産・消費面での分業・協業システムの崩壊とエスニック・コミュニティの崩壊、⑷大都市財政の危機、をともなって立ちあらわれた。日本では、こうした「都市の危機」は顕著には立ちあらわれなかったが、「都市の衰退」という形では部分的にみられた。

（3）ちなみに、アーリは、「空間論的転回」を次のように述べている。

社会科学の「空間論的転回」が起きたのは一九八〇年代である。この時の理論や研究によって明らかになったのは、社会諸関係が空間的に編制されていること、そして、そうした空間的な構造化が社会諸関係を大きく変えているということである（Urry 2007=2015: 56）。

そしてこの文脈において、マッシー（Doreen Massey）が社会生活にとって「空間が問題である」と述べたこと、また空間がさまざまな「**権力の幾何学**[*10]」をともなう動的な要素から成り立っていると述べたことを紹介している。

（4）もっとも、モダンの時間―空間ということでいえば、ニュートン的時間／デカルト的空間とアインシュタイン的時―空間は、相克するものというよりは両義的なものとしてある。つまり単純に前者が後者を凌駕する（別の言い方をすると、後者が前者に回収される）というものではない（ややもすれば、そう理解されがちであったが）。この点については、吉原（2004）を参照のこと。

（5）ここで「よそ者」および「橋」の相同性をめぐって想起されるのは、ジンメルが隣り合う二つの空間を分かち媒介するものにたいして強い関心を寄せていることである。それは境界という空間形式にジンメルが深くこだわったことと関連している。ジンメルは、この境界を「橋と扉」で次のように語っている。

扉によって形のない境界はひとつの形態となったが、しかし同時にこの境界は、扉の可動性が象徴しているもの、すなわちこの境界を超えて、いつでも好きなときに自由な世界へとはばたいていけるという可能性によってはじめて、その意味と尊厳を得るのだ（Simmel 1909=1999）。

ジンメルは、さらにその境界を一つには「額縁」に事よせて語っているが、境界＝「額縁」とは周囲の世界から切り離すとともに、そうした外側の世界との相互作用をつなぐものでもある（Simmel 1902=1999）。

（6）この点に関してジンメルが強調するのは、顔を合わせた共在である。ちなみに、アーリはこう述べている。

共在の瞬間に関する分析のなかで、ジンメルは感覚の一般社会学を展開し視覚、聴覚、嗅覚それぞれの重要性について詳しく論じている。ジンメルは、とくに、目を「比類なき社会学的な働き」をするものとして重視している（Urry 2007=2015: 41）。

（7）たとえば、内田樹らは、グローバル化とローカル化の波がモード転換を遂げて、国民国家の帝国化をうながしているというようなことを言っているが（内田・白井 2016）、論壇次元のものであることを考慮しても、こうした論議がグローバライゼーション・スタディーズにたいして、ある種「どんでん返し」の意味をもつようになっていることは否定できない。しかしここでは、どちらかというと、アーリのいう「グローカル・アトラクタ」に照準を合わせているグローバライゼーション・スタディーズを念頭に置いている。なお、「グローカル・アトラクタ」については、Urry（2003=2014）を参照のこと。

（8）ちなみに、ジンメルは、さまざまな移動、たとえば遊牧、放浪、ディアスポラの旅、冒険の旅、行楽など、がおりなす社会空間パタンとして社会化（Vergesellschaftung/sociation）について言及している。それは、「客体的な『社会』（Gesellschaft）を措定することなく、人と人の間に絶え間なく折り合わせられる相互作用からなる動的形態に焦点をあてるものである」（Urry 2007=2015: 37）。しかし、本章では、その重要性を認識しながらも、この点については紙幅の都合でとりあげなかった。いずれ時機をみて、論及する心算である。

【用語解説】

＊1 **第二次的接触**　全人格的な人間関係にもとづかない、貨幣や利害を介した部分的で一時的な接触のこと。

＊2 **マーチンデール**　一九一五年、アメリカ・ウィスコンシン州マリネット生まれ。一九八五年に没する。社会学

理論、社会成層論専攻。長い間、ミネソタ大学で教鞭を執ったが、ウェーバー都市論の翻訳でよく知られている。

＊3**構造主義的マルクス主義**　アルチュセールが確立したマルクス主義の立場。かれは一九六五年刊行の『マルクスのために』および『資本論を読む』において、それまでのマルクス主義がとらわれていた経済決定論、ヘーゲル主義および実存主義を排して、マルクスのテキスト読解をテキストそのものの「構造」に準拠しておしすすめることを提唱した。この読解を通して、マルクスはそれじたい形而上学的なイデオロギーとしてあった初期マルクスの人間中心主義と疎外論的立場を「認識論的切断」によって克服し、後期マルクスにおける経済的構造の科学的認識の立場を確立することができたとした。そして、マルクスは社会と歴史を、多様な審級（インスタンス）がからみあう全体として、つまり「重層的決定」のシステムとしてとらえているとしたのである。このようにして、イデオロギーとしての「人間」から科学としての「構造」への視点移行を強調するのが構造主義的マルクス主義の立場である。

＊4**脱＝社会科学**　世界システム論者であり歴史社会学者であるウォーラーステインは、自らの理論的出自に立ち戻り、マルクスとブローデル（Fernand Braudel）を統合するなかで近代がつくりだした社会科学の再審と新しい総合科学の樹立を試みている。併せて、二一世紀を展望する思考への道筋を示している。

＊5**非線形的変化**　社会にみられるできごとの原因と結果の間には必ずしも一貫したつながりがあるわけではない。むしろ、変数間のつながりは線形的ではなく突然の変化／転換がおこることがよくある。ちなみに、カプラ（Fritjof Capra）は非線形的な現象が物理的世界の多くを支配しており、「生きたシステムのネットワーク・パタンの本質面をなしている」と述べている。

＊6**ノマド**　通常、遊牧民という言葉があてられるが、流動性のメタファーと関連して、ドゥルーズとガタリは、ノマドを脱領土化した社会を特徴づけるものであり、点やノードではなく逃走線で構成されるとしている。いず

れにせよ、個々の国家の外部に位置するノマドの含意するものが今日きわめて重要になっている。

＊7 **双対**　the dual/duality の訳語。そのままだとペアで並存するものという意味。要するに、一つにみえるものが二つの原理からなるように構成されていること。「表と裏」のような関係ともいえる。

＊8 **オートポイエーシス概念**　一定の属性を有する静的な構成要素のあいだでみられる諸関係ではなく、むしろそうした諸関係の集合を作り上げるのに欠かせない、構成要素の生産の経時的な反復を介して立ちあらわれる自己制作のプロセスのことをさしている。

＊9 **コスモポリタニズム**　ハーヴェイによると、この用語はきわめて両価的な色調を帯びている。一方でそのリアリティ不在が問われるなかで、それ自身が抑圧と排除の一形態になっていること、他方でにもかかわらず真に解放的な意義をもち得る可能性を秘めていること、が指摘されている。

＊10 **権力の幾何学**　マッシーによると、ハーヴェイのいう「時空間の圧縮」は人びとにたいして非常に多様で複雑なかたちで場所をあてがう。ところがこの場所の配置は権力の社会的政治的布置構成でもある。要するに、移動には権力的統制がつきまとっており、また権力を強化するという側面を有しているというのである。

7章 都市論の射程
ルフェーヴルの「都市的なるもの」

今日の社会構造の現実は、重なり合いに満ちている……。——C・アレグザンダー『形の合成に関するノート／都市はツリーではない』

はじめに

都市論というジャンルが立ちあらわれるようになったのは、いつ頃であろうか。ここでは正確にいえないが、一九八〇年代にモダン都市論が、そしてそれと前後して記号論[*1]や身体論[*2]、あるいは消費社会論[*3]が出現するようになったことと（都市論の台頭とは）無関係ではないように思われる。それでは、都市社会学は都市論をどうみてきたのであろうか。この点について若林幹夫の言葉を借りるなら、都市論は長い間、『『（正統的で中心的な）都市社会学』に対する『（非正統的で周辺的な）都市論』』という「中心と周辺」という二項対立図式の下で不当に貶価されてきたという（若林 2000: 112）。しかし斯界の間では、少なくとも都市の多様性と複数性に関する認識についていうと、都市社会学よりは都市論の方がリアリティを有しているとみられている。

とはいえ、グローバル化の進展とともに生活世界の均質化と標準化、そして差異化がすすみ、都市の風景がますます「飛び地のランドスケープ」（平山洋介）化するなかで、都市論と都市社会学の「間」は急速に縮むようになっている。そうした状況をさし示すものとして、一方で都市論の側から都市社会学を再解読する動きが、他方で都市社会学を刷新しようとする側で都市論を起点にすえようとする動きが立ちあらわれていることを指摘することができる。

ちなみに、前者についていうと、たとえば吉見俊哉が、フィッシャーの「通念にとらわれない下位文化」という概念を取り上げて、それがこれまでのワースのアーバニズム図式を対向にすえて解釈するやりかたを超えて、「集中した人々の間での密度の濃い相互作用を通じ、全体社会の規範からは逸脱する多様な行動を促進していくような文化的土壌を都市地域において成立させていくこと」（吉見 1995b: 149）を明らかにしている、とみなしているのは興味深い。他方、後者についていうと、「空間論的転回」に寄り添って都市社会学の刷新をめざしたはずの「新しい都市社会学」がなおも色濃くとどめていた、マルクス主義に特有の還元主義的基調を脱構築するために都市論に参入する動きをみせていることが注目される。その場合、たとえば、ハーヴェイ、そしてカステルが主要な参照枠としたのがルフェーヴルの都市認識、とりわけ「都市的なもの」の把握である。本章は、このルフェーヴルの「都市的なるもの」に照準を合わせて、都市論の可能性と課題を見据えようとするものである。

1　ルフェーヴルにおける「開かれたマルクス主義」と再空間化への理路

「開かれたマルクス主義」の立場

ルフェーヴルは二〇世紀を駆け抜けた哲学者であり社会学者であった。ほぼ一世紀にわたって、**戦闘的ヒューマニズム**[*4]の立場からマルクス主義を擁護し批判するとともに、その再構成を彼の生きた時代に即して執拗に追求してきたルフェーヴルは、毀誉褒貶にまみれている。そうしたなかで、とくに一九七〇年代以降、西欧の知的世界を沸き立たせた空間論ルネサンスにおいてその〝火付け役〟として取りざたされた。ちなみに、そうした空間論ルネサンスとともに台頭してきたハーヴェイが「私が頼みとすることのできる唯一の……研究」(Harvey 1973=1980: 403) として、またカステルが「現実の諸都市問題を理解するためになされた最も深い知的努力」(Castells 1977a=1984: 76) としてルフェーヴルの作品を取り上げてからは、「(空間的問題構制(プロブレマティーク)を) 提起し追求してきた開拓者」(Katznelson 1992: 94) という評価が動かしがたいものになった。

いわゆる「空間論的転回」において「開拓者」としてルフェーヴルが特に注目されたのは、彼が「開かれたマルクス主義」の理路において再空間化という課題を徹底的につきつめた点である。彼はこの「開かれたマルクス主義」を次のように述べている。

「マルクス主義」という言葉が一つの意義をもつとするなら、それは多かれ少なかれ磨きぬかれた解釈、すなわちマルクスの文字通りの解釈を示しているからではなく、現代世界の具体的な変化とそうした変化の世界的な拡がりをもつ経験に結びついた広汎で多様な理論的運動を示しているからである（Lefebvre 1976: 303–304）。

「空間論的転回」とともに

ルフェーヴルが「開かれたマルクス主義」というとき、そこで含意されているのは、護教的なマルクス主義に特有の還元主義的な方法、すなわち「生産様式それ自体による過剰決定の強調→矛盾の総体としての生産様式の内的分析の回避」（吉原 1994: 126）を拒否するオルタナティヴなマルクス主義のことである。ルフェーヴルにあっては、こうしたオルタナティヴなマルクス主義への志向は、支配的な都市地理学や生態学に観取されがちな空間フェティシズム[1]や一連の「反映論」に与しないということと深くむすびついている。しかしここでいう前者と後者をひとつの連動した流れ／形としてとらえようとするなら、ルフェーヴルが提起したマルクス主義の再空間化というテーマ設定を、もう少し普遍的な形で、すなわち批判理論一般を社会理論かつ経験理論としてどう〈受肉化〉するかという課題に引き寄せて検討するのがより適切であろう。ここではそうした作業の一環としてルフェーヴルの都市論を読み直すことにする。

　後述するように、ルフェーヴルはリフレクティヴで真にラディカルな都市論をうちたてるために、人びとの生きられる世界の複雑で不透明な経験にとまどいながらも、これを歴史の文脈にしかと置き、弁証法化することに徹頭徹尾こだわっている。そしてそのことによって、空間論的転回とともに立ちあらわれた、身体論でもありメディア論でもあるような都市論の原型をおりなすことになったのである。つまりルフェーヴルの都市認識、「都市的なるもの」をひもとくなかで、ここでいう都市論が立ちあがってくる経路／道筋と（都市論と）都市社会学および一連の政治経済学的な都市認識との接続および背離の地層が明らかになる。

2　「都市的イデオロギー」論から「都市的なるもの」へ

「革命的な都市化とアーバニズム」

ソジャは、ルフェーヴルの一連の作品群の流れを「現代世界の日常生活に関する概念化からはじまって、革命的な都市化とアーバニズムを経て、空間の社会的生産に関する一大テーマへの推敲」(Soja 1989: 91) へと至っていると述べている。ここで到達点とみられる認識は「空間の社会的生産」である。試みに、それは『資本主義の存続』のなかで以下のようにしるされている。

資本主義は一世紀の間、その内的矛盾を（解決しないまでも）和らげることを可能にしてきた。そしてその結果として『資本論』刊行後一〇〇年で、それは「成長」を達成することに成功した。われわれは（それが）どのようなものであるかを正確に論定することはできないが、まさに手段を、すなわち空間を占有し、空間を生産することによってそれが可能になったことを認識するのである[2]（Lefebvre 1973: 21）。

しかしこれだけでは、カッツネルソンによって「ルフェーヴルの作品にたいする最も深い理解者である」（Katznelson 1992: 98）といわれたゴットディーナーが「空間の役割を付随現象以上のもの、事実上、資本主義的社会関係にとって本質的なもの」（Gottdiener 1985: 145）ととらえているルフェーヴル空間認識の傑出した特徴は十分に浮かび上がってこない。そのためには、先のソジャのいう「革命的な都市化とアーバニズム」についてルフェーヴルが具体的にどのように把握していたのかを明らかにする必要がある。詳述はさておき、そこではルフェーヴルの都市認識が「空間の社会的生産」論の水脈をなしていることがわかる。

「都市イデオロギー」論から「都市的なるもの」へ

本書の第1章で論じたシカゴ学派都市社会学の方法的特質は、世紀転換期から一九二〇年代にかけて都市問題が独自の範疇として立ちあらわれたシカゴを「社会的実験室」にして、都市を生身の形で「一つの生きた全体」としてとらえようとした点にあった。それにたいしてカステルは、こうした把握方法は都市自体を全体社会の構造的条件から切り離して独立変数とみなす「都市イデオロギー」であると論難した（第3章参照）。他方、ルフェーヴルにたいしても、唯物論的問題構制を転倒させて「人間」（＝

人びとの日常生活）から説くことからはじめ、社会の生産技術を蚊帳の外に置いているとして、「都市イデオロギー」と同列で批判している。ルフェーヴルにたいするこうした批判は、原口剛に倣っていうと、ルフェーヴル都市論が「階級なき文化論」（原口 2017: 109）であるとする斯界の支配的な解釈と響き合っている。しかしその一方で、ルフェーヴル都市論が階級に全面的に還帰できない都市の相対的自律性に目を向けていたのもたしかである。

それでは、ルフェーヴルはそもそも都市をどうみていたのであろうか。それはひとことで言うと、吉見俊哉の以下のような概括、すなわち「都市が内包している重層的な運動が相互にせめぎあいながら結びつき、調整され、また矛盾もしていく弁証法的な過程を歴史的かつ社会学的に把握」（吉見 1995b: 152）していたと約言することができよう。そこでまずルフェーヴルの都市論の核心をなす「都市的なるもの」（l'urbain）を取り上げることからはじめよう。

3　「都市的なるもの」の論理(1)

「都市的なるもの」とその危機

ルフェーヴルはいう。

都市的なるもの……それはむしろ形式であり、大地のみのり（陳腐ないいかたをすれば農業生産物）

から、いわゆる文化的な象徴や作品に至る社会生活のあらゆる要素の出会いや集合の形式に他ならない。都市的なるものは、分散の、隔離の過程のただなかで、出会いと集合と情報の要請としてあらわれるのである（Lefebvre 1972a=1975: 86）。

ルフェーヴルによると、この「都市的なるもの」は「思惟によって構想し、構築し、あるいは再構築すべき諸関係から組み立てられた社会的現実」（Lefebvre 1968=2011: 77）としてあり、「都市」（la ville）、すなわち「現存的・直接的な現実であり、実践的＝感覚的で建築的な所与である都市」（同上）とは区別される。そして可能態であり潜勢態であるこの「都市的なるもの」は、作品であり使用価値に属するものとみなされる。しかし工業化の論理が都市を貫くようになるにつれて、社会における商品関係が一般化するとともに交換価値が優勢となる。つまり使用価値の交換価値への隷属化がすすむ。ルフェーヴルはそれを「全体社会の都市化」としておさえ、次のように述べる（ただし、ここでは、マーチンズ（Mario R. Martins）のルフェーヴルからの引用による）。

ルネサンス期に格調高く書き換えられた、人間にたいする出会いの場としての都市は、富、政策決定権力、情報の集中化の場としての、しかしそこからは人々が排除されるような都市によって置き換えられる。空間の稔りはほとんど不可能で、「生きること」（habitat）が排除されるこうした「農村化した」都市は、死の空間と言い得る。そのようなところで現われた機能的で序列的なゲットーにおいて、人々は差別される（Martins 1982: 178–179）。

そしてその結果、「都市は諸個人が『社会化され』、統合され、人為的な圧力と拘束に服従させられ、分離され、解体させられるゲットーの集まりへと変換される」（Lefebvre 1972b: 168）という。こうした状況にルフェーヴルは「都市的なるものの危機」をみるわけであるが、同時にそこに国家の、空間的凝離を安定させ、それが生産関係の再生産の障壁になるのを未然に防ぐための、「標準化する力」の行使を観て取るのである。

空間は国家にたいして最重要の政治的手段となる。国家は空間を、国家が場所の支配、その厳密なヒエラルキー、全体の同質性と部分の分断を獲得するような方法で用いる（Lefebvre 1979: 228）。

「都市の織り目」の拡がりからみえてくるもの

ところでルフェーヴルは、みられるような「全体社会の都市化」を、「都市的中核が浸透する（都市の）織り目によって浸蝕され、あるいはその横糸へと統合される」（Lefebvre 1968=2011: 23）様態／過程でもあると述べている。ちなみに、ここでいう「都市の織り目」は「ひとつの都市あるいは新旧さまざまないくつかの都市のまわりに構成される整合的な統一体たる生態体系（œcosystème）」のことであり、ルフェーヴルはそうした「都市の織り目」によって、「物資の諸体系や、価値の諸体系を内包して……都市によって拡められる合理性」（同上：22）が広がっていることに着目している。ちなみに、この合理性は「企業から、生産の諸単位の管理から来る」ものであれ、「国家や計画化の水準において生まれる」ものであれ、「組織者的・操作的合理性」（同上：40）としてあり、それにもとづく「生産と消費の計画的組織のための本質的装置が消滅したならば、社会全体は解体する」（同上：38）であろう、と指摘している。

同時に、「都市の織り目」が拡がるなかで、そうした本質的装置、すなわち都市とか中心とかを「非中心化するひとつの過程が動き出す」（同上：32）ようになる。つまり「都市の織り目」の浸蝕とともに、中心のまわりに「生産者であると同時に生産物の消費者であり空間の消費者であるものとしての住民たち」が「支配的な階級あるいは階級の分派」（同上：26）の「完全な支配」の下に、「予見される規範や強制にしたがって、散開したかたちで、地所の上に配分される」。そして中心がそうした状況下に置かれることによって、「新たな諸矛盾が、収斂を妨げつつ生まれること」（同上：45–46）になるという。ともあれ、このようにして「都市的なるもの」の危機が、いわば一体性のうちに葛藤／矛盾をはらむという形で立ちあらわれることになる。

「都市計画」／「ユルバニスム」批判

しかしそれだけで終わらない。さらにルフェーヴルは、こうした葛藤／矛盾にたいして「総体的な戦略」として都市を練り上げる「都市計画」の役割が重要になってくるという。ルフェーヴルによると、

「都市計画」は「公然と、市場のために、利益を目的として、構想し実現する」(同上：14)とともに「権力の手段を集中する決定の中心を建設する」ことを意図しており、「管理される消費の社会」を「喜びのイデオロギー」として「《読み取れる》ものにしながら、押しつける」(同上：45)ものとしてあるとされる。ここで再び、先に一瞥した国家の「標準化する力」の行使が立ちあがってくる。

「都市計画」はまさに交換価値[*5]を体現している。「都市計画」は空間に埋め込まれた人びとの思い＝意味づけや日常的実践、すなわち使用価値[*6]から遠ざけ、面積や容量で測り、商品として交換可能なものを評価する交換価値にもとづいている。ルフェーヴルによると、こうした国家の「標準化する力」＝「都市計画」は葛藤／矛盾を解消するどころか、かえって深めるという。この介入国家の矛盾した性格を、先のゴットディィーナーは以下のように敷衍している。

> 国家の役割は矛盾している。一方で、それは使用価値から交換価値への――社会的空間から抽象的空間への――資本主義的転換によって生じた社会的空間の首尾一貫性の破壊に直面して、それを守るために介入しなければならない。他方、その介入は支配の関係によって全く制約される。それゆえ国家の介入は社会的空間を救わない。反対に、国家は計画を通して抽象的空間をさらに生産することによって、そうした(抽象的)空間のへゲモニーを助けるだけである。国家は権力の一つの枠組みであるゆえ、その介入は社会的空間と密集し限られた範域の都市形態の破壊をはじめたのである(Gottdiener 1985: 146)。

いずれにせよ，ルフェーヴルにとって「分断された都市的現実と統制された空間の生産を維持する資本主義ないし国家の戦略的道具に化している『ユルバニスム』（都市計画）ほどに，『都市的なるもの』は悪い敵をもっていない」（Lefebvre 1973: 15）ということになる。

4　「都市的なるもの」の論理(2)

「作品」としての「都市的なるもの」

とはいえ，都市は工業化／「全体社会の都市化」の論理だけをおしつけられているわけではない。都市は交換価値の一面をもつものの，単にむなしい「生産物」ではない。人びとがその集合性の形成とともにつくりあげる「作品」でもあるのだ。何かに従属させられている道具的なものではなく，それ自体，「人間存在による人間存在の生産および再生産」（Ibid., 74）と自由の享受，すなわち「都市的なるもの」を至高のものとする使用価値によって貫かれた空間でもある。ルフェーヴルはいう。

空間はあらゆる部分が交換でき，したがって，交換価値を有する経済的なものにとどまらない。空間はあらゆる部分を同質化するための政治的道具にとどまらない。……空間は同質的国家の支配下で，資本主義経済での交換価値の浸透に抗する使用価値のモデルであり，永遠の原モデルのままである（Lefebvre 1979: 291）。

この使用価値によって貫かれた「作品」としての都市＝「都市的なるもの」は、まるで言語、文章などが放恣にならぶ芸術作品のようなものである。だから複数のものがせめぎ合って、「欲望の場所、永遠的な不均衡、正常性とか束縛とかの解体の根拠、遊戯的なるものとか予見不可能なるものの契機」（Lefebvre 1968=2011: 121）となるのである。

さてこうしてみると、都市、そして「都市的なるもの」を分析する際にもとめられるのは、交換価値と使用価値、換言するなら同質性と異質性＝示差性が交わりあう地層において、「形式（フォルム）、機能、構造――水準、次元――テクスト、文脈（コンテクスト）――場と総体、文章（エクリチュール）と読解（レクチュール）、体系、意味するものと意味されるもの、言語と超言語、制度などといったあらゆる方法論的道具」（同上：90）を用いることである。

ここであらためて注目されるのは、ルフェーヴルの都市、そして「都市的なるもの」の把握がまぎれもなく「記号 signes や意味作用 signification や意味 sens」（Lefebvre 1974=2000: 64）に照準していることである。ここからルフェーヴル都市論が記号論的・言語論的都市論への回路を用意していると解釈することは困難ではない[3]。この点は後述するが、本章のテーマ設定も一つにはここに立脚している。しかしルフェーヴルは、この点について「大きな留保や用心が必要である」（Lefebvre 1968=2011: 96）と言い、その理由を次のように述べている。

意味の体系としての都市の理論は、ひとつのイデオロギーへとむかう。それは《都市的なるもの》を《意味するもの＝意味されるもの》という関係に帰着させることによって、そして、実際に知覚される諸々の意味から出発して外挿法を行うことによって、《都市的なるもの》を、その形態論的土台から、社会的実践から、切り離すのである（同上：96–97）。

そしてそうであればこそ、「どのようにして都市が意味されるか……そして、どのようにして諸々の生き方や住み方が意味されるのか」を総体として把握しようとするなら、諸々のイデオロギーが映しとられる制度的文脈をしっかりと見据えるべきだという（同上：99）。

「都市への権利」と「都市的なるもの」の再呈示

ここで話を少し戻そう。先に「都市は工業化／『全体社会の都市化』の論理だけをおしつけられているわけではない。都市は……人びとがその集合性の形成とともにつくりあげる『作品』でもある」、そして「使用価値によって貫かれた空間でもある」と述べた。それでは、交換価値としての都市を向こうにして、「出会いの場所」の内実、「使用価値の優位性」（同上：177）、つまるところ、「都市的なるもの」は自らをどのように示すのであろうか。それについてルフェーヴルはこういう。

《都市的なるもの》……は、上の方からやってくる諸々の信号や命令や強制を、それら自身にたいいして向けかえようとする。それは諸々の支配の裏をかき、それらの目的から外れさせ、それらを計略にかけることによって、時間と空間とを我有化しようと試みる。それはまた、多かれ少なかれ、都市とか住み方とかの水準に参加する（同上：102）。

きわめて原理的な説明であるが、ここで要となるのが「都市とか住み方とかの水準への参加」の内実である。この点に関してルフェーヴルは、工業化／「全体社会の都市化」の進展によって変貌させられ、刷新された都市生活のただなかで、「作品」としての都市の創造に参加することの重要性を指摘する。なぜなら、そのことによって「都市的なるもの」の存立根拠となる出会いと集まり（の場）を可能にする、「植民地化」された人びとの諸々の権利、いわゆる「都市への権利」が生まれるからである（同上：176–177）。ちなみに、「都市への権利」は、都市的中心から追い出され、周辺居住地において分断された状態で、「地下鉄―仕事―睡眠」という決まりきったリズムの支配下に置かれることを拒絶する権利からはじまって、社会的空間の組織化に丸ごと包絡されること、したがってまた空間―時間が国家、アーバニズムなどの外的諸力によって支配されることを拒絶するような意思決定のあらゆる回路にいあわせる権利にまで及んでいる[4]（Lefebvre 1972a）。他方、そうした権利を論理的に拡大したものである「示差への権利」は、均質化する力によって規定され、あらかじめ設けられたカテゴリー内では分類されない権利のことであり、それは「ブルジョア的諸権利と自由」の擁護と拡大を含むものである。この権利は「都市的なるもの」のエッセンスが凝縮された「示差的空間」にたいする要求を正当化するものとして位置づけられている（Lefebvre 1970）。

ともあれ、以上の二つの権利を行使できるようになってはじめて交換価値の統制が現実のものになるというのが、ここでのルフェーヴルの主張の眼目である。だから、「都市的なるもの」は未完のままであるのだ。なお併せて指摘しておきたいのは、以上の権利は自然的な司法の権利ではなく、あくまでも多様な相対立する闘争の実践であるという点である。ルフェーヴルによると、それは**日常生活批判**[*7]とその奪還に照準を合わせた〈日常生活の革命〉→「都市革命」であり、空間的実践なのである。ただし、実践に向けての具体的な主体像は明らかにされていない。それが多少とも示されるようになるのは、『空間の生産』においてである。換言するなら、以上、概観した「都市的なるもの」の論理展開の裡に、『空間の生産』における**「空間の表象」**、**「表象の空間」**、**「空間的実践」**の循環関係（マトリックス）[*8]に関する原認識を観て取ることができるのである。

5　都市論の射程

「都市的なるもの」にひそむ創発性、祝祭性

さて以上より、ルフェーヴルのいう都市、そして「都市的なるもの」が都市の多様な解読の可能性を示していることがわかる。そうしたなかでとりわけ注目されるのは、既に述べたことではあるが、独立した意味や秩序の体系に照準することによって記号論的・言語論的都市論への回路を用意していること

である。ところでこの記号論的・言語論的都市論の特質としてしばしば指摘されるのは、政治経済的なものに都市解読のプライマシーを置かないことであるが、その点でいうと、「ある綜合の可能性と要請を引き受け、散乱し、分解し、分裂した状態で現われているものの集合、それも同時性や出会いの形態における集合という目標に向かって方向づけを引き受ける」（Lefebvre 1968=2011: 148）「都市的なるもの」は、以下のような関係性／臨界的位相を示すことで十分に都市論の嚆矢を切り拓いているといえる。

都市的なるものは、欠如のなかとか、貧困のなかとか、たんに可能的なるものにとどまっている諸々の可能的なるもののなかとかに生きている人びとにつきまとう。かくて、綜合とか参加とかが、都市から排除され、《都市的なるもの》から閉め出された参加していない者や統合されていない者や可能的な社会の断片と過去の廃墟のなかで生き続けている人々につきまとうのである（同上：148）。

ここではまさに矛盾と葛藤の弁証法的なプロセスが、日常生活のゆらぎのただなかで、そのゆらぎの波間から立ち上がる創発的な波動に即して示されている。そしてこうした創発性の波動は、ルフェーヴルにあっては、欠如や貧困のなかで限定的な生をおくる人びとが困難やジレンマを抱えながら繰り広げる、単に強制や統御にはおさまらないある種のパフォーマンスとして描かれている。ちなみに、篠原雅武はこのパフォーマンスをアレグザンダーに寄り添って「重なり合い」として読み込み、次のように述べている。

重なり合いを、人間集団という表象を介するのではなく、網の目として生じるものとして捉え直してみる。複数の人間集団が重なり合うというのではなく、人間集団という枠組みとはかかわりのないところで、複数の人間の行為がふるまいとなって発するところに生じてくる網の目状の組織体として重なり合いを捉えていく。重なり合いを、無数の行為が生じ、相互に作用し、触発し、連鎖していくところにおいて形成されるものと考えてみる（篠原 2015: 231）。

とはいえ、ここでいう「重なり合い」は、上述の創発性の単なる言い換えではない。それは、都市は解読のテクストにとどまらず、認識のトポスでもあるとする主張から出てきたものであり、それ自体、身体論的都市論の重要なテーマをなしていることこそが重要なのである。

他方、前掲の吉見俊哉は、みられるようなパフォーマンスを「社会に流通する情報や意味を溢れんばかりに集中させ、交流させ、人々を誘惑し続ける……都市の特性」（吉見 1995b: 145）から派生する都市の祝祭性として読み込んでいる。吉見は、この祝祭性を「一方で群衆が集結し、オブジェが山積みにされ、祭りが繰り広げられ、恐ろしい出来事が突発するような集中性をとらえ、他方では切断された諸空間を中枢的に管理するような集中性をこれに対置する、そうした二重の構造」（同上：147）のなかで浮き彫りにしている。そこでは集中性がきわめて捻じれた形であらわれているが、吉見によれば、それこそが「都市的なるもの」にひそむ魅力と可能性の源泉なのである。

ちなみに、こうした祝祭性は、その後、都市の有する劇場性や自己顕示性とむすびついて「都市の文化生成的な契機」（同上：149）を強調する都市論の中心的な概念として今日まで引き継がれている。(5)

都市論とユートピア的イメージ

もはや繰り返すまでもないが、創発性、祝祭性をメルクマールとする、指摘されるような都市論は、みてきたようにルフェーヴルのいう都市、すなわち密度とともに、集合性の熱気が充満し、そこから相互作用や伝達が広がり、そのことによって、自由な発展や予想外のことが生じ、享楽や社交性、あるいは欲望が一挙に膨れ上がることを可能にする「都市的なるもの」の推転からはじまっている。しかしこれまでは、そうした「都市的なるもの」として言述されてきたものはややもすれば一義的に理解され、ユートピア的イメージとともにあった。ちなみに、前掲のカッツネルソンは、「ルフェーヴルは政治的実践を鼓舞するために、生気を与えるユートピアを生み出すことに腐心している」（Katznelson 1992: 101）と論じている。先に一瞥した「階級なき文化論」という批判も、ある意味でこうした「ユートピア的」というラベリングと響き合っているが、今日、みてきたような都市論にたいしても同列の批判／ラベリングを加える動きが目立っている。

さしあたり問われるのは、そうした批判／ラベリングがルフェーヴルが「都市の生命」と呼んでいるもの、すなわち「出会い、相違の対照、『都市』のなかに共存しているさまざまな生き方や《パターン》の相互的認識や再認識」（Lefebvre 1968=2011: 28）にどこまで迫っているのか、さらに都市論についていうと、それらが示す上述の「相互的認識や再認識」、そしてそれらと深くむすびついた新しい身体感覚やメディアの変容をどう理解しているのかという点である。[(6)] たしかに、都市論がそれらについて「文化の相対的自律性」という認識次元にとどまっているとする指摘は、ある程度首肯しうる。しかしルフェーヴルに限っていうと、先に言及したように、そうした認識には「留保」をつけている。つまり「都市的なるもの」がはらむ集中性の裡に「総体的に自律的な文化形成力」（吉見 1995b: 148）をみるとともに、それが資本主義の展開とともにある全体社会の機制／運動の下にあることを見抜いている。いずれにせよ、今日みられる都市論の少なからぬ部分は、ルフェーヴルの「都市的なるもの」を原拠とすることによって、いくつかの重要な論点を提示しているのである。

むすびにかえて

ルフェーヴルのいう「都市的なるもの」の基層にある認識枠組みが、たとえば、ヤング（Iris M. Young）が示してみせた、都市を多機能の複合した社会的空間ととらえる認識[(7)]（Young 1990）とほぼ同型のものであること、またルフェーヴルのいう「都市的なるもの」が、自らの「正統」を自認する都市社会学と「異端」とされてきた都市論との間にあって、両者を接合する役割を担っていることは、これまで述べてきたところから明らかである。同時により大きなところで、そうした認識枠組みの自己定位と役割遂行がマルクス主義を単に踏襲するのではなく、それを読み替えていく作業の一環としてあることが理解できる。だからこそ、先に言及したルフェーヴルの「都市的なるもの」を色濃く染め上げている方法的特質、すなわち政治経済的なものに都市解読のプライマシーを置かない、いうなれば文化の相対的自律性を認めている、かつ都市そのものを独立した意味や秩序の体系ととらえる立場を、単に「文化論」ととらえてはならないのである（こうした理解はいまなおマルクス主義の陣営において広くみられるが）。

既に述べたように、ルフェーヴルのみてきたような「都市的なるもの」の推転の基層にあるのは、再空間化というテーマ（設定）である。このテーマは空間論的転回とともに立ちあらわれたものであり、それが明らかにしようとしているのは、空間の社会的生産とそこに埋め込まれた創発性であり祝祭性である。そこには、さまざまに分岐した諸主体がぶつかり合いながらなじみ合う、そしてむすびつき、再び分岐を繰り返す弁証法的な過程がひそんでいる。前掲のカッツネルソンは、この過程を注視するルフェーヴルを「現象学への方向転換」に陥っているとみなし、「マルクス主義からの離脱がいよいよ決定的になった」と述べている(8)（Katznelson 1992: 101–102）。詳述はさておき、こうした指摘は、先の「文化論」ととらえる立場と奇妙にも響き合っている。しかしみられるように、ルフェーヴルの「都市的なるもの」の把握は「文化論」を超える射程を有している。

ただ、それは最初に述べたように、現実にないもの、すなわち可能態、潜勢態としてとらえられている。つまり社会形成の方向をあらかじめ想定した上で、文化の相対的自律性を認めながら、都市の総体的把握をめざそうとする立場からうち出されている。そうであってみれば、ポスト・ルフェーヴルの都市論は、新自由主義的な都市環境の下で包摂される「内部」と排除される「外部」がますます激しくせめぎあう都市社会のいまを見据えながら、「都市的なるもの」を推敲し、よりリアルな理論的かつ経験的地平に立つ都市認識として再出発する必要があろう。

最後に、以下のルフェーヴルの言葉を引用して本章を閉じることにする。

弁証法が再び日程にのぼる。しかし、それはもはやマルクスの弁証法ではない。ちょうどマルクスの弁証法がヘーゲルの弁証法ではなかったように。……弁証法は今日もはや歴史的な位置や歴史的時間、換言すればthesis-antithesis-synthesisのような時間のメカニズムにくっついて離れないわけではない。空間を認識すること、すなわち、そこで「生起する」ことと「用いられる」ことを認識することは弁証法を取り戻すことである。分析は空間の矛盾をあばくであろう（Lefebvre 1979: 14, 17）。

【注】

（1）空間への人口の集中や分散といった生態的形態から一元的に社会関係を説明するもので、カステルが「超歴史的な形態による社会的内容の生産という仮説」と呼んだものである（Castells 1977a=1984）。ルフェーヴルは、空間フェティシズムはマルクス主義にみられる還元主義の裏返しの状況にある、とみている。なお、ルフェーヴルはこうした空間フェティシズムを体現している者として、都市計画家や建築家をあげている。かれらは空間が独自の価値をもつと考え、もっぱら空間的要素を〈目的―手段〉体系のなかに位置づけ、計測できるもの（面積とか容積など）、商品として交換可能なものにしか興味を抱いていないというのだ。

（2）ルフェーヴルは、別のところで「空間は、社会的労働の生産物、すなわち生産の――したがって剰余価値形成の――きわめて一般的な対象になったのである」と述べている（Lefebvre 1970=1974: 192）。ここには空間をから三つの帰結、すなわち⑴社会がそれ自体を再生産するのは、部分的に空間を媒介としてである、⑵首尾一貫した空間秩序は社会の支配的な勢力のために資本主義の固有の矛盾をコントロールする、そして⑶生産手段としての資本主義は、部分的に空間をその存続のために必要な社会関係の補強者として用いることによって生きながらえる、という帰結を導いているという（Gottdiener 1985: 123–126）。「第二の産業循環」[*9]ととらえる認識の原認識が伏在している。ゴットディーナーによると、ルフェーヴルはここ

（3）この場合、記号のもたらす意味作用が商品となることによって、（記号が）消費文化のシンボルと化していることに注目している。しかしこれをもって、ルフェーヴルにみられる記号論的アプローチが、それ自体、相対的独自性を有する文化論になっているとするのは、「都市的なるもの」にひそむ両義性を考えるなら、過剰な読み込みといえるかもしれない。ちなみに、ルフェーヴルは「消費社会と呼ばれる社会が……作品とか様式とかの、交換価値への適応」すなわち「文化の商業化」をうながしていると述べ（Lefebvre 1968=2011: 200–211）、消費社会が生み出した記号の果たす交換価値的役割をしっかりと見抜いている。

（4）具体的には、「交換価値のなかに入り、商品のなかに入っている」（Lefevre 1968=2011: 176）、「都市の織り目」にからめとられた自然を取り戻す権利のみならず、「諸々の年齢や性別（女性、子供、老人）の権利、諸々の身分（プロレタリア、農民）の権利、訓練や教育の権利、労働や文化や休息や健康や住居の権利など」（同上：175）が含まれる。

（5）なお、吉見は近年、こうした祝祭性を「まなざしとしての近代」から捉え返し、視覚都市として展開している（吉見 2016）。

（6）ここであらためて重要になってくるのは、言葉であり、ふるまいであり、身振りである。「都市的なるもの」には、それらが多様なままに脱統合的な形で埋め込まれている。ルフェーヴルが「都市的なるもの」を語るときに、前掲の篠原がウェブ（Alex Webb）から引き出す以下のような関係、すなわち「［言葉、ふるまい、身振りにおける］多数の状態、多数の状況、多数の瞬間が……共存し、互いにせめぎあいつつ限定しあう」（篠原 2015: 236）様態に目が向けられている。

（7）ちなみに、ヤングは排除のない社会的差異としての都市が内包する、人びとが新奇なもの、非日常的なものとの出会いを通して得るところの、驚き興奮し、魅せられる経験に熱いまなざしを注いでいる。彼女はそれを都市のエロティシズムとみなしている（Young 1990）。それは先の吉見がフィッシャーの下位文化＝サブカルチャーに見出した祝祭的な契機に通底しているものでもある。

（8）筆者は、こうした指摘には必ずしも与するものではないが、ここで現象学的偏向に陥っているとみなされているフェイズが、ルフェーヴルの疎外論的系譜をひく都市思想から派生（ペイ・オフ）していること、また「マルクス主義からの離脱」の根拠ともされた「美学、社会的なものの経済的なものへの還元は……ひどい誤りであった」（Lefebvre 1978: 292）という、晩年のルフェーヴルの独白が、彼自身のいわゆるシチュアシオニスト的な立ち位置[*10]を継承するものであったことは言及しておく必要があろう。

【用語解説】

＊1 **記号論**　都市そのものを独立した意味や秩序の体系として読み解く立場。そこでは意識と構造の間に一定の対

応関係があるとみなされる。そしてそれをテクストとしてどう解きほぐすかが問われる。記号論の嚆矢はルフェーヴルの「示差的空間」にもとめることができるが、バルト（Roland Barthes）はその範型を示している。バルトは都市を表面ではなく深層においてとらえること、そして人間的意味が横溢していることを発見することを記号論の課題としている。

＊2**身体論**　記号論から派生したもの。都市は解読のテクストにとどまらず、新たな知のシフトをうながす認識のトポスであるとされる。そして身体それ自体が認識装置にほかならないとされる。本章で一瞥したアレグザンダーの立論はこの身体論の代表例である。

＊3**消費社会論**　平たくいうと、都市を舞台に新しい生活様式がみられ、それを管理する消費社会がひろがるというものである。高賃金に支えられた消費ノルムが形成され、資本が労働者の消費財市場を全面的に包摂する成長モデルの危機にたいしてより包括的でフレキシブルな調整様式で対応するとするレギュラシオン・パラダイムは、この消費社会論の一つの傑出したかたちを示している。

＊4**戦闘的ヒューマニズム**　人間主義的なマルクス主義と称されてきたものでもある。ここで指摘しておかなければならないのは、それが護教的なマルクス主義ではないことと、ヒューマニズム的な「全体的人間」のモデルが基調音をなしていたことである。また後述するシチュアシオニストと共振していたことも見逃せない。

＊5**交換価値**　『資本論』では「労働者が働いて労働力を売ったことに対する価値＝賃金」とされている。もう少し一般的な説明をすると、ある財／モノの価値が他の財／モノの一定量と交換することによって決まるというものである。ただし、ここでは交換によって成り立つ同質性の世界をあらわすものとして用いている。

＊6**使用価値**　交換価値の対句としてある。モノはそれが本来もつ属性によって、人間にたいしてさまざまなニーズを与えることができる。そうした有用性の総体のことをいう。もっともここでは、そうした有用性を異質性＝

示差性の世界を表象するものとして用いている。

＊7**日常生活批判**　二〇世紀をほぼ生き抜いたルフェーヴルが常に問題意識の中心に置いてきたもの。ルフェーヴルは豊饒なリズムや多様性とともにあった日常生活が、なし崩し的に起きた国家と市民社会の全体的な一般化とともに、線形的で量的な秩序に席捲されてしまっている事態にたいして、一貫して強い批判をおこなっている。ちなみに、本章でとりあげた「都市的なるもの」も日常生活批判を起点としている。

＊8**「空間の表象」、「表象の空間」、「空間的実践」の循環関係**　『空間の生産』の主テーマ。ルフェーヴルによると、「空間の表象」では、視覚優位の次元でイメージされる抽象的で観念的な空間が位置づけられる。それにたいして「表象の空間」では日常生活を生きる人びとの「からだ」や五感を縁由して立ちあらわれる「生きられた空間」が位置づけられる。そして「空間の表象」と「表象の空間」がせめぎあう／相互に作用しあう動的な関係が「空間的実践」として描かれる。こうした循環関係には何らかの齟齬／乖離がみられるが、ルフェーヴルは、そのこと自体、空間の社会的生産の可能性を示すものとみなしている。

＊9**第二の産業循環**　ルフェーヴルは、資本主義の存続において生産と消費からなる第一の産業循環とともに、空間がきわめて重要な役割をはたす第二の産業循環が不可欠になっているという。ハーヴェイのいう「建造環境」(built environment)の概念は、まさにこの第二の産業循環を立論の基礎に据えている。

＊10**シチュアシオニスト的な立ち位置**　ルフェーヴルの『日常生活批判序説』は、アンテルナシオアナル・シチュアシオニストに多大な影響を及ぼしたといわれている。たしかに時代の課題を見据えながら、瞬間のエピソードによって新しい意味と状況を構築することに理論、実践の両面において深くかかわってきたシチュアシオニストの運動が呈示した文化実践、日常生活に深くねざす活動の全体性を、『日常生活批判序説』は先駆的に示唆していた。ただし、それはプライオリティとして解されるべきではない。

8章　コミュニティ論再考
新しいコミュニティのかたち

アイデンティティは、オープンで、流動的で、複数的で、未決定のものである。――D・ハーヴェイ『コスモポリタニズム』

はじめに

本書の第I部でみたように、シカゴ学派都市社会学は多種多様なエスニック・グループの移民が織りなした都市的世界を社会的実験室として立ちあらわれた。そしてそうした都市的世界においてコミュニティをどう位置づけるかが中心的な争点となった。ところで草創期の議論では、近隣関係としてのコミュニティは、大筋として都市の発展・拡大とともに解体しないまでもやがて衰微するであろうと見なされた。同時に都市の拡大・発展にともなって社会解体がすすむなかで、都市社会学はコミュニティの存続に懐疑的な立場をみせる一方で、小さなコミュニティを理想化する動き／態度に共振していた。このコミュニティの理想化は、元をただせば一九世紀後半から世紀転換期にかけてその没落が決定的となったルーラル・コミュニティの「旧きよき生活」[*1]を懐かしむ「中産階級の挫折の論理」（宇賀博）にねざしていた。

コミュニティを理想化する動き／態度は、都市社会学の展開期を特徴づけることになったサバーバニズム論においてより顕著にあらわれた（第2章参照）。そこにみられた中産階級主導の小都市幻想が理念としてのコミュニティを鼓吹することになった。それは現実の郊外化過程を見えなくし、見えなくしたものを永続化させたという点で、まぎれもなくイデオロギーとしての役割を果たした。しかしこのイデオロギーとしてのコミュニティは、みてきたような都市社会学の出現から展開において固有にあらわれたものではない。

その範型はルソー以降の反都市思想において常に見られたものであり、今日まで引き継がれている。だがイデオロギーとしてのコミュニティは、いまやグローバル化の進展と相まって都市の寛容や多様性にねざさない共同性が出現するなかで、それを読み解くための素材提供およびアジェンダ設定の役割を果たすようになっている。ちなみに、人間が未知のものと出会い、そこに多くの機能が重ねられることによって都市空間の公共性が生まれるとするセネット（Richard Senett）は、親密圏としてのコミュニティを賛美し理想化することは多様性にもとづく公共性を殺ぐことであり、「都市の社会的死」につながるとしている（Sennett 1976=1991）。ヤングもまたセネットのいう未知のものとの出会いや外部との接触を「同じことを強制されないこと」であるとし、それを「差異の承認」と置き換え、そこにこそ都市の都市たるゆえんがあると見なした。彼女によると、コミュニティの規範化はこうした多様性や差異を否定し、排他性や排除という「深刻な政治的帰結」をもたらすという（Young 1990）。

二人の主張はこれまで都市思想の主潮をなしてきた「都市の否定とコミュニティの肯定」という二分法をひっくり返して、都市の「開かれた性格」を都市思想の前面に持ちだした点で注目に値するが、結局のところ二分法の枠内での議論に終わっている。都市が本源的に有する「開かれた性格」は、上記の二分法（その反措定を含めて）を超えて、何よりも新自由主義的な色彩の強い都市経営環境の下で「旧来のガバメントによるトップダウンの統制／統合」と「市場を介しての私化された関係による調整」とが激しくせめぎあう場で明らかにすることがもとめられている（吉原 2014a: 44）。そして当然のことながら、都市から切り離してではなく、それとセットとなって存在する新たなコミュニティ論をつむぎだす方向でこの課題を追求することがもとめられている。イデオロギーとしてのコミュニティを「イデオロギー批判」するという愚におちいらないためにも、このことが必要である。

そこでまず課題を導きだす契機として、とりあえず都市社会学から離れて、社会学一般においてコミュニティがどのように論じられてきたかをみることにする。

1　社会学におけるコミュニティ

コミュニティへの相反するまなざし

コミュニティはまぎれもなく社会学の主要なテーマの一つである。それにもかかわらず、これがコミュニティだと誰もが認めるようなものはない。社会学が社会学者の数だけあるように、コミュニティもまたそれを論じる人の数だけあるといわれる。とはいえ、コミュニティを論じたものとしてしばしば取り上げられる議論はある。たとえば、以下にみるベルとニュービーの論議がそれにあたる。ベルらによると、コミュニティは概ね三つの系、すなわち「地政学的な意味でのコミュニティ」、「ローカルな社会システムとしてのコミュニティ」、そして「感情の交わりとしてのコミュニティ」で捉えることができる。いずれも「近接し共存していること」、「社会集団やローカルな制度組織による、局所的で相対的に境界づけられたシステミックな相互作用」、「メンバー間にみられる人格にもとづく強い紐帯、帰属意識、あたたかさを特徴とする人間同士の結びつき」を基本的属性としている（Bell and Newby 1976）。この論議は、従来のコミュニティの社会学がコミュニティを「地域性」と「連帯性」を二大要件とし、「特定の地域で利益や価値観を共有する人間の集まり」としてとらえてきたとする、アメリカ文化史学者の能登路雅子の論議とほぼ一致している（能登路 1993）。

さてこうした論議では、あえて指摘するまでもないが、定住が自明のものとされており（→定住主義）、その上で「安定的な共属感情／アイデンティティ」と「内的な一体化」が強調されている。しかし考えてみれば、こうした論調は、これまでも散見されたものである。たとえば戦時体制期にナショナリティを草の根レベルから唱道した主張の裡に、そして現代に目を移すと、「安全・安心」がコミュニティ・イッシューを構成するなかであらわれている、**防災隣組**[*2]の設置をよびかけるような動きの裡にみてとることができる。ちなみに、後者についていうと、二〇二〇年の東京オリンピック開催を見据え、安全・安心なまちづくりが防災と防犯とがセットになった状態で展開されている。同時にそこでは、衰退するコミュニティの再編を町内会にたいするテコ入れを介しておこなおうとする意図が見え隠れしている。そうした点でまた、一見、復古的にみえる「隣組」といったネーミング[1]が権力の意志を明確に伝えている。だからこそ、社会学ではコミュニティにたいして深い危惧を抱く論調が常に存在したし、いまも存在するのである。だが、そうした論議／論調は、社会学もしくはその周辺では、どちらかというと近代の町内会体制に向けられ、社会統合のメディアとしてあった同質性／同質化のメカニズムに照準を合わせてきた。

もっとも社会学的論議から少し目を逸らすと、コミュニティを先の三つの系でとらえるものばかりではないし、（コミュニティを）いわゆる「閉じられたもの」としてネガティヴにみるものばかりでもないことがわかる。たとえば、デランティ（Gerard Delanty）は、「地域性」＝近接性と単一のアイデンティティを絶対視するコミュニティのとらえ方はもはやリアリティがないと言う。それに代わって、デランティがコミュニティの中心に据えるのは、複数のアイデンティティに根ざす対話的な「共同性」である（Delanty 2003=2006）。前掲の能登路の場合、コミュニティそのものよりはその変動の方向に関心を示し、地理的境界とコミュニティ意識の境界が一致しなくなる過程、すなわち「地域性」が徐々に後にしりぞき、「連帯性」が前に出てくる過程に注目している。そしてベンダーの立場に依拠しながら（Bender 1978）、コミュニティを「相互依存と情緒的絆を特徴とする社会関係のネットワーク」と見なす。こうして、「連帯性」がコミュニティの基本的な要件となる。デランティの主張と能登路の主張は細部において必ずしも一致しているわけではないが、コミュニティを「閉じられたもの」に回収してしまう議論に一線を画するという点では共振している。

「開かれたもの」と「閉じられたもの」の両義性

デランティや能登路とは別に、日本のコミュニティの原型を町内／近隣にみて、それを必ずしも「閉じられたもの」に一元化しない論議も存在する。たとえば、ベルク（Augustin Berque）は、日本の近隣の基底には人と人とが相互に喚び合う位相的関係が伏在しており[2]、日本の近隣が内に閉じられていて、「同じであること」を強いられるという通説は必ずしもあてはまらないという。むしろ階級、職業が混在していて、信条も雑多であること、そしてそのことが「生活の共同」の場面において障害にならないのが日本の近隣の特徴だというのである。ベルクによると、その要因は、その場その場の状況にしたがうという「場の規範」、目に見える人間関係による黙契のようなものが機能していることにもとめられる（Berque 1986=1988）。こうした「場の規範」＝黙契への着目には、あきらかに近隣に内在する「開かれたもの」へのまなざしが活きづいている。同時に、その「開かれたもの」には、容易に「閉じられたもの」へと転成／反転する契機を宿している。この点について、筆者は別のところで次のように述べた。

（「場の状況」＝黙契は）生活上の接触に根ざす共感によって媒介されているとはいえ、いやむしろそうであればこそ、人間関係の可視的な広がり、つまり人の姿をとらえることのできる範囲／規模（＝領域性）にとどまらざるを得ない。そして結果的に、明確な境界に囲い込まれた人間関係を下地とする秩序形成が行動面での高度な同質性をもたらすことになる（吉原 2011b: 143）。

一つの例を示そう。先の戦時体制期に、身分とか階層、あるいは職業などの違いを相対化する上述の近隣のもつ可能性は、戦争遂行のための上からの均質化（グライヒシャルツウンク）[3]／平準化の動きに取り込まれ（雨宮 1997）、町内会構成員が「領域的なもの」へと統合された。そしてその結果、「異なる他者」を排除し、同調性を強いる集団主義が社会のすみずみまでゆきわたることになった。このようにして「草の根」[*3]の戦争への動員がおこなわれることになった。この例からも窺いしることができるように、近隣は歴史のおりおりにおいて両義性をみせている。つまり「閉じられたもの」と「開かれたもの」はつねに「コインの両面」としてあり、互換性を有していたのである。

ここで想起されるのは、かつて社会学において一大争点となった町内会論争である。そこでは、近代における町内会体制が垂直的な権力システム（ガバメント）にからめとられていたことへの着目からはじまってそれを近隣一般に適用しようとする論議と、近隣にベルク流の「場の状況」、すなわち「間（ま）」の論理をみてそれが近代の町内会体制を貫いていたとする論議が鋭く対立した。筆者は最初の論議を「近代化論」[*4]、後の論議を「文化型論」[*5]と整理したが[4]（吉原 2000）、明らかに前者は「閉じられたもの」に、後者は「開かれたもの」に力点を置いている。だが結局のところ、両者は「遠くて近い」関係にあったのである。なぜなら、いずれも先に触れた近隣の両義性に目を閉ざしていたからである。両者に違いがあるとすれば、町内会を歴史的な位相でみるかそれとも超歴史的な位相でみるか（ソシュール流にいうと、通時的にとらえるか共時的にとらえるか）である。

さて話を少し前に戻そう。要するに、社会学的論議から問われているのは、コミュニティにひそんでいる「開かれたもの」の可能性を、それがつねに「閉じられたもの」への転成の契機を宿していることを見据えながら、しかも「文化型論」にみられるような本質主義的規定に陥らずに、コミュニティを構成する諸主体のつながりや流動的な相互連関がより大きなもの、あるいは異なったものへとつながっていく脈絡において示すことである。そこで次に、こうした課題を少しでも明晰にするために、ジェイコブズ（Jane B. Jacobs）の近隣にたいする多様性／異質性認識をみることにしよう。

2　ジェイコブズの「新しい近隣」

近隣における多様性／「ちがい」

ジェイコブズは『アメリカの大都市の死と生』の著者として広く知られている。その彼女の都市観の要をなしているのが近隣である。ジェイコブズによると、これまで近隣という言葉は、「自己完結的または内向的な単位」であり、「『一体感』を持つ保護された孤島」という意味で用いられてきたという（Jacobs 1961=2010: 136, 162）。まさに近隣において、内に閉じられた同一性／単一のアイデンティティのメカニズムを見出すというのが常であった、というのだ。同時に、ジェイコブズにとって、近隣はさまざまな集団や利害が交流し関係を取り結んでいく単位としてあり、そこでは「隣人たちが大きな違いを持つこと」が何よりも重要なのである（同上：90）。ジェイコブズは、この違いを「はっきりしたユニットとして区切るような始まりも終わりもない」（同上：142）連続体、そして単調さ、機能的なまとまりには回収されない「ちがい」であると表現している。こうして人びとの交わりを生きたものにする多様性の源を掘り当てるのであるが、さらに、そうした「ちがい」から「自己完結的な居住地域内での異なる小さな集団同士」の人間関係に還元されない「飛び石式の人間関係」が「偶発的に形成される」ことに目を向けている（同上：157）。

ともあれ、このようにして多様性／「ちがい」への認識からはじまって、「偶発性」に媒介された近隣に根ざす、「異なった者」たちが他者として向き合う「異他的な人間関係」のネットワークへと論が展開されているが、圧巻は、その過程において街路レベルの秩序を以下のような踊りになぞらえていることである。

> 全員が一斉に足をあげて、揃ってくるくるまわり、一斉にお辞儀をするような単調で高精度の踊りではなく、個々の踊り手やアンサンブルが別々のパートを担いつつ、それが奇跡のようにお互いに強化し合い、秩序だった全体を構成するような、複雑なバレエ（同上：67．但し、引用は訳文通りではない）。

「新しい近隣」と非排除性／非同質性

ジェイコブズの慧眼は、こうした「複雑なバレエ」を見据えながら、「多くの人々は、ある地理空間の断片を共有するという以外には、ほとんど共通するものがありません」、だから地区間をまたがるところで「入り組んだ、でもちがった人間関係が成長しなくてはならない」（同上：156-157）と述べていることである。ジョンソン（Steven Johnson）によると、そこにおいて見知らぬ人びとの「ランダムな局所的な相互作用がグローバルな秩序をもたらす」（Johnson 2001=2004: 97）ことが示されている点、すなわち「新しい即興」[*6]としての近隣の物語をみてとることができる点に、『アメリカ大都市の死と生』のかぎりない魅力があるという。筆者もまたこの指摘に賛同するが、何よりもそこに「創発性」に関する原初的な認識がひそんでいることに注目している。この点は、後ほどやや詳しく展開するが、ここではさしあたり、ジェイコブズの以上概観した見方の裡に調和を重んじる行動ではなく、むしろさまざまな生き方を許容する、非排除性／非同質性を基調とする「場／形式としての近隣」が位置づけられていることを確認しておきたい。

そうしたジェイコブズのいう近隣を先に触れた通説としての近隣と区別して「新しい近隣」と呼ぶなら、それは物理的な近接性／隣接性に決して回収されない「隣り合うこと」を意味している。アーレント（Hannah Arendt）——齋藤純一に依拠するなら、この「新しい近隣」は、同一性によってではなく、「相互性」によって媒介される「共同性」＝「公共性」に根ざすものである（齋藤 2000; 2008）。だからこそ、「新しい近隣」では、「隣り合うこと」が「外に開かれたもの」としてあり、多様性／複数性、換言すると、非排除性／非同質性によって特徴づけられるのである。詳述はさておき、この非排除性／同質性を先験的(ア・プリオリ)に含み込んでいるのがベルクのいう人と人との位相的関係↓通態(トラジェ)である。しかしそれは近代主義のもとでゆがめられてきた。ちなみに、ベルクによると、通態は「風土を構成する諸項間の『相互作用』（ピアジェ）として、またそれらの項のあるものから他のものへの『可逆的往来』（デュラン）として考察」（Berque 1986=1988: 161）することができるという。そしてそれが注目されるのは、「ある状態、または特性の概念」でもありながら、同時に「トラジェクションというプロセス」でもあるからだという。まさに「時空のうちで、物質的と非物質的な移転が動的に同時に発生することを示す」点に通態の本髄があるといえる（同上：166）。「新しい近隣」は、まさにこの通態の再発見のうえにあるのである。

さてここまで述べてきてあらためて気になるのは、みられるような「新しい近隣」に伏在する、「偶発性」とともにある「創発性」のメカニズムである。ちなみに、前出のジョンソンは先に一瞥したジェイコブズの近隣への多様性／複数性認識には「創発性」にたいする慧眼がひそんでいる、という（Johnson 2001=2004）。筆者もまた、「新しい近隣」には「創発するコミュニティ」の始原的な「かたち」をみることができると考えている。だが「新しい近隣」に見出すことのできる「創発性」のメカニズムは未だ明示的な「かたち」ではあらわれていないように思われる。

そこで次節では、ここで「創発性」／「創発するコミュニティ」として言及しているものを明らかにするとともに、それが具体的にどのような「かたち」であらわれうるのかを示すことにする。

3 「創発するコミュニティ」と節合のメカニズム

アーリと「創発性」

筆者の知るかぎりでは、この間、「創発性」について先頭に立って議論しているのは、アーリである。アーリによると、「事物は互いとの関係のなかで自らの意味を見出し、そして、事物のつながりの相互性が、それらが何であるのか、どのようにあるのかを構成している」とするジンメルの**社会化認識**[*7]を通して、創発性についての原初的な認識を得ることができる、という（Urry 2007=2015）。それでは、アーリは「創発性」についてどのように考えているのであろうか。それに関する言説を約言すると、さしあたり次のようになる。

（創発性とは）あらゆる種類の現象にみられる「集合的な特性」のことであり、「システムの構成要素がそれらの間の相互作用を通して『おのずから』……創り出す」ものである。ところで、ここでいう集合的な特性は、それが「おのれの構成要素を越えるような、振る舞いの規則性」をはらんでいること、しかもそれが「（構成要素の）合計がその部分部分のサイズよりも大きくなるというのではなく、その部分とは何かしら異なるシステム効果が存在する」という点に鍵がある。つまり、

「多数のものは少数のものとは違った振る舞いをみせるがゆえに量の多なるは質の異なり」になるということが重要なのである。この集合的特性をメルクマールとして、「さまざまな種類のつながりが交互に並び合い、交わり合い、結び合い……全体の織地が決まる」（それ自体、「不均等で平衡から遠く離れた相互依存プロセスの諸集合としてある）という「創発」の基礎的過程が描述されるのである（吉原 2015: 440）。

ここで中心的な論点となるのは、「相互依存プロセス」、すなわち、相互作用のありようをどう理解するかであるが、アーリによると、指摘されるような相互作用が「多様で重なり合った……ネットワークと流動体を通じてリレーされ、実にさまざまな時間スケール上に広がってゆく」（Urry 2003=2014: 141–142）点に創発性の最大の特徴があるという。ちなみに、常に流動的であり、動的に不安定であることをメルクマールとするこの「創発性」に全面的に共鳴しているのが河野哲也である。河野は、世界に存在する諸々のものが多元的かつ入れ子状をなして並び合うことに伴って「創発性」が生じると説明する。そして「創発性」の特性を、「下にあるもの」が「上にあるもの」にそのまま移る(スライド)のでもなければ、「上にあるもの」が「下にあるもの」に直接立ち返るのでもない点に見出している（河野 2008）。この河野の指摘は、先のアーリの約言と符合している。要は、「創発性」によって「交互に並び合い、交わり合い、結び合う」多種多様なつながりがさまざまな方向性を宿していること、換言するなら、どこからともなく脈絡なくあらわれ、そうしたものがリゾーム状に広がっていくことが示され得るのである。

サロンにみる「創発性」

筆者は、このような「創発性」の原型を、3・11以降、原発事故被災地にあらわれたサロンに観ている[5]。このサロンについては拙著（吉原 2013b）で詳述しているのでここでは繰り返し述べることはしないが、そこで注目されるのは、お茶会や趣味の会や小さな祝祭などに参加する者たちが、同質的で境界がはっきりしている「国策自治会」[6]（国の指示の下に行政主導で組織された仮設住宅の自治会）に動員されるのとは違って、多様なアイデンティティを保ちながら対面的な相互行為を繰り広げていることである。それは矛盾をはらみつつ他者と緩やかにつながり、外部の世界と接点をもつことによって、自分たちがいまどういうところにいて、社会にどうきりむすばれているのかについての共通理解を生みだすことになる。そしてこの共通理解とともに、具体的な他者の生への配慮（＝思いやり）にもとづく関係性ができあがり、それがある種の集合性へと発展していく。しかしこの関係性／集合性は、デランダ（Manuel DeLanda）に倣って言うと「はかない集合体」である（DeLanda 2006=2015: 52）。篠原雅武は、それをアーレントのいう「網の目」に置き換えて次のように述べている。

重なり合いを、人間集団という表象を介するのではなく、網の目として生じるものとして捉え直してみる。複数の人間集団が重なり合うというのではなく、人間集団という枠組みとはかかわりのないところで、複数の人間の行為がふるまいとなって発するところに生じてくる網の目状の組織体として重なり合いを捉えていく。重なり合いを、無数の行為が生じ、相互に作用し、触発し、連鎖していくところにおいて形成されるものと考えてみる（篠原 2015: 231）。

むろん、こうした「網の目」としての関係性／集合性は、つねに差異やジレンマを伴い領域がはっきりしない。それゆえいつ壊れてもおかしくない。実際、参加者たちは自由に出たり入ったりしている。でも、そうした関係性／集合性を持続させることによって、参加者たちが自分たちの置かれている状況を理解し、相対化するための可能性／潜勢力をはぐくむことになる。

「節合」のメカニズム

こうしてみると、「創発性」にねざすコミュニティ、すなわち「創発するコミュニティ」は、何よりも混沌としてうごめく世界、つまり「十分に秩序づけられ平衡に向かうこともなければ、永続的なアナーキーに至ることもない」（吉原 2015: 441）世界に足を下ろしていることがわかる。そしてそうであればこそ、「創発するコミュニティ」は常に生成途上（becoming）のものとしてあるのである。実は、この生成という文脈において浮き彫りになるのが「節合」（articulation）のメカニズムである。

この節合の原初的な「かたち」は、既述したベルクのいう位相的関係／通態、すなわち「ある程度まで一方が他方に入り込んで適合する」（Berque 1986=1988: 309）関係、および前掲の河野が生態心理学の基底的概念であるアフォーダンス[7]にかかわって着目する、「自分の振る舞いが環境に変化を引き起こし、その変化が再帰的に自分に与える循環的過程」（河野 2008: 244）のうちに見出される。とはいえ、節合という概念自体は未だ完成されたものではない。近年になって、それを体系的に整理しているのがラクラウ（Ernest Laclau）とムフ（Chantal Mouffe）である。

節合という概念は、もともと言語活動／現象を説明するために用いられてきたものである。[(8)] ラクラウ*8らは、これを制度や組織の変容をうながすような社会的実践の文脈で用いている。ラクラウらのいう節合は平たく言うと、ある一つの主体が「特権的主体」としてあるのではなく、諸々の主体がおのおののアイデンティティを変容させながら、諸要素のあいだの関係を打ち立てること、すなわち諸要素を新しい構成へと作りかえることを意味している（Laclau and Mouffe 1985=2000）。そうした点で、節合はまさに社会的実践の文脈でたちあらわれるのだが、その場合にとりわけ注目されるのは、個人の多様なアイデンティティが節合実践そのもののなかで「事後的」に構築されるという点である。つまり、節合は自然に生じたり現われたりするものではなく、あくまでも「構築される」ものとしてあるのである。ここで重要なことは、システム内の諸要素がゆらぎのなかでとらえられ、したがってアイデンティティもまた固定的なものではなく、偶発性のなかに置かれていることである。換言するなら、構築されるはずの集合的アイデンティティ＝集合的意思は異なった諸契機のなかから、対他的で緊張をはらんだ関係を通してあらわれることである。

こうしてみると、指摘されるような節合をメディアとして立ちあらわれる「創発するコミュニティ」が何よりも「ア・プリオリに人を選ばない」こと、そして「脱領域をベースに「相同せずに」『つなぐこと』へのこだわりによって成り立っている」（吉原 2011: 51）ことが確認できる。そしてそこから再び、先に一瞥したジェイコブズおよびデランティ、とりわけ後者の議論があらたな意味合いを帯びて浮上してくるのである。デランティは、先の議論において、単一の帰属対象を想定しない対話的なコミュニティを提唱しているが、その核となるものとして「利己的な私利や社会的人格概念には還元できない」（Delanty 2003=2006: 167）ものをあげている。次節では、そこで想到されているものを少し広い文脈で検討することにしよう。というのも、それは本章で考えるオルタナティヴ・コミュニティ（↓「もうひとつのコミュニティ」）の推敲にとって不可欠である、と思われるからだ。

4　あらたな社会史の位相

「情動的な紐帯」をさぐる

ムフ[*9]は、デランティが指摘する「利己的な私利や社会的人格概念に還元できない」ものに関連して興味深い捉え方をしている。ムフによると、「ポスト政治的」な論題の設定において、利害の計算と道徳的な討議のみに依拠するといった由々しき動きが見られるという。ムフはそうした動きを重大な錯誤として捉えている。ちなみに、そうした動きにたいしてムフは、かりに「政治的なもの」が集合的アイデンティティ＝集合的意思の構築によって達成されるとするなら、そこには人びとに自らの経験を理解させ、将来への希望を抱かせるような何らかの契機が埋め込まれなければならないと主張する。それをムフは「情動的な紐帯」といっているが、こうした「情動的な紐帯」は諸価値や諸利害の間で一致点をさぐったり、共通の善について語ったりすることには決して還元されないのである（Mouffe 2005=2008）。この「情動的な紐帯」は、先に一瞥したサロンに立ち返っていうと、病気による「苦しみ」や「悩み」、家族や人間関係の「ゆらぎ」や「綻び」、さらに差別され、排除されてきた経験を「異なる他者」と語り合うことによって作りだされている。気にせず話し合うことができる、無視されない、自分が幾度も味わってきた感覚を知ってもらえることによって、被災者としてのアイデンティティの形成に厚みが加わる。

ところで、前出のデランティは、人と人とが日常的生活者として向き合う「存在論的世界」において生じるこうした「情動的な紐帯」を、自らの経験を理解し、将来に希望を抱くといった、個人の自己実現レベルのものとして捉え返している。そしてそれをいまや過去のものとなりつつある「新しい社会運動」[9]に準拠して解明しようとする。とすれば、それらが隆盛をきわめた時点に立ち返って、感情や集合的メンタリティの構造の内部に立ち入りながら微細に記述する方法がもとめられることになるだろう。つまり、社会史の位相に分け入って検討することが必要になるのである。

あらたな社会史の位相

ところで、この社会史の位相を明らかにするには、先に触れた「新しい近隣」にもう一度立ち戻る必要がある。「新しい近隣」が歴史貫通的な地層に根ざしていることについては、先にベルクの議論等を引用するなかで示唆した。したがってあらためて社会史の位相でそのありようを検討することが避けられないが、「新しい近隣」の構造的文脈をさぐる上でもそれが不可欠となっている。ちなみに、いま「新しい近隣」のありようを考えるにあたって、今日、生活の必需品や教育や自然などの「共」が一方で個人や家族、他方で企業やネーションなどによって排他的に占有されている状況（そうした意味でまさに自壊する共同性ができあがっている）をしっかりと見据える必要がある。なぜなら、そうした状況下で、上述の「共」を、「公」を奪い返し拡大しながら再領有するということが最重要課題の一つとなっているからだ。でも、「共」に寄り添いながら、公権力に抗しつつ「公」（→「新しい公共」[*10]）を広げていくことは、けっして容易なことではない。

こうした課題に向き合うにあたって、何よりもまず、社会にたいして物象化を阻止する運動を埋め込むこと、そしてそのための初期的な条件としてみてきたような節合的実践、すなわち見知らぬ人びとが自由にしかも示差的に出会い、緊張をはらんだ関係性の上に社会的アイデンティティを再構築する実践がもとめられる。またそうであるからこそ、いまや社会民主主義的と揶揄されるまでになっている福祉国家が上述の脱物象化の運動とどうかかわってきたのか、あるいはかかわってこなかったのかについて検証することが必要になってくる[(10)]。かりに福祉国家が脱商品化を制限してきたとするなら、それが人びとの欲望や幻想をどのような「かたち」で喚起し、それらをどのようにして資本の論理に組み込んできたのかを明らかにする必要があろう。新自由主義の旋風が吹き荒れるなかで福祉国家が過去のものと語られる今であればこそ、そのことを社会史の位相で検討すべきであろう。

重要なことは、こうした社会史の位相で「いま」をみること、そしてそのことを通してここでとりあげた「情動的な紐帯」や福祉国家などにたいする再評価の視点を確立することである。そのことは、みてきたような節合、そして「創発するコミュニティ」の議論がリアリティを獲得するうえでも欠かせない。同時に、そのことによって、先に言及した「共」の再領有化をまたげるような、一方でネーション、他方で家族や個人へと分断された共同性（→自壊する共同性）に導かれることがないよう留意する必要がある。ともあれ、節合、そして「創発するコミュニティ」の根底にある「非常に厚みのある共存的な相互作用を特徴とする近接性」と「とめどなくフローする……ネットワーク」（Urry 2000=2006: 246）にひそむ可能性をしっかりと見据えなければならない。

むすびにかえて

社会史の地層をかいくぐって立ち上がってくるコミュニティの位相は、きわめて両義的な性格を帯びている。コミュニティをごく単純化して諸要素／主体の関係性という次元でとらえると、内に閉じていくベクトルと外に開かれていくベクトルに引き裂かれていることがわかる。換言するなら、諸要素／主体を固定化しようとする力学と不安定化しようとする力学が激しくせめぎあっている。本章は、「新しい近隣」からはじまって「創発するコミュニティ」、そして節合へと視軸を移動してきたが、あきらかにコミュニティを不安定で、外に開かれたものととらえる側に立っている。その点で、社会学的コミュニティ論の主流が担保してきた、安定した地域性と共同性、そして完全に充溢したアイデンティティに力点をおく論調とはまぎれもなく一線を画している。とはいえ、それは上記した「もう一方の側」の論調とまったく響き合わないというのではない。

ちなみに、近年、社会保障制度の再整備に向けて「ナショナルなもの」を召喚し、社会統合のメディアとしてナショナリティの意義を強調するリベラル・ナショナリズム論が広がっている。それは、コミュニティをナショナリティに回収する上で大きな役割を果たしている（吉原 2013a）。同時に、「ナショナルなもの」／ナショナリティを個人の権利＝自由に重ね合わせることによって、節合とは異なる「かたち」でコミュニティが外に開かれた回路を生みだす可能性があることを示している。ここで注目されるのは、明らかに閉じられたものを基本にしているにもかかわらず、それが外に開かれたコミュニティを生み出す契機にもなっていることを示唆していることである。こうしたリベラル・ナショナリズム論にとって、あらかじめ構造をもっていて、どのような位置を占めているかによって自己や他者が決まってしまう共同体[11]はもはや絶対的な要件とはならないのである。

いずれにせよ、ここで指摘したいのは、「内在に還ることなく、『外』に向かって開かれている」（Blanchot 1983=1984: 185）関係の構造がさまざまな動線（の交わり）のうえにあるということである。実際、本章では、異質なものとの出会い＝「対話」を通してゆらぎながら動的な関係を築きあげていくサロンに、節合の一つの「かたち」、そして「創発するコミュニティ」の一つのタイプをみているわけであるが、考えてみれば、それらは高度に偶発的で流動的で不安定的であり、現在進行形のものとしてある。まさに「コミュニティ・オン・ザ・ムーブ」としてあるのだ。いうまでもなく、そこにはみてきたような節合に媒介されているようにみえながら、「統治」（ガバメント）の枠組みにすっかりおさまっているコミュニティも含まれる。そうなると、「『外』に向かって開かれている」ことが実は「全体に統合されている」ということになる。ここで取りあげたサロンはかぎりなく不安定であり不定形であるが、その先にこうした事態が生じないという保証はまったくないのである。ともあれ、人びとが「ふれあい」、「語り合い」、「聞き合う」ことを通して「相互に関係を持つ」ことが数えきれないほどの可能性と課題をもつことは明らかである。

本章の執筆は、冒頭でも言及したように、もともとイデオロギーとしてのコミュニティを「イデオロギー批判」するという愚を回避するためにどうすればいいかという問題意識からはじまっている。けれども結局のところ、緩やかに構造化され、さまざまな意味を紡ぎだしているコミュニティの一つの「かたち」を示すことで終わっている。このコミュニティの「かたち」は当然のことながら、ジェイコブズによって都市が本源的に有するものと見なされた非排除性／非同質性の内実に立ちかえって、そしてそれをゆがめている現代社会のネーションの変容にかかわらせて検証されるべきであるが、それは未遂の課題として残った。それについてはいずれ時機をみて果たしたい、と考えている。

最後に一言、都市の「匿名性」に熱いまなざしを向けるセネットより引用する。

共有される物語を欠いた状態で、人びとはますます非人称的な観点に立って自らの生の息吹を吹き込まねばならなくなった。——R・セネット『気になるまなざし』

【注】

（1）隣組は長い間、近隣者の間で見られる相互扶助機能を有する自発的な集団とされてきたが、近代になって、上位にある政治権力から発せられる命令を伝達する制度として果たしてきた役割、とりわけ総力戦体制期に果たしたその機能に注目して、「隣組」という名称を用いることが多くなっている。

（2）それはその場その場の状況に合わせながら雑然と規範を汲み上げていく際の、いわば媒質（メディウム）としての人と人との「あいだ」に照準を合わせているが、ベルクはこの位相的関係のうちに「日本の社会が……仲介ということを、またその動作主体となる象徴的第三者を、きわめて重視している」（Berque 1986=1988: 307-309）ことを見出している。詳述はさておき、ベルクはこの位相的関係が「創発性」の社会・文化構造の一つの「かたち」を示しているというのである。

（3）雨宮昭一は、この均質化という概念をもって戦時体制と戦後体制の連続と非連続の地平をあさらかにしている。それはさておき、この時期に上から強制的におこなわれたコミュニティの均質化が戦後のおりおりにおいて見られた町内会の行政的起用の基盤形成の役割をになったことは否定できない。この点については、吉原（2004）を参照されたい。

（4）この論争は、いまから考えてみると、個別ディシプリンを越えてインパクトをおよぼす可能性があった。一つはコミュニティを通時的にみるか共時的にみるか、そしていま一つは「構造」に力点を置いて論じるかそれとも「機能」に力点を置いて論じるかをめぐって、きわめてスケールの大きい議論へと展開する可能性をはらんでいた。しかし結局は、都市社会学のちいさな世界の「できごと」で終わった。その一因として、論争の担い手たちが包括的な歴史認識を持ちあわせていなかったことがあげられよう。

（5）ここでは、紙幅の関係でサロンについては走り抜けの記述に終わらざるを得ない。詳細は吉原（2013b: 第5章）および吉原（2014a）を参照されたい。またサロンそのものの位置づけにはかなりの違いがあるが、大熊町以外の広域避難者が各所で開いているサロンの動向については、松本（2015）が参考になる。

（6）国交省は二〇一一年三月末、大臣通達で被災地自治体にたいして仮設住宅に自治会を結成するよう呼びかけている。それに呼応するかのように、大熊町では会津若松の一二の仮設住宅に自治会がいちはやく結成された。興味深いのは、一二の仮設住宅には、旧行政区毎に避難者が入居し、元あるコミュニティの同質性が維持されたことである。「国策自治会」というネーミングは、こうした経緯を踏まえたうえでのことである。

（7）もともとギブソン（James J. Gibson）が提唱したアフォーダンスの概念は、環境を所与のものと捉えるのではなく、物と動物のありよう、つまり人間や動物が物に影響を与え、それがフィードバックすることによって動作や感情が生じると見なすものである（Gibson 1979=1986）。

（8）ソシュール（Ferdinand de Saussure）によると、節合はラテン語で肢体、部分、そしてひと続きの物の細分を意味するarticulusに由来するものである。そのことを踏まえたうえで、ソシュールは「言連鎖を音節へと細分すること」と「意義の連鎖を意義単位へと細分すること」の両方からなるものとして節合をとらえている（Saussure 1916=1994）。

（9）天野正子は「新しい社会運動」の特徴を、以下の三点、すなわち①高度産業社会の周辺部に位置する人びと、②「アイデンティティ」「自主管理」「自己決定」などがキーワードとなる、生きる上での全体性が運動の争点となり、そして③一人ひとり自分の判断で行動する個人間のネットワーク型組織が運動の方法になっている点にもとめる（天野 1996）。だが、脱組織的で非継続的であるゆえに、「新しい社会運動」が持続性を欠き、いわゆる多産多死の状態に陥りやすい点については、既に多くの論者によって指摘されているところである。

(10)　この点について最も鋭く議論しているのはネグリ（Antonio Negri）とハート（Michael Hardt）である。彼らは、福祉国家がかれらのいう「生政治的生産」を副次的なものにしてきたと批判している。ちなみに、ネグリとハートのいうマルチチュード[*11]には、資本の論理から自立した形で、互いに差異を認めながらコミュニケートし、「共」の生産活動をおこなう「経済的」側面とネットワーク状組織へと移行していく「政治的」側面がある。生政治的生産とは前者の側面のことをさしている（Hardt and Negri 2004=2005）。

(11)　西田幾多郎の場所論には、こうした共同体とそうした共同体を向こうにおいて個人が絶対に差異を解消することのできない他者である彼や彼女と出会う場が複眼的に見据えられている（西田 1987）。とはいえ、リベラル・ナショナリズム論と比較してみると、リベラル・ナショナリズム論が今述べたように閉じられたものを基本にして開かれたものへと視界を広げているのにたいして、西田の場合、開かれたものに力点を置いて閉じられたものをみているといった明確な違いがある。

【用語解説】

＊1 **旧きよき生活**　中産階級にとって「旧きよき生活」は、「責任ある市民による自治」という政治原理の下に展開される「親しい隣人による緩やかな小社会」においてこそみられるものであり、それこそが伝統的な価値体系を担保するものであった。

＊2 **防災隣組**　東京都では地域で防災活動を行う団体を「防災隣組」として認定しているが、年次ごとにこの認定団体を増やし、「点から面への展開」を図ろうとしている。そこでは「地域の防災活動をつなげる」というフォーマルな理由／目的の他に、衰退する町内会・自治会を再編するという意図が見え隠れしている。

＊3**草の根**　もともとは「民衆一人ひとり」のことをさすが、長い間、そこにねざす政治文化のありようが取りざたされてきた。ちなみに、アメリカでは概して草の根民主主義という文脈で論じられることが多かったが、日本ではどちらかというと草の根保守主義という文脈で論議されがちであった。なお、草の根をcommunity basedの位相でとらえ返すと、草の根民主主義と草の根保守主義は対立するよりはむしろ共振するといえよう。

＊4**近代化論**　町内会をいわば非自発的市民を丸抱え的に包絡する伝統的共同体の原基とみなし、その存続の裡に日本社会におけるプレモダンないし封建遺制の残存をみるという立場。ここでは明らかに、ある一定の目的的機能を有することを基本的特性とする「アソシエーション」概念を準拠枠としている。

＊5**文化型論**　町内会という集団形式の遍在性、継続性を重視する視角から、町内会を日本人のもつ基本的な集団の型の一つ、つまり文化の一類型ととらえる立場。この立場は「近代化論」からすれば、共時的特性を過度に強調しているということになるが、生活の内側からアン・ジヒ（即自的）に形成されてくる地縁組織の存立基盤の解明に有益である。

＊6**新しい即興**　ジェイコブズの含意では、一定の枠や前提のもとで、つまり近隣が多様性を担保しているという条件下で、そしてその場の成り行きで、ある種の行為＝相互作用のかたちができあがることをいう。ここでは即興が「偶発性」（contingency）として言及されている。

＊7**社会化認識**　ジンメルの「社会化」（Vergesellschaftung/sociation）概念は、ひと言でいうと、客体的な社会を断念するところから始まっている。つまり客体的な社会を措定しないで、人と人との間で継起的に生じる相互作用がもたらす動的な形態に照準を合わせている。

＊8**ラクラウ**　一九三五年、アルゼンチンに生まれる。二〇一四年没。政治理論・政治思想家。ポスト・マルクス主義の旗手。ラディカル・デモクラシーの推進者としても広く知られている。

＊9**ムフ**　一九四三年、ベルギーに生まれる。政治学者。グラムシアンの一人であり、民主主義のラディカルな再審とともに、「政治的なるもの」の領域設定につとめている。また闘技的多元主義の構想を提起し、斯界のポレミークな議論を牽引している。

＊10**新しい公共**　いわゆる新自由主義的な政策環境のもとで、一方で「公」の削減、他方で「私」の個人化がすすみ、「公」と「私」の間に生じた「すきま」をどう埋めるかが大きな課題となっている。そこで登場してきたのが、「公」と「私」の相互浸透をうながし、市民・地域住民の自律的な活動をささえる新しい公共という枠組み／領域である。それは市民・地域住民の側に立てば、「私」のありようを再帰的に見直し、「公」を取り返すことによって、「共」＝「市民社会」の確立を可能にするものであるといえるが、同時に、そうした新しい公共の「制度化」によって「公」に代わる「官」が肥大化する惧れも出てきている。そこでは何よりも、自律的人格の確保と地域自治をどう埋め込むかが問われている。

＊11**マルチチュード**　近年、ネグリとハートによるスピノザ（Baruch De Spinoza）の再読み込みのなかで立ち上がってきた概念。もともとは多数とか群衆といった含意で用いられていたが、前掲のネグリらを通して、外部をもたない新しい世界である「帝国」を向こうにして、これに対抗する、国境を越えるネットワークにもとづく権力として提唱されている。グローバルな民主主義の実現に欠かせないものとされている。

III

現代都市の課題をさぐる

9章 「遠くて近い」東南アジアの都市

未来はすでにここにある、だがそれは社会のあらゆるところに均一には分散していないのだ。——A・ギャロウェイ「プロトコル」

はじめに

旅は人生のようなものである、といわれてきた。旅に出て、苦行の人生を振り返り、将来への展望をきりひらこうとする。しかもその旅は、一代で終わらない。こうして旅は古来より民族の移動と重なった。ユダヤ人の、そして華僑の何世代にもわたってしるされてきたディアスポラとしての航跡は、ある意味で村井吉敬のいう「小さな民」の移動の積み重ねであった（村井 2014）。そしてその過程で、サイード（Edward W. Said）のいう**エグザイル**[*1]が数多く輩出された（Said 1994=1995）。しかし近代になって、旅の多くは外部の大きな要因（テクノロジーの飛躍的発展）によって規定される移動としての性格をになうようになった。大航海時代にはもっぱら船に頼っていた旅が、近代になって、とりわけ後期近代になってグローバル化の進展とともに空を行き来する移動に変わった。そしていまや身体的移動をともなわないヴァーチャルな旅が取りざたされるようになっている。わたしたちは、どこから来てどこへ行こうとしているのであろうか。

近代の移動はまた、国家が制約要因となるものから国家を素通りするものへと変わっている。この間、国境の壁が随分低くなったといわれているが、たしかに国境を越えて都市と都市が直接むすびつくような移動が目立つようになっている。そしてこのことは、都市論および都市社会学の世界に深甚な影響をおよぼしている。これまでの都市論および都市社会学は一つのまとまりをもつ社会を前提にしていた。しかしアーリが指摘するように、ヒト、モノ、コト、そして情報のグローバルなフロー（流動）によって「社会を越える都市社会学」が立ちあらわれている（Urry 2000=2006）。こうした都市論および都市社会学では、時間と空間の変容が大きなテーマとなっている。一言でいうと、クロック・タイムと遠近法（パースペクティヴ）空間によって席捲された世界から、「瞬間的時間」とヴァーチャルな空間が凌駕する世界へと視点が移っている。

本章では、以上のような状況を踏まえ、東南アジアの都市を事例にして、グローバル化がどのような形で時間と空間の変容をともなった移動をうながし、それをまなざすものたちに視座の変更を迫っているかを明らかにする。そして、旅＝移動[1]がわたしたちに認識上の変更にとどまらない自己省察の機会を与えていることを示すことにする。何よりも、移動は世界をつくり変えるエポックメーキングなできごとを帯同してきたし、いまもそうであり続けている。

1　赤道を越える旅

赤道を越える旅の昔といま

東南アジアの諸都市、たとえば、日本人に比較的なじみのあるインドネシアの都市といえば、ジャカルタであり、デンパサールである。いうまでもないが、ジャカルタはアジア・メガシティ[*2]の一つであり、デンパサールはリゾート地バリの中心地である。これらの都市に行くには、飛行機の直通便を利用しても七〜八時間かかる。そして地図をみると、赤道の向こう側にあり、いかにも遠い。しかし、実際に赤道を越えてこれらの都市に旅をしてみると、それほど「遠い」という感じはしない。ちなみに、ジャカルタのメインストリートであるスディルマン通りに立つと、瞬時、東京の丸の内界隈にいるような錯覚に襲われる。もちろん、そこには丸の内界隈にない、バザール都市に特有の熱気とにぎわいが感じられるのであるが。

さて少し歴史をさかのぼると、こうした赤道を越える旅が昔もあったことがわかる。しかしその旅は、もっぱら一方から他方に移るというものであった。周知のように、アジア太平洋戦争において、日本はインドネシアを占領した。そして多くの日本人が軍人としてインドネシアに渡った。こうして日本とインドネシアは、コロニアル（植民地）体制下で「近い」関係になり、東京とジャカルタは戦争という「国策」を通してむすびついた。けれども、いまの赤道を越える旅は、グローバル化という動きの中でよりダイナミックなものになっている。旅が双方向的なものになり、旅する人びとのフットワークが軽くなっている。軍人のように国を背負うことはない。また海外に赴任している人たちのようにカイシャを背負うこともない(2)。むしろ国を越えたところで都市と都市が直接むすびつく際に、軽やかに旅する人びとが重要な役割をになうようになっている。

非選択的な移動から「選び取った移動」へ

それとともに、赤道を越え、国境を超える旅は、もはや旅というよりは日常生活の延長線上にある移動（モビリティ）といった方がふさわしいものになっている。ところでこの移動については、ある時期までは製造業の海外移転（オフショアリング）にともなって生じた「企業移民」に軸足を置いて説明するのが一般的であった。ちなみに、この場合、大筋としては「**新しい国際分業**」*3（new international division of labor）論に依拠していた。しかしいまは、移動をヒト、モノ、コト、さらに情報のグローバルかつボーダレスなフローに即してとらえる議論が中心になっている。それとともに、移動における選択的契機が強調されるようになっている。

考えてみれば、戦前に海をわたった「国策移民」と戦後の「企業移民」は、前者がコロニアルの地層に、そして後者がポストコロニアル（脱植民地）の地層に足を下ろしていたという点では、たしかに同系のものとはいえないが、非選択的な移動を強いられたという点では両者は共通の地平に立っている（吉原 2014b）。それにたいして、ヒト、モノ、コト、さらに情報のグローバルかつボーダレスなフローに根ざす、フットワークの軽い移民、すなわち「ライフスタイル移民[*4]」と呼ばれる人びとは、明らかに「選び取った移動[3]」の上にある（山下 2009）。

ともあれ、先に一瞥した日本とインドネシアとの関係、とりわけ、東京とデンパサールとの「遠くて近い」都市間関係が、ポストコロニアル（脱植民地）の地層で立ちあらわれている、いかにもフットワークの軽い「ライフスタイル移民」を担い手として語られるようになっているのだ。

2 「遠くて近い」関係の裏側にあるもの

グローバル化の進展と「時間と空間の圧縮」

ところで、この「遠くて近い」関係を、ハーヴェイは、グローバル化がもたらす、あるいはグローバル化とともに進む「時間と空間の圧縮」（time-space compression）から説明している（Harvey 1989=1999）。この「時間と空間の圧縮」は、ハーヴェイによると、時間と空間の距離が極限にまで切り詰められている状態のことを示している。それは具体的には以下のように説明される。

> 私的にも公的にも意思決定の時間的地平が収縮してきているが、他方で衛星通信と輸送コストの低下によって、上述の意思決定を瞬時に、より広域かつ多様な空間に伝えることが可能になってきていること（Ibid., 199）。

先に言及したヒト、モノ、カネ、コト、そして情報のボーダレスなフロー（流動）は、明らかにこの「時間と空間の圧縮」をキーノート（主音）としている。この場合、情報テクノロジーの発達によるところが大きいが、こうした文脈で語られるグローバル化においてあらためて注目されるのは、ボーダレスな都市間の相互依存関係がますます強まっていることである。ロバートソン（Roland Robertson）は、そうした現象を、彼が「世界の縮小」と呼ぶもの、すなわち国家を越えるとともに国家間の相互依存関係がますます強まる事態と相同的にとらえている（Robertson 1992=1997）。

グローバルな文化のフローと格差都市の出現

ところで、そうした「世界の縮小」を少し違った視点からとらえ返してみると、世界が同じ風景になっていると言い直すことができる。つまり世界が同じ色に染まるということなのである。だからこそ、冒頭で触れたように、東京にいてもジャカルタにいても同じだという感覚にとらわれる、すなわち「近しさ」を覚えてしまうのである。とはいえ、世界を同じ風景＝同じ色に染めてしまうグローバル化は、アパデュライのいう「グローバルな文化のフロー」とともにある。アパデュライは、それをエスノスケープ、メディアスケープ、テクノスケープ、ファイナンススケープ、イデオスケープの五つの次元から説明しているが（Appadurai 1996=2004）、それによると同じ風景の下にさまざまな分水嶺（ディバイド）が生じていることが読み取れる。ここでは、とりあえず二つほど指摘しておこう。

一つは、グローバル化の波にさらされるローカルの側に大きな分裂／軋みをもたらしていることである。先にも述べたが、わたしたちはジャカルタの都市景観に東京と似たものをみる。その場合、わたしたちが目撃して「近しさ」を覚えるのは、どちらかというと、瀟洒なファサードやショッピングモールが立ち並ぶ、ジェントリフィケート化（高級化）した町並みである（Ziv 2002）（写真9-1）。それらは東京にもあるのだと。だが、一歩、ディープ・ジャカルタに足を踏み入れてみると、失業した若者や健康を害した人びとが沈殿しているスラムが広がっていることがわかる（写真9-2）。ジェントリフィ

写真 9-1　ジャカルタの中心街（ゴールデン・トライアングル）
出所）Ziv（2002: 52）より引用.

写真 9-2　スラム（イースト・チビナング）
出所）Wikimedia Commons より引用.

ケーションと貧困化が奇妙にも同居する格差都市、それがジャカルタなのだ。グローバル化はこのメガシティを同じ色に染め上げているようにみえて、実は深い亀裂を埋め込んでいるのである。(4)

「飛び地のランドスケープ」とローカルの「叛逆」

同時に、ここで言及しなければならないのは、指摘されるジェントリフィケーションが植民地都市バタヴィアの権力中枢（植民者の居住地）に沿って進み、スラムが植民地権力によって周辺化されたカンポン（都市のなかの集落）の取り込みと排除の上に累積強化されていることである。したがって、ジェントリフィケーションとスラムが「飛び地のランドスケープ」を構成する格差都市の原型はコロニアル体制下にできあがり、ポストコロニアルの開発主義体制の下で深化し、そしてグローバル化の進展とともに一つの極限状態に達することになったと考えられる。つまり、コロニアルの地層の上にグローバル化がかぶさっているといえるのである。さてその際、あらためて注目されるのは、ジャカルタでいうと、RT／RW*5（町内会／隣組）、デンパサールでいうとバンジャール*6のような地域コミュニティが、ときとして上からの開発の「受け皿」として、またときとしてギアツが熱いまなざしを向けた「貧困の共有」（shared poverty）の担い手として機能した／していることである（吉原 2005; 2008a）。

さて、以上述べたことと関連して指摘したいいま一つの点は、グローバル化がローカルの側からの深刻なリアクションを招いていることである。それは汎世界的な局面でみると、イスラームの「叛逆」としてあらわれているといえるが（ちなみに、インドネシアは世界で最大のムスリム国でありながら、これまでは「寛容なイスラーム」[*7]によって説明されてきた)、ここではジャカルタからデンパサールに目を移して、その具体的な動きをみてみよう。

この間、デンパサールでは、グローバル・ツーリズムの進展に合わせて、それを支える多くの底辺労働者をジャワやロンボックから受け入れてきた。かれら/かの女らはキプム(KEPEM)と呼ばれる建設労働者や農業従事者としてバリ社会に参入した(永野 2008)。しかしそうした人びとの多くがムスリムであったために、ローカルの側にその生活習慣や文化等に対して大きな反発(たとえば、カキリマの排除など)が生じ、それがアジェグ・バリ(5)(バリ復興運動)へと発展している。いうまでもなく、そこではキプムの流入によって「自分たちの仕事が奪われている」という地元の側の危機意識が底流をなしている。

アジェグ・バリの背後で生じていること——「ひび割れた都市構造」

ここであらためて注目したいのは、アジェグ・バリの展開とともに、ローカルへの過度の愛着が生じ、ムスリムであるジャワ人を排除しようとする動きが公然と立ちあらわれていることである。グローバル・ツーリズムは文字通りヒト、モノ、カネ、コト、そして情報のボーダレスなフロー(流動)をコア・イメージにして拡がっているが、デンパサールではそうしたフローを部分的にさまたげるようなリアクションが生じている。そしてそれがいまや、バリ社会を二極化する大きな誘因となっている(吉原 2011a)。

こうしてみると、グローバル化、そしてその下で大々的に立ちあらわれている「時間と空間の圧縮」という現象は、表面的には都市の均質化・同一化を促しているようにみえるが、深層ではきわめてアンビヴァレントで分極的な都市構造をもたらしていることがわかる。それはみてきたように、もともと「外から」持ち込まれたものであるが、いまや、分断と格差、隔離と排除がアジア・メガシティを特徴づけるものとなっている。だから、わたしたちがジャカルタやデンパサールの地に立って感じる「近しさ」は、あくまでも「ひび割れた都市構造」に根ざしているのである。そしてそうした点では、「遠くて近い」ことが、実は「近くて遠い」ということになる。問題は、そのような「ひび割れた都市構造」、そして屈曲した「遠くて近い」／「近くて遠い」関係が見えにくくなっていることである。

3　実践的な問いかけのなかで——ケイパビリティとローカル・ガバナンス

「グローカル・アトラクタ化」の進展

それでは、都市内に深く埋め込まれた、みてきたような分断と格差、そして過剰なまでのリアクションを前にして、それらを取り込み、とらえかえすような都市空間形成は果たして可能なのであろうか。あるいは、そのためにどのようなことが考えられるのであろうか。しかしこうした実践的な問いかけに応える前に、さしあたり二つほど確認しておきたいことがある。

一つは、グローバル化とローカル化は必ずしも対立するものではないということである。何よりも、グローバル化はローカルなものがあって初めて自らの影響力を行使することができる。逆にローカルなものは、グローバル化を通して自らの立ち位置を知ることができる。近年、よく用いられるグローカル化という言葉は、このことをさし示すものであるが、アーリは「グローカル・アトラクタ」という言葉によってより達意に説明している。アーリは、それを次のように表現している。

グローバルな（場所の）脱埋め込みは、同時に起こる「ローカル」なものの強化増大と相まってかろうじて生じる（Urry 2003=2014: 135）。

また「グローバルな……全般的な発展とともに、それに反して立ちあらわれることがよくある局所的な抵抗」（同上：131）とか「一方で、手堅い信用からなるローカルに堅く結びついた社会的世界と、他方で、大いに脱埋め込みがすすんでいて、抽象化したグローバルな……空間との諸関係」（同上：136）などといった言い方もしている。

都市間格差の拡大と問われる当事者主体性――センのケイパビリティをめぐって

さていま一つは、指摘されるような分断と格差、そして都市の側からのリアクションは、新自由主義的な都市間競争をそのままにした状態では決してなくならないということである。グローバル化が厄介なのは、それがこの新自由主義的な都市間競争(6)を抑制するのではなく、むしろ促すものとしてあるということだ。

それでは、こうした都市間競争を向うにして、都市住民の当事者主体性の形成をうながすような都市制度の再編／都市空間の再構成は可能なのであろうか。新自由主義的なグローバル化が世界のすみずみまで浸透している現状を考えると、都市住民ができることは限られている。まず問われるのは、分断され、格差の中に置かれている人びとが「生きられた主体」として当事者主体性を確立するのにどのようなことが必要なのかということである。この点をめぐって想起されるのは、セン（Amartya Sen）のケイパビリティ（潜在能力：capability）という考え方である（Sen 1995=1999）。センによると、ケイパビリティとは、ある人が暮らしのなかで価値を見出し選択できるいろいろな「機能」の組み合わせを達成する能力のことである。当然のことながら、人びとが暮らしのなかで実際に何ができるのか、そしてそのための手段（自由）をどれぐらい持っているのかが問われることになる。つまり、ケイパビリティは人びとの自由度を示す指標であるのだ。ちなみに、センは、こうした自由度が高まるのは、選択できる「機能」の幅を広げることによってである、と述べている。そして別のところで、こうした選択の自由度の増大が諸個人の生活の質の高まりをうながす、と主張している。ともあれ、ケイパビリティは「現実に実現可能な自由」と「生きていく際の選択肢の幅」をキー概念とするものである。したがって先に言及した当事者主体性の確立は、こうした個人の選択の自由にひそむ「個々に開かれた可能性」にもとづいて現実化されることになる。

ゆらぐNGO／NPO

ところで、こうしたケイパビリティの考え方に依拠して、多くのＮＧＯやＮＰＯが剝奪されている人びとの選択の自由や機会を拡げ、生活の質を高めるための活動をおこなっている。しかしそうした活動は分断され、格差の中に置かれている人びとの生活の改善に直接むすびついているわけではない。むしろグローバル化によって都市内部に持ち込まれた分断や格差、そしてグローバル化に対する都市内部からの、排除と隔離を伴うリアクションを食い止めることができないばかりか、相対化することさえできないでいるのが、多くのＮＧＯやＮＰＯの現状である。

もっとも、なかにはジャカルタに拠点を置くＣＳＩＳ（インドネシア戦略国際問題研究所）のような、政府に対抗するような能力／資源を有するＮＧＯも存在する。しかしそうしたＮＧＯがオルタナティヴとしての力量を発揮すればするほど、開発主義体制に取り込まれるというのが常態であった。ちなみに、ハーヴェイは、アジア通貨危機の際にみられたジャカルタの都市構造再編（urban restructuring）が、「ウォールストリート―財務省―ＩＭＦ」複合体による構造調整プログラムの一つであったことを認めた上で、ＮＧＯが「グローバルな新自由主義の**トロイの木馬**[*8]」として機能した、と述べている（Harvey 2005=2007: 244）。

ローカル・ガバナンスの可能性

あらためて問われるのは、ＮＧＯ等の上述の動向とも相まって、現存する制度的枠組みがセンのいうようなケイパビリティをうながすものになっていないという点である。むしろ実態としては、妨げるものになってしまっているといった方がいいかもしれない。排除され隔離された人びとが自尊心をもち積極的に社会生活に参加することが可能となるには、市場的な「効用」を至上のものとして、それを上から押しつける制度（いわゆるガバメント）ではなくて、剝奪された人びとにたいしてみてきたような自由と選択の幅を保障し、かれら／かの女らの自立を支えうながすような制度を確立することがもとめられる。それは社会学的にいうならば、地方公共団体、地域コミュニティ、NGO・NPO、企業、地域団体、諸個人など、地域を構成する諸主体が都市において生じている諸イッシューの解決をめぐって、対立や妥協や連携を繰り返しながらつくり出す多様な組み合わせからなる重層的な制度編成のことである[7]（吉原 2008b）。まさにローカル・ガバナンスとして言及されているものである。

ここで重要なのは、地域を構成する諸主体がステーク（利害）の違いを認識した上で、せめぎあいつつ交渉するといった動的関係を維持していること、そしてそのためにも都市空間が基本的に外に開かれていることである。みてきたようなケイパビリティは、こうしたローカル・ガバナンスの下に位置づけられてはじめて、都市空間に埋め込まれた分断と格差、そして排除と隔離を伴うリアクションを相対化することができるようになるのではないかと考えられる。そのうえであらためて社会学に問われるのは、ローカル・ガバナンスの確立に向けてどのような知の枠組みを提供できるかという点である。この点に関して、いまのところ、明確な答を与えることはできないが、そのための前提要件としてさしあたり以下のようなことが課題となっているといえよう。

4 認識論的枠組みから存在論的枠組みへ

存在論的文脈で出会うこと

何よりもまず、わたしたちが剝奪された人びとに対してどう向き合うかということが問われよう。フィールドに降り立って何にも増して留意しなければならないのは、そうした人びとにたいして決して認識論的優位の立場をとってはならないということである。つまり自己を認識主体とし、剝奪された人びとを認識対象とするような態度形成は望ましくない。こうした態度形成は一方が他方を導くといった啓蒙的色調に加えて、認識主体と認識対象の間で権力関係が生じるのを避けられなくしている。わたしたちと剝奪された人びととは同じ日常的な生活者として出会う(8)、つまり存在論的に向き合うのであって、一方が他方に対して上位に立つ、すなわち高みに立つというのではない。先にNGOやNPOが剝奪された人びとのケイパビリティをうながすために活動を行っていると述べたが、それらはこれまでのところ、どちらかというと啓蒙的活動に終始しがちであった。重要なことは、剝奪された人びととわたしたちが存在論的文脈で出会い、互いにもつれあい、からみあいながら、両者が「世界の中にいる自分」を認識するようになることである。

実は、このような自己認識とかかわってあらためて問われるようになるのは、自分たちの置かれている状況を、グローバル化をうながしている構造的要因とかかわらせて理解する知の枠組みをどう構築するかという点である。社会学的介入にもとづく実践的テーゼの提示は、この間、随分おこなわれてきたが、その基礎となる構造に根ざした理論の開示はほとんどなされてこなかった。剝奪された人びとの上述した自己認識も、こうした構造理論の獲得なしにはあり得ない。いうまでもなく、こうした構造理論の構築において社会学が果たす役割は限りなく大きいものがあると思われる。(9)

剝奪された人びとの自己認識の深化に向けて

考えてみれば、ここでみてきたケイパビリティにしてもローカル・ガバナンスにしても、開発の現場ではきわめて操作的に扱われてきた。ある意味で、開発主義体制を押しすすめるための技術知にたいして、走狗のような役割を果たしてきた。その半面、それらをもたらした動因や背景を明らかにするような理論的テーゼ／構造的枠組みについては貶価されがちであった。

いずれにせよ、いま社会学にもとめられているのは、安易で薄っぺらな実践論ではなく、ケイパビリティやローカル・ガバナンスという考え方が立ちあらわれるに至った現実的基盤と必然性を説き明かすような理論的枠組みを提示することである。幸い、社会学もしくはその周辺では、そうした理論的枠組みを彷彿させる世界社会論やグローバル・シティ論について、一定の蓄積と推敲がすでになされている。こうしたものを、グローバル化が臨界局面に達しているいまであればこそ、あらためて再審すること、そして批判的に援用することが強くもとめられている。とりわけ、それらがみてきたような剝奪された人びとの自己認識とか自己定位などとどのようにからみあっているのか、あるいはその可能性があるのかどうかを検証することが避けられなくなっている。

むすびにかえて

最初に投げかけた問いからすると、随分遠くに来てしまったような気がする。結論として言いたかったのは、社会学をするということは、つまるところ、自己了解をすることなのだという点である。旅は、そして移動はその点で象徴的な意味を持つし、みてきたような東南アジア都市は恰好のフィールドになり得る。旅に出た瞬間から、そして移動を開始した時点から、わたしたちはどこに行こうとも、自分を振り返り問い直すことを運命づけられている。グローバル化の下で国境を軽々と越える「ライフスタイル移民」に向き合うときに、そして同じグローバル化の下で抑圧され剥奪され続けている人びと――かれら／かの女らは、いまや世界の悲惨と社会の不幸のいっさいを引き受けているようにみえる――に出会うときに、自己の再帰的考察と世界を向こうにしての立ち位置の確認（ポジショニング）が避けられないことを深く認識させられる。「遠くて近い」東南アジア都市にアプローチすることは、明らかにそうした立ち位置の確認に向けてのウォーミング・アップとしてある。

それにしても、辿りついたところから反芻的に立ちあらわれるのは、近代の時間と空間の奥の深さと途方もないゆらぎである。人びとはといえば、そうしたゆらぎに翻弄されつつも、よりよく生きるチャンスをもとめて彷徨っている。移動はその証である。ある人びとにとっては、それがきわめて軽やかなものとなり、またある人びとにとっては苦渋に充ちたものとなっている。本章では東南アジアの都市——ここではジャカルタでありデンパサールであるが——をフィールドにしてそのことを検証しようとしたが、移動のもつダイナミズムに比して、人びとの存在はあまりにも卑小であるようにみえる。しかしそこにみられる既存の枠組みを必死になって越えようとする動き、さらにそうしたものに存在論的に寄り添おうとする社会学的介入の試みが、結果的に都市を色鮮やかなものにしていることもまた事実である。

「はじめに」で言及したように、都市論の世界は移動のナラティヴを中心にしていま大きく変わろうとしている。都市に入ってきた人、都市から出ていく人、さらに都市に沈んでいく人、実にさまざまであるが、その多様性に応じていくつものドラマが形成される。そうしたドラマは、いうまでもなくグローバル化の進展によってつくり出されたものであるが、そこに全面回収されない都市に生きる人びとの営為が都市論、そして都市社会学の可能性を拡げている。

【注】

（1）旅は長い間、「日常」から「非日常」への移動と考えられてきた。そしてそうした点ではある種の壁／境界を打ち破ることを含意していた。しかしこうした壁／境界は「穴だらけ」になっており、そのため、旅はいまや「日常」から「非日常」へと「飛び越える」ものではなく、両者をつなぐものとなっている。その一方で、グローバル化の進展にともなう「時間と空間の圧縮」（ハーヴェイ）によって、「日常」と「非日常」の相互浸透がすすみ、上記の「つなぐ旅」がより現実的／可視的なものになっている。

（2）「企業移民」の間でみられたカイシャ[9]へのアイデンティティは、同時にナショナルなものへのアイデンティティでもあった。だから、カイシャを背負うこともないといった場合、ナショナルなものへのこだわりからある程度自由になるということを意味していた。考えてみれば、こうしたアイデンティティの喪失は、カイシャそのものの崩壊を示していたともいえる。

（3）しかしそこに強制的契機がまったくなかったわけではない。たとえば、「ライフスタイル移民」としてしばしばとりあげられる若い女性たちのまるで「旅をするような」海外への移動の背後には、ジェンダーバイアスをともなった狭隘な雇用市場が、また老後を海外で暮らすことを決めた「セカンドライフ移民」層の背後には、国内ではまともな生活ができそうもない貧困化が見え隠れしている。詳述はさておき、「選び取った移動」にも不可視的な強制が作用しているのである。

（4）こうした空間にきざみ込まれた亀裂は、都市中間層の間でみられる分化とも関連がある。この間、ジャカルタにとどまらずアジア・メガシティの顕著な動向としてとりあげられてきたのは、都市中間層の台頭である。この都市中間層は「経済成長」の申し子のようにいわれてきたが、一九九七年のアジア通貨危機以降、こうした中間層の落層化が目立つようになっている。それとともに都市下層の部厚いプールがメガシティのあちこちに埋め込まれている。ちなみに、ジャカルタの都市中間層の分化傾向については、今野（2006）を参照されたい。

（5）『バリ・ポスト』紙による「古きよきバリをまもろう！」というスローガンの下に急速に広がった。当初は小学校でのバリ語の正科目化、バリ衣装の着衣化等、従来のアダットに沿った主張を展開したが、途中から「バリ文化の純化」をかかげるようになり、外から来た出稼ぎ労働者（キプム）の排除を謳うようなキャンペーンを繰り広げるようになった。そしてこうしたキャンペーンに呼応するかのように、いくつかの県では、ジャワ人の到来とともに増えたカキリマ（屋台）の出店を禁止する措置をとった。

（6）新自由主義的な都市間競争は、グローバルな都市間ネットワークをますます複雑なものにしている。たとえば東アジアおよび東南アジアに限定するなら、東京からシンガポールをつなぐ都市回廊に複数のメガシティが立ちはだかるとともに、ポスト世界都市・東京の「次」をうかがう都市間のせめぎあいがそうしたメガシティを中心にして熾烈をきわめている。いうまでもなく、そうしたせめぎあいにおいて決定的な意味をもつのは、多様な都市を統合するというよりは、それらを「つなぐ」機能の集積である。

（7）ジャカルタやデンパサールについていうと、こうした制度編制のための環境がポスト・オルデバル[*10]（スハルト新体制以降）の分権化政策の下でかなり整ったと考えられるが、地方公共団体の自律性が未だ確立されていないこと、RT／RWやバンジャールのような地域コミュニティが一方でギアツのいうような「貧困の共有」（shared poverty）の機能を部分的にになっていながら、他方でそれが「上から」のガバメント（統治）体制に組み込まれ、NGO・NPO等との協働が阻まれていること、などにみられるように、制度としての形はできあがっていない。

（8）ただし、わたしたちが剝奪する側に立っているかぎり、剝奪された人たちと同じ日常的生活者と出会うということ、すなわち存在論的に向き合うということはあり得ない。自己の立ち位置の確認もまた不可能である。考えてみれば、剝奪と非剝奪の連鎖はコロニアルの地層からポストコロニアルの地層を貫いてみられるものである。したがってその通底の構造を明かさないかぎり、「世界のなかの自分」といっても、それは説明できないままに終わってしまうだろう。

（9）ここでいう構造理論は、第4章で言及した「構造と主体」というフレームに導かれた「反映論」に回収されるようなものではない。むしろ「空間と社会」というフレームによって浮き彫りにされる、生成する主体が織りなす多様な関係の総体を写し取ったものとしてある。そこではルフェーヴルのいう「織の目」とアーリ等がこぞって取り上げる創発性／節合が鍵概念となる。なお、創発性および節合については、さしあたり吉原（2011b）を参照されたい。

【用語解説】

＊1**エグザイル**　一般的には亡命や流浪のことであるが、サイードにとっては故国喪失を意味している。それは習慣的な秩序の外で生じるものであり、ノマド的であり、脱中心化され、対位法的である。ところがそれに慣れてしまうと、その定まらない力／波動が生活を再び不安定なものへと誘うことになる。

＊2**アジア・メガシティ**　アジアに存在する、マニラ、ジャカルタ、バンコックなどの巨大都市のこと。これらはかつてプライメイトシティ（首座都市）と呼ばれ、一国社会の頂点／中心に位置していたが、グローバル化の進展とともに世界都市（グローバルシティ）との構造的連鎖のなかに置かれ、ヒト、モノ、コトのボーダレスなフローの副次的な集積拠点となっている。

＊3**新しい国際分業**　その要因として以下の三点、すなわち⑴発展途上国の農業生産性の急速な上昇→大規模な賃労働者の創出とかれら／かの女らの都市への流入、⑵特定の工業製品の生産過程での技術的・組織的変化→「始まり」と「仕上げ」の組織的・空間的分割の促進、⑶組織的テクノロジー（とりわけコンピュータ）の革新→情報の瞬時のフロー、があげられる。そしてそこから派生する空間的分業として、全体として多国籍企業の「フローの空間」への依存度が高まるなかで、研究と経営機能は第一世界に集中・集積する一方で、製造に従事するルーティン・ワーカーズの比重は第三世界に移るといった、集中化と分散化の構図が指摘される。

＊4**ライフスタイル移民**　近年、国のためとか会社のためなどではなく、「自分のための人生」（山下晋司）をもと

めて移住する人が増えている。平たくいうと、人生を楽しみたいとか人生をリセットしたいなどという動機で海外にわたる人が多くなっている。同時に、こうしたライフスタイル移民に特有の困難な状況（たとえば、物価の上昇による生活の困窮化）も立ちあらわれている。

＊5 **RT／RW**　ルクン・テタンガ、ルクン・ワルガの略称。日本の隣組／町内会にあたる。アジア太平洋戦争においてて日本がジャワを占領した際に軍政浸透のためにつくられた隣組が祖型をなすといわれているが、それが戦後生き残り、開発体制／ポスト開発体制を下から支える組織として存続し今日に至っている。しかし地域によっては、いまなお「貧困の共有」の機能をになっている。

＊6 **バンジャール**　バリのデサ（村落）に下属する集落のことであるが、ジャワでいうと、RT／RWに相当する。行政（ディナス）とアダット（慣習）の二元構成からなる。ギアツによると、バリの集落を特徴づけるのは多元的集団構成であるが、バンジャールはまさにその中核に位置している。しかし都市部では、かなり衰退していて、人びとのバンジャールへのアイデンティティはかなり希薄になっている。

＊7 **寛容なイスラーム**　インドネシアは世界で最大のムスリム国であるが、人びとの信仰には多分にシンクレティズム的態度がみられ、そのことと相まって教義にたいしてきわめていいかげんだ（インドネシア語でキラキラ）、といわれてきた。しかし9・11以降、原理主義的なイスラームが広がりをみせ、「寛容なイスラーム」が半ば死語になりつつある。

＊8 **トロイの木馬**　ユーザーに有益なソフトウェアだと吹聴し、実行するよう仕向ける。ところが、いざこれにのっかってしまうと、コンピュータに侵入し、破壊活動を行うことになる。

＊9 **カイシャ**　終身雇用・年功序列といった安定的な労使関係の下で形成された会社／企業への全幅的なアイデンティティを形容したもの。「会社人間」、「企業戦士」、「猛烈社員」と称されてきた勤勉なサラリーマン層、そし

てそれを内からささえた性別役割分業の肯定のうえにうちたてられた。

＊10 **オルデバル** スハルト体制下の「新秩序」のこと。この新秩序の下で稀有の経済発展を遂げたが、それは暴力的なまでの集権化をうながした開発独裁体制とともにあった。

10章　セキュリティ都市
安全神話の崩壊と監視社会化

われわれが、まさにわれわれの世界を生きられるのは、非安定性か非確定性のいずれかを代償として払うことによってのみである。――N・ルーマン『自己言及性について』

はじめに

グローバル化の進展とともにカネのみならずヒト、モノ、コト、そして情報のボーダレスな移動がみられるようになり、社会を大きく変えている。そして国家や共同体とともにあった制度、そうした制度と深くむすびついていた市民社会やシティズンシップが大きく揺らいでいる。それに代わって、ボランタリー・アソシエーションやNPOなどの**新たな市民社会**[*1]が出現し、国家＝ネーションに回収されないグローバル・シティズンシップのありようが取りざたされるようになっている。われわれの周りでは、流動と不安定、そして脱統合をメルクマールとするようなさまざまなネットワークや集合体があらわれては消えている。こうしてグローバル化の進展とともに「開かれた世界」が立ちあらわれ、都市を色鮮やかなものにしている。

同時に「開かれた世界」の出現は、リスクのグローバル化とともに都市をきわめて不安定なものにしている。その典型例としてよく取り上げられるのは、神出鬼没でよくみえないテロである。テロは、今日地球規模での広がりを見せているが、とりわけ都市において人びとを恐怖に陥れている。そしてそれが知覚不能であればこそ、見えないリスクとして怯え慄かれている。しかし不安の対象としてのリスクは何もテロに限定されない。グローバル化の進展にともなって社会の流動化、異質化がすすみ、社会を外社会から分けてきたボーダーが消滅するようになっている。そしてそのことが、人びとの安全安心をおびやかすリスクとみなされているようになっている。まさに「リスク社会」の到来が声高に叫ばれるゆえんである。当然のことながら、「開かれた世界」をどう読み込むのかということとともに、リスク社会にどう向き合って社会の安全システム／セキュリティを再構築するのかということが問われるようになっている。

いまのところ、それはいったん「閉じられた世界」へと立ち戻ったうえで、「セキュリティ都市」にたいして向き合うという形となってあらわれている。このセキュリティ都市は論者によって「過防備都市」[*2]（五十嵐太郎）とか「要塞都市」[*3]（デイヴィス）などと呼ばれているが（五十嵐 2004; Davis 1992=2001）、ここではさしあたりポスト安全神話時代の監視社会化を特徴づけるものとして取りざたされている、と言っておこう。

そこで本章では、グローバル化の進展がもたらした「開かれた世界」の内質を踏まえながら、セキュリティ都市がどのような地層に立ち、どのような方向に向かおうとしているのかを考えてみたい。そしてそのことを通して、監視社会を成り立たせているものを浮き彫りにするとともに、新自由主義的なグローバル化の下にある都市の立ち位置を示すことにしたい。
まず、「開かれた世界」の出現とともにみられるようになっている安全神話のゆらぎについて論じることから始めよう。

1　グローバル化の進展と安全神話の崩壊

三つのボーダーのゆらぎ

考えてみれば、日本は長い間、世界でも有数の安全な社会と言われてきた。そして人びとの間で安全神話が存在した。しかしこの安全神話は、グローバル化の進展にともなって「開かれた世界」が出現し、安全神話を支えてきた三つのボーダー（境＝境界）がゆらぐなかで根底から崩れている。ちなみに、筆者は指摘される三つのボーダーのゆらぎについて、かつて次のように述べた。

まず時間のボーダーに関していうと、長い間日本人は濃い闇の世界である夜を昼間から切り離し、夜を畏怖することによって安全で安心な生活を送ってきた。漆黒の夜に出歩くことを事実上タブーとする民話や伝承が日本のあちこちに数多く存在するのは、まさにこのことを示している。ところが二四時間都市の出現に象徴的にみられるように、いまや私たちの前にあるのは、夜のない世界、つまりすべてが活動時間である昼間の世界だけである。そのため、夜を畏れ、それを別世界とすることによって維持していた安全神話が基本的に存続しえなくなっている。

空間のボーダーもまた維持することがむずかしくなっている。これまで都市の機能分化において、繁華街（中心）と住宅街（周縁）は相互に関連しながらそれぞれ固有の役割を担ってきた。しかし時間のボーダーの崩壊による二四時間都市の進展・深化にともなって、繁華街と住宅街とのボーダーがあいまいになり、もっぱら住宅街を維持すると考えられてきた安寧の秩序が、もはや成り立たなくなっている。このように一方から他方へと空間を分けることによって可能になっていた、囲まれた形での安全地帯を想定することはいまや困難であり、それとともに安全神話の維持もこれまでのようにはいかなくなっている。いずれにせよ、時間と空間のボーダーがなくなり、住宅街が人びとの安寧を保障する唯一の世界でなくなったときには、人びとは必然的に体感不安をふくらませるしかないのである。

さらに社会生活においても、これまでさまざまな局面で「内」と「外」を区別し、両者を仕切っていたボーダーが徐々にあいまいになっている。たとえば、日本社会では長い間、社会秩序からはみ出した者をアウトローとして人びとの日常生活の「外」に置いてきた。このボーダーが生きており人びとによってそれが強く認知されていたときには、「内」は人びとに安全神話を与え続けることができた。しかし、ヒト、モノ、コトのボーダレスな移動がすすみ、「内」と「外」の相互浸透が深まるにつれ、「外」を一方的に「向こうの世界」に置くことができなくなった。実際こんにち、そうした仕切りの非現実性がますます強く認識されるにつれ、ただ「内」においてのみ安全が存在するといった社会の安全神話そのものにいっそう疑いの目が向けられるようになっている（吉原 2007: 5–6)。

「体感治安」の悪化の先にあるもの

いうまでもなく、以上言及した三つのボーダーは、制度としてつくられたものではない。都市が発展していくなかで、自らの秩序維持のために半ば自生的にできあがったものである。それだけに都市に生きる人びとのメンタリティとアイデンティティの形成に深くかかわり、コミュニティの存立と存続の礎となってきた。それゆえ都市に生きる人びとにとって、そうしたボーダーのゆらぎは自らの存立にかかわるリスクとならざるを得ない。だがそうしたリスクを縮減する役割をになってきた制度や中間集団が崩壊の危機に瀕している[1]。つまり機能不全の状態に陥っている。

そうしたなかで人びとの間で得体の知れない不安が広がり、「体感治安」が悪化している。犯罪の増大、凶悪化という官民一体のキャンペーン[2]がそのような不安をさらに掻き立てていることは否定できないが、こうした不安の自覚は、もともとは犯罪に回収されない安全喪失の自覚に拠るものである。ここで注目されるのは、そうした失われた安全の回復を過去にあって現実にないものにもとめる動きが顕在化していることである。換言するなら、安全の喪失感を埋めるものを、現実に存在するものではなく、人びとの想像力の世界にもとめる動きが強まっているのである。ちなみに、この想像力は、記憶の掘り起こしという形で過去に向かう一方で、ナショナリズムという新たな仮構（フィクション）をもとめる傾向にある。

2　セキュリティ都市の表層と基層

セキュリティ都市の風景

さてあらためて指摘したいのは、以上のような動きとシンクロしながら「セキュリティ都市」が立ちあらわれていることである。それは苛烈な監視テクニックによって装備され、人びとの自由とはまるで相いれない強制の契機が深く埋め込まれた「相互監視と異端摘発の社会」（大日方 1993: 226）としてある。そこでさしあたり、「セキュリティ都市」の風景を、かつて筆者が記したものを援用して、路上、コミュニティ、学校、住宅の順に走り抜けで描いてみよう。まず路上から。

今日、監視カメラによって包囲された路上空間はめずらしいものではなくなっている（写真10－1）。かつて町内は人びとの等身大の視線が行き交う場であった。そして交番の（徒歩もしくは自転車による）巡回パトロールがみられる場でもあった。しかし有人交番は大幅に削減され、いまでは機械の目が人間の目に取って代わるようになっている。しかし監視カメラが防犯カメラとしての機能を果たしているかどうかについてはさまざまな意見がある。犯罪を減らすというよりは移動させるだけであるといった議論もなされるようになっている。また監視カメラの先進地である英国では、スキャン（透視）空間のみが拡大し、そのためプライバシーが保てなくなっているといった否定的評価が広範囲に立ちあらわれている。

それではコミュニティはどうなっているのであろうか。近年、コミュニティにおいて顕著な動向として立ちあらわれているのがコミュニティ・ポリシング（コミュニティの警察化）の進展であり、それに過度に同化するといった住民の動きである。そしてそうした動きとともに、人の目が届かないところ（死角）をコミュニティからなくすといった防犯環境設計（ハード）[3]がおこなわれ、自警組織（ソフト）が隈なく組織されるといった体制が出来上がりつつある。ところでこうした体制を構築するにあたって不可欠の役割を果たしているのが、見守り隊というような形で編制されている自警組織と警察／行政の協働（コラボレーション）である。このところ、多くの町内会で夜回りが不定期におこなわれるようになっているが、それは自発性にもとづくものというよりは、むしろ「上から」のコミュニティの動員といった性格を帯びている。実際、「町内会が自主防災組織*4に成り代わるなかで、「町内会の官製組織化」が急ピッチですすんでいる[4]（吉原 2011b: 146–148）。

写真10–1　ストリートコーナーを写し出す監視カメラ（東京都新宿区）（吉原撮影）

次に、上述した路上やコミュニティの動きと共振しながら立ちあらわれている「学校のシェルター化」についてみてみよう。

かつて学校をめぐる進歩的な状況として人びとの心を深くとらえたのは「開かれた学校」である。しかしいまや、「開かれた学校」から「閉じた学校」への推移が、まるで人びとの関心の中心になっているかのように大々的にみられる。そしてＩＴによる過防備学校がこれといったリアクションに遭遇することなくあちこちに出現している。こうして学校から子どもの自由な生活空間が剝奪され、それに無自覚に対応する身体だけがかろうじて（学校で）存在することが許されるようになっている。いうまでもなく、大人の目の確保や動線の管理によるセキュリティの維持がこうした子どもから／への生活空間の剝奪、身体の意味的連関の喪失をいっそう促すことになり、結局のところハイテク管理の「透明な空間」の誕生をもたらすことになっている（同上：148）。

もちろん、住宅においても、以上の路上、コミュニティ、そして学校の動向と響き合いながら、一つの社会現象としてのセキュリティタウンといったものを広範囲に生みだしている。

ゲーテッドコミュニティの台頭はまさにその端的なあらわれである。今日、防犯は住環境を構成する最重要因子の一つと見なされており、実際、防犯機能が住宅の付加価値を高めるものとして広く論議されるようになっている。ちなみに、「犯罪に遭いにくい家づくり」というスローガンが巷にあふれかえっているのも、こうした文脈で理解するとわかりやすい。同時に「新しい市場」として、映像監視ビジネスの伸展も無視できなくなっている（同上：148)。

少々長い引用になってしまったが、以上述べたような動向が複雑に作用し合うなかで、いまや「見張ること」と「見守ること」と「見られること」の一体化がダイナミックに進展している。そこでは権利として「安全・安心」をもとめることと電子的に「見られること」が同時並行的にすすんでいる。詳しく述べるまでもなく、そこにセキュリティ都市の基本的構図をみることができよう。

一つの権力現象としてのセキュリティ都市

こうしてみると、セキュリティ都市の基底に生政治とむすびついた権力の恣意がうごめいていることがわかる。こうした権力において特徴的なのは、規範を内面化させ規律化させることによって社会に適合的な個人をつくり出すことである[5]。セキュリティ都市はこうした個人による下支えによって成り立っている。そうした点でセキュリティ都市はたしかに社会現象ではあるが、同時に権力現象でもあるのだ。こうした権力現象において決定的に重要なのは、ITによって媒介された「非身体的な監視」(Lyon 2001=2002: 13) である。それは見えない分、人びとの不安を解消させるどころかかえって増幅させている。そうしたなかで可視的なレベルでセキュリティ都市を制度的にバックアップするものとして出現しているのが生活安全条例である。それはいまやすべての都道府県において制定されている。他方、不可視的なレベルでセキュリティ都市の基盤形成に与しているのがデータ管理・蓄積手段としての「トレーサビリティ」（履歴追跡）である。これには犯罪履歴のみならず、学歴、職歴、薬物歴、ショッピング歴、さらには心身の健康歴までも含まれている（Attali 2009=2014: 49)。ともあれ、このようにして底のない不安と監視の無限連鎖・循環のなかで、内に閉じたセキュリティ都市ができあがっているのである。

さてあらためて注目されるのは、そうしたセキュリティ都市において過去を美しい記憶にすり替えたうえでコミュニティを総動員する動きがこのところ目立っていることである。たとえば、この間取りざたされている防災隣組結成の動きなどがそれにあたる。こうした動向を斎藤貴男は「安心のファシズム」[*5]だといい、阿部潔は「安楽への隷属」[*6]だといっている（斎藤 2004; 阿部 1998)。その言述の適否についてはさておき、セキュリティ都市が「開かれた都市空間」とは正反対の空間の「かたち」を示していること、すなわち人びとを自由にさせるよりはむしろ同調を強いるものとしてあることは明らかである。

セキュリティ都市のメンタリティ

ところでここでいう空間の「かたち」は、一つの物的な装置としてあるのではない。セキュリティ都市を際立たせているのは、同調しない者を自分たちとは異なる「他者」とする、きわめて個人化した人びとの心的態度である。こうした心的態度が象徴的にあらわれているのがゲーテッドコミュニティである。ゲーテッドコミュニティでは、都市内部の「他者」にたいして自らのセキュリティを私的に構築しようとする住民の意思がみなぎっている。そして住民の間でみられる個人化の動き(6)とともに、**生活保守主義**[*7]と「皆が同じ」という観念に支えられた親密圏が広がり、**ゼロ・トレランス**[*8]と「自己決定・自己責任」を肯定する態度が形成されるようになる。

庭木や芝生、静かな通りや澄んだ空気を特権的かつ排他的に囲む一方で、そうしたものを「外の人」に保障する「公的世界」は必要ないとする住民が大多数を占めている。ここで想起されるのは、一九八〇年代から九〇年代にかけてアメリカの西海岸で起きた「納税者の反乱」といわれた税の不払い運動である。この運動を中心的に担ったのが実はゲーテッドコミュニティの住民たちであったのである。自己責任でセーフティネットを構築することができるゲーテッドコミュニティの住民たちにとって、自分たちが支払った税が自分たち以外の「他者」のために使われるのは許しがたいことであった。いずれにせよ、こうして都市空間の「公共的なものからの離脱」が決定的になった。

写真10-2　不審者に注意を呼びかける街路の立て看板（東京都多摩市）（吉原撮影）

ところが、こうした都市空間における公共性の喪失があらためて取りざたされるのは、ゲーテッドコミュニティの住民にとって当たり前の風景であるとしても、「他者」である個人化した人びとにも異風景であるとは認識されていないことである。つまり、今日、都市に生きている人びとは、ゲーテッドコミュニティにおいてセキュリティ都市が先端化されているという認識を欠いているだけでなく、安全安心という言葉が街の随所でスローガンとなって溢れかえり（写真10－2）、監視カメラがこれみよがしに配備されている日常の風景をさほど奇異に思わなくなっているのである。詳述はさておき、以上よりセキュリティ都市が人びとの個人化に支えられ、「自己決定・自己責任」の論理がすみずみまで行き渡った新自由主義的な都市の範型をなしていることを読みとることができよう。

3　ポストセキュリティ都市は可能か

不安の無限連鎖とリスク社会

みてきたように、セキュリティ都市の核心は「閉じて守る」という点にある。そしてそれを促しているのが、諸個人の個人化の進展を見据えたうえで、かれら／かの女らのセーフティネットの構築を個人の選択→自己責任の問題とする新自由主義的な社会の舵取り（steering）であることは、まさにハーヴェイの指摘している通りである（Harvey 2005=2007: 233）。同時に、人びとの間に漠然と広がっている体感治安の悪化が「閉じて守る」都市空間形成の一つの背後要因となっていることも否定できない。この体感治安の悪化については犯罪不安に帰せられることが多いが、その場合忘れてはならないのは、この犯罪不安の基層において雇用不安、老後不安、健康不安などの社会不安が層をなして存在することである。これらは一人の人間において解けがたくむすびついており、ひとつの不安を他から切り離して緩和するとか解消するといったことはおよそ不可能である。とりわけ都市では、人びとは指摘されるような不安の連鎖から逃れることは、まずできない。人びとは、そうした不安の連鎖をつくり出しているリスク社会のなかで生きるしかないのである。ちなみに、ここでいうリスク社会を筆者は次のようなものと考えている。

不透明な悪（情報操作や環境破壊など、目に見える形で悪者を特定できない事柄）に対して不安がスパイラル状に広がり、セキュリティの論理が暴走するようになる（吉原 2007: 2-3）。

詳述はさておき、セキュリティ都市はまさにリスク社会そのものを体現しているといえる。そして人びとが個人化の道をひた走り近代の効用を受容しているかぎり、リスク社会がなくなることを想定／期待することはできない。

「開いて守る」セキュリティ都市への道筋

リスク社会がそうであるように、セキュリティ都市もまた、なくなるとは考えにくい。だから、当面、セキュリティ都市の基調は変わらないものとしてその後のありようを展望することがもとめられる。そうした都市をポストセキュリティ都市とするなら、鍵となるのは「閉じて守る」から「開いて守る」へのセキュリティ・チェンジをどう達成するかという点である。いうまでもなく、ポストセキュリティ都市、つまり「開いて守る」セキュリティ都市は不安のまったくない社会を前提にしてうち立てることはできない。何よりもまず、不安の連鎖の実相をよくみきわめ、それらにたいするトータルなセーフティネット構築の条件と方法をさぐることがもとめられる。その場合心にとどめなければならないのは、不安の連鎖を完全に断ち切ることはできない、できるのはそれを縮減することだということである。この縮減に向けて構造的な不安への体系的なまなざしを培うことこそが、ポストセキュリティ都市へと踏み出す第一歩を構成するようになると考えられる。

だが、ポストセキュリティ都市は、なおも矛盾に充ちたものになることは避けられないであろう。というのも、新自由主義的な都市構造再編（urban restructuring）のもとでは、「開くこと」は必ずしも「閉じること」のあとに来るわけではないからだ。後者が前者の存続要件をなしているという見方も現実に存在する。いずれにせよ、「閉じて守る」と「開いて守る」は、セキュリティ都市の両義性を示してあまりある。以下、この点を踏まえながら、ポストセキュリティ都市へのありうべき道筋を考える際のいくつかの論点を提示してみよう。

近隣／町内にひそむ「差異」と「他者」の〈再発見〉——脱埋め込みから再埋め込みへ

一つは、前述した両義性に根ざしているとはいえ、「開いて守る」セキュリティ都市が「閉じて守る」セキュリティ都市に再び回収されないための要件を考えてみる必要がある。「閉じて守る」ことが基本的に「差異」を認めず「他者」を許容しないこと、すなわち「差異」と「他者」を脱埋め込みするものであるとするなら、「開いて守る」ことを達成するには、何よりもまず都市がどのようにして「差異」と「他者」を再埋め込みするかが問われよう。この脱埋め込みから再埋め込みへのプロセスにおいて、現に存在する都市コミュニティのありようを再帰的に問い直すとともに、過去に遡及して日本の町内に宿してきたミックス型コミュニティの伝統をすくいあげることが必要となってこよう。

前者についていうと、近隣がもともと街路やその周辺で発生する犯罪にたいして、自然に形成された防止や監視の装置としてあったことを想起してみるとよい。そこでは近隣の人びとの生活のリズムが、ときとして防犯システムとして機能するといったコミュニティが存在した。そうしたコミュニティは機械の目ではなく、日常生活のなかではぐくまれた等身大のまなざしで守られていた。ちなみに、この等身大のまなざしは、今日、以下のような状景を介して確認することができる。

たとえば、初老の人が公園のそばを散策していたとしよう。そのとき公園のなかから野球をしている少年たちの声が聞こえてきた。そこで声のする方に向かってやさしいまなざしを向ける。この場合、公園を介して世代を越えたコミュニケーションが成り立っており、公園はもはや機械の目によって守られているわけではない。もう一つ、たとえば、一人の主婦が二階の物干し台に立って洗濯物を竿に通していたとしよう。そのときふと周りを見回した。たまたま見知らぬ人が路上に立っていた。そこで何気なくあいさつをかわす。ここでも「機械の目」にたよる監視空間では見落とされてしまう路上の〈出会い〉がある。[7] いずれも日常的に目にする何の変哲もない光景であるが、そこには人びとの等身大のまなざしが活きづいている。それは自分たちとは違った者へのまなざしでもある。それでいて機械によってフォーカスされた「よそ者」へのまなざしではない。

他方、後者についていうと、ベルクや松岡心平が言及しているように、日本の近隣／町内は「差異」と「他者」を受け入れる原構造を宿していた[8]（Berque 1986=1988, 2000=2002; 松岡 1991）。筆者の言葉でいうと、異質なものの集まりを通して、その場その場の状況に合わせながら、雑然と共同生活の実をはぐくんできたというのが近隣／町内の真骨頂であったのである（吉原 2011b: 82）。ところがそうした近隣／町内が近代の国民国家の機制の下で町内会へと「制度化」[9]されるなかで、「血」と「地」を強調する郷土＝場所の物語（ナラティヴ）に回収されてしまった。そして結果として、日本の町内から「差異性」と「他者性」が奪われてしまった。だから、そのことを近代の文脈に立ち返って再帰的に問い直し、そこから再び見いだされるかもしれない「差異」と「他者」を、先に触れた、等身大のまなざし／違った者への協和的なまなざしによって支えられたコミュニティの再形成にどうつなげていくかが、あらためて問われることになるであろう。

監視社会のソフト化とコミュニティ・ガバナンス

しかしこうは言っても、そのことで直ちに「開いて守る」セキュリティ都市ができあがるわけではない。その前に、何よりもまず大枠としてすすんでいる監視社会化をどうするかが課題となる。人びとの個人化と共振／共進しながらすすみ、それじたい新自由主義的な機制を体現している監視社会を根底から否定することは不可能であろうし、そうすることは現実的ではないと思われる。問題は、それを人びとの生活世界とどう折り合わせるかということである。ここでは、そうした方向を現実のものとするような監視社会のソフト化の可能性について考えてみたい。

このソフト化をめぐる議論の核心となるのは、過剰で放恣な監視社会の拡がりを止めるために、市民社会の形成／再形成を前提とした、コミュニティでできる管理体制を構築することである。今日、防犯カメラの管理運用規定作成の動きが広がっているが、この場合に重要なのは、運用規定がコミュニティにねざしたもの（community based）であること、そしてそれゆえコミュニティのさまざまな利害を取り込んだもの、つまりコミュニティ・ガバナンス（community governance）にもとづいていることである。ちなみに、いまやガバナンスは新自由主義的なコンセンサスの方式として上からのガバメント的な組み込みにさらされつつある。[10] そして現に「排除」と「包摂」の共進化体制の要をなすようになっている。だからこそ、そうした共進化体制からいったん離れて、「開いて守る」セキュリティ都市を樹立するために、制度を構成する諸要素／ステークホルダー[*9]が現にある関係性／集合性の只中からあらたなむすびつきを創出するといった「創発」の契機を活かして、市民社会による監視社会の脱構築をおこなう必要があるのである。

むすびにかえて

結局のところ、市民社会の規制を拠り所にして、人びとの生活世界ではぐくまれた「等身大のまなざし」によって、路上空間、学校、コミュニティ、住宅に張り巡らされた「機械の目」を制御（コントロール）することから、「開いて守る」セキュリティ都市への展望をきり拓いていくことがもとめられる。しかしそれにしても、指摘されるような「等身大」のまなざしは、なおも同質性によって特徴づけられる「生活の共同」が支配的にみられるなかで、「閉じて守る」セキュリティ都市の枠内にとどまっている。としてみれば、「開いて守る」セキュリティ都市を打ち立てるには、何よりもまずこれまで前提としてきた同質性を問い直す必要がある。結論を先取りしていうと、この同質性を異なる人びとの間でみられる相互性にもとづく異質性に変換することがもとめられているのである。

先に一瞥したコミュニティ・ガバナンスは、それを構成するさまざまなステークホルダーが歪みもつれあうなかで、異質性にねざす関係性／集合性をつくり出すものと考えられる。もちろん、それはきわめて流動的であり、安定性を欠いている。しかしそうしたものが、あるべき「開いて守る」セキュリティ都市に水のようにゆるやかに流れるであろうことは、容易に想像できる。そしてここで再び想起されるのは、既述した室崎益輝のいう「気づき」の重要性である。それは都市において生き存在する諸個人／集合的主体が、自分たちとは違う諸個人／集合的主体とぶつかり合いながらセキュリティのありようを考え、「自分たちだけではない自分たち、他者とともにある自分たち」を知ることである。こうして

「気づき」が「つながり」になり、「開いて守る」セキュリティ都市の磁場が構成されることになるのである。

ともあれ以上のようにみていくと、「開いて守る」セキュリティ都市の社会的設計の本義は、制度そのものを変更するというよりはむしろ、セキュリティの根底にある理念を問い、それを外に開かれたかたちで鋳直すことであることがわかる。セキュリティ都市はややもすれば「有用性」の次元で語られがちであるが、問われるべきは、都市に生きる人びとにとってそれがいかなる存在であり、いかなる意味を持つかという点である。[11] この点については、いずれ時機をみて述べてみたいと考えている。

【注】

（1）当然のことながら、このことは「国家の統治の危機」でもある。今日、国家にとって自国民にたいする安全安心／セキュリティの保障は、喫緊の政策課題としてある。しかし国家の安全安心／セキュリティに関連する施策はさまざまな壁にぶつかっており、その限界が広く取りざたされている。何よりも新自由主義的な施策体系は、国家が保障すべきセキュリティを一方で個人の「自己決定・自己責任」の問題にし、他方でコミュニタリアン的なアジェンダ設定に委ねてしまっている。

（2）この場合、河合幹雄が指摘しているように、犯罪統計資料の操作が重要な役割を果たしている（河合 2004）。この点に関してしばしば言及されるのは、犯罪カテゴリーの恣意的な変更、平たくいうと、犯罪とされなかったものを犯罪として累計化することによる犯罪数の増加である。その点については慎重に検討する必要があるが、犯罪統計が結果的に人びとの犯罪にたいする不安を喚起していることは否定できない。だがここでは、それ以上に、メディアの犯罪報道が人びとの体感治安の悪化を招いていることを指摘しておきたい。メディアの報道がセンセーショナルなものになり、ややもすればフレームアップ（ねつ造）に陥りやすいことは、よく指摘されるところである。

（3）たとえば、自分たちの区域内にある公園の見通しをよくするためにフェンスを金網状のものにしたり、人の目を遮る樹木を伐採するとか、街灯に防犯カメラを付設するなどといったことがおこなわれている。先端的には、公園で子どもの遊ぶ姿を各住戸のＩＰカメラから瞬時に把握することができるようなゲーテッドコミュニティも立ちあらわれている。

（4）ちなみに、近年、訪日する外国人観光客の増大と相まって、治安の悪化を危惧する町内会や自治会が増えている。ここでもメディアによる過熱した報道が人びとの体感治安の悪化を招いているが、外国人が多く訪れる観光地周辺やそこに隣接している地区の町内会や自治会では、英語や中国語で明確に立ち入り禁止を表示する立看板を設置するところがあらわれている。自衛の措置であるといえばそれまでだが、そのことが結果的に、きわめて閉鎖的にみえるコミュニティを生み出していることは否定できない。ところで、国や東京都は二〇二〇年の東京オリンピックを見据えて、スポーツ・ツーリズムにあわせた外国人の大幅な流入を見込む一方で、事実上、治安対策となっている安全対策を町内会などの地域コミュニティに期待するようになっている。

（5）フーコー（Michel Foucault）が「規律・訓練的な社会」に関連して述べていることである（Foucault 1975=1977）。社会的なまなざしが「見えない主体」と化し、「メタ監視」として規範的に機能することが論じられている。

（6）ここでいう個人化は、鈴木宗徳と伊藤美登里がベックの『リスク社会』にもとづいていう、「個人による自己選択の余地が拡大するとともに、ライフコースが脱標準化し、失業や離婚など人生上のリスクを個人が処理することを余儀なくされるという、一連の現象」（鈴木・伊藤 2011: vi）というよりは、むしろ私化、すなわち個人主義的消費生活様式の進展という意味で用いている。

（7）ちなみに、ジェイコブズは、こうした路上の〈出会い〉の裡に、柔軟で機動的な対応を生み出す街路のネットワークに特有の開かれた性格を観て取っている（Jacobs 1961=2010）。それは室埼益輝が近隣/コミュニティから喚（よ）び起こす「気づき」に相当するものである（室崎 2010）。

（8）ちなみに、ベルクは、「通態（トラジェ）」、すなわち環境を媒介にして諸個人間で「……を越えて」と「……を横切って」という形で築きあげられる関係づけ（相互作用）の分析を通して、一方で開放性を、他方で異質性を兼ね備えた動的な関係を浮き彫りにしている（Berque 1986=1988）。

他方、松岡は『宴の身体』において、中世の集団形成のありようを連歌の場の形成と相同的に捉え、人びとが身分とか名前といった社会的関係（有縁）から離れて「無縁平等の共同性」が支配する場とみなしている。そして集団＝場が「異質の声、流れ、伝統の合流点を建設」している点に着目している（松岡 1991）。

（9）平準化とか均質化などとして捉えられる過程でもある。この過程については、長い間、「権力」側の国民動員のための実行過程に国民＝地域住民を丸ごと包摂することで、戦争遂行、すなわち国民の戦争への参加（＝協力（コラボレーション））が可能になったと解釈されてきたが、一九八〇年代後半から台頭してきたいわゆる戦前・戦後連続説の下で、高度成長の「地ならし」的役割を果たしたという解釈変更がみられるようになった。この点については、雨宮（1997）などを参照のこと。

（10）「ガバメントからガバナンスへ」というフレーズは、この間、ガバナンスというアジェンダ設定においてキーワードをなしてきた。しかしいまや、それはマジックワードを超えて死語となりつつある。というのも、現実に制度（変更）の諸部面でみられるガバナンスは、たいていガバメントを補強するものとして機能しているからである（この点は、吉原（2009）を参照）。ここで詳述する余白はないが、筆者はガバメントとガバナンスは近代のガバニング様式の二つの相反する面（裏表）であり、それじたい、モダニティの両義性を示すものである、と考えている。

(11)　もちろん、このことは諸個人において過剰とも言えるほどにすすんでいる個人化と、それを所有的個人主義[*10]と自己責任という形でおしすすめる新自由主義の欲動を抜きにしては語れない。この二つが合奏するなかで、ありとあらゆる社会的連帯がずたずたに引き裂かれている現実に立ち返って、セキュリティ都市が守ろうとするもの、つまり自衛とは何か、を問うことは、グローバル化の只中にあって自己の立ち位置を再帰的に問うことでもある。それはまぎれもなく重く深甚な課題としてある。

【用語解説】

＊1**新たな市民社会**　ハバーマス（Jürgen Habermas）が『公共性の構造転換』一九九〇年版の「序言」で「《市民社会》の制度的な核心をなすのは、自由な意思にもとづく非国家的・非経済的な結合関係である」と述べてから、公的セクターや私的セクターと織りあいながら、「市民による公共空間の再構築」という内実をになって立ちあらわれている、NPOやNGOなどの非営利活動を中心とする、個人にも国家にも回収されない複層的で多重的なネットワークが注目されるようになっている。

＊2**過防備都市**　ピッキングや外国人犯罪に関する報道の増加とともに、人びとの体感治安が悪化している。そしてテロを抑止し、外敵の侵入をふせぐための、ハイテク設備によって固められた防災環境設計が日常化する一方で、高まるセキュリティ意識が「清潔で美しい都市」を求めるようになる。必然的に都市が「スキャン化した空間」になるとともに、そこに他者を排除するという悪意が埋め込まれることになる。

＊3 **要塞都市**　もともとは一三世紀から一四世紀にかけてフランスを中心にみられた、濠や城壁に囲まれた軍事拠点を核にして発達した都市のことであるが、デイヴィス（Mike Davis）は新自由主義的な機制の下にあるロサンゼルスに照準して、ハイテクによる監視体制に組み込まれ、ユートピアとディストピア、理想主義と権力闘争が激しくせめぎあう都市のありようを浮き彫りにしている。

＊4 **自主防災組織**　一般的には、コミュニティ次元における自主的な防災活動の担い手として受け止められているが、災害対策基本法で法認されて以降、各自治体では防災条例や地域防災計画の制定・策定の際に明確に位置づけるようになっている。なお国民保護法では、テロとか有事などに備える「市民防衛」組織としての役割期待が明言されている。いずれにせよ、近年、上からの危機管理体制に位置づける動きが強まっている。

＊5 **安心のファシズム**　今日、人びとの日常生活は、携帯電話、住基ネット、ネット家電、自動改札機など、あげればきりがないほど、便利なテクノロジーによって支配されている。そこには権力の恣意が深くおよんでおり、人間の尊厳が冒され、道具にされるといった事態がしばしばみられる。しかし人びとは、そこに「安心」を求める。斎藤は、そこに、自由から逃走し、ナチズムを支えた民衆の心性と同型のものをみている。

＊6 **安楽への隷属**　自己の生活の安寧を願うあまり異常なほどにプライバシーにこだわる裏面で、個人情報が他者のまなざしにさらされることに無感覚であり、結果として自らの自由が大幅に制限されるのを簡単に許してしまうといった状況。阿部はこうした状況の果てに「身勝手な野蛮」を観てとっている。

＊7 **生活保守主義**　生活の向上やさらなるライフチャンスを求めることよりも、現にあるライフスタイルや水準を将来にわたり維持しようとする態度、あるいはそのことに高い価値を認める意識・信条。現状肯定的な私生活中心主義であり、復古的なイデオロギー過剰の保守主義とは相いれない。

＊8 **ゼロ・トレランス**　見逃してもいいような些細な規律違反であっても、容赦せず（＝寛容せず）厳格に罰する

ことによって、より重大な規律違反の芽を摘もうとするもの。一九九〇年代、割れ窓理論に基づいて米国各地（たとえば、ニューヨークのジュリアーニ市政）で導入され犯罪抑止に多大な成果をあげ、その後日本にも普及した。

＊9**ステークホルダー**　地域活動に関わる利害関係者のこと。具体的には地方政府、企業、非営利組織（NPO、NGO等）、市民、消費者、地域社会、などであり、これらにはそれぞれの利害をつきあわせながら、バランスをとりながら都市の戦略状況を構成すること（↓ローカル・ガバナンス）が期待されている。

＊10**所有的個人主義**　政治学者マクファーソン（Crawford B. Macpherson）は、一七世紀イギリスの自由主義思想を「所有的個人主義」と名づけた。彼によれば、それは以下の三つの命題、すなわち⑴人間は、他人と自発的に関係をとり結ぶ場合を除いて、他人への依存から自由であること、⑵個人は自分自身の身体および能力の所有者であり、この点で社会から自由であること、⑶人間はこのような自己を所有し、自己を排他的に統御すること、からなる。いうまでもなく、この前提となるのは制度としての所有的市場経済システムであり私的所有権保護の政治システムである。

11章　グローバル・ツーリズムとコミュニティ
「開いて守る」コミュニティとは

コンセンサスというのは絶対に到達することのない地平である。――J・F・リオタール『ポストモダンの条件』

はじめに

前章では、ポストセキュリティ都市のありようを検討するにあたって、「開いて守る」コミュニティの形成が鍵になることを示唆した。そしてそのために、「開いて守る」コミュニティの対向をなしているコミュニティの現実態を、コミュニティにとどまらず、学校、ストリート、住宅にまで視野を広げて明らかにし、「開いて守る」コミュニティの形成を妨げている要因をさぐった。つまりコミュニティの現実態を踏まえ、それをとらえ返すなかで、「開いて守る」コミュニティ形成の可能性と条件をあぶり出そうとしたのである。本章はより広い視野に立って、いわゆるグローバル・ツーリズムの下に以上の可能性と条件がどのようにして析出され得るかを明らかにする。

さて指摘するまでもないが、グローバル化がいま世界のすみずみにまで浸透している。それとともに、ICTの発達によって裏打ちされたヒト、モノ、カネ、インフォメーションのグローバルなフロー（移動）とネットワークが広汎にみられるようになっている。そしてこのグローバルなフローおよびネットワークとまさに軌を一にしてグローバル・ツーリズムが広がっている。ところで、こうしたグローバル・ツーリズムはこれまでのところ、中間層の台頭と消費的レジャーのひろがりを基調とするマス・ツーリズムが国を超えて発展するという面／位相と、マス・ツーリズムとは異なるオルタナティヴ・ツーリズムが、新たにローカルをベースに据えて立ちあらわれるという面／位相とがからみあいながら展開されてきた（海津 2011: 116–117）。ちなみに、後者のオルタナティヴ・ツーリズムは、例示的にはエコ・ツーリズムとか**ヘリテージ・ツーリズム**[*1]などとしてあらわれているが、そこではツーリストのニーズ、嗜好の変化に照準するとともに、場所の個性＝場所性を販促（マーケティング）・価値付加（アディションズ）活動に組み込んでいる点に特徴がある[(1)]。

こうしてボーダレスなフローとしてあるグローバル・ツーリズムそのものに、アーリのいう「グローカル・アトラクタ」が鋭く立ちあらわれている（Urry 2003=2014）。それは約言すると、グローバル化が深まればローカル化が深まり、そしてそのことがグローバル化を深めるといった並進的な過程のことを示している。注目されるのは、この過程において種差的なローカルな場所とか景観などがグローバル・ツーリズムの重要なターゲットとなり、「場所の消費」が広範囲にみられるようになっていることである（Urry 1995=2003）。ところでこの「**場所の消費**」[*2]は、見方を変えていうと、「**場所の差異化**／種

別化[*3]」でもあり、あらためてそこに底在する、グローバルに展開するビジネスの影響が無視できなくなっている（この点については、たとえば、Harvey（2009=2013）を参照のこと）。詳述はさておき、今日、グローバル・ツーリズムのありようを考察する際に、グローバルに展開するビジネスの戦略とそれを積極的に支える国家の施策（たとえば、後述するビジット・ジャパン事業）、そしてそれに伴って表出している「**観光のまなざし**[*4]」を視野に入れることが欠かせなくなっている。[(2)]

本章では、こうしたグローバル・ツーリズムの下で急増している訪日外国人観光客の動向とそうしたインバウンドのコミュニティへのインパクトについて、「安全・安心」というイッシューに絞って検討し、グローバル・ツーリズムにひそむ可能性と課題を浮かび上がらせることにする。それはグローバル化によって**ハイブリッド化する社会**[*5]、とりわけ都市の今後を見定める上でも欠かせないものである。

1　グローバル・ツーリズムと訪日外国人観光客の増大

グローバル・ツーリズムのなかの訪日外国人観光客の増大

まず、グローバル化の進展とともに増え続けている、この間の訪日外国人観光客の量的推移をみておこう。表11－1は、ＪＮＴＯ（日本政府観光局）発表の統計資料に依拠して、一九九四年以降の訪日外国人数の推移をみたものであるが、世界金融恐慌直後の二〇〇九年および東日本大震災が勃発した二〇一一年を除いてほぼ一貫して増加していることがわかる。しかも訪日外国人のうち観光客の占める比率

表 11-1　訪日外国人数の推移（1994 年～2016 年）

年	総数	観光客
1994	3,468,055	1,915,468（55.2）
1995	3,345,274	1,731,439（51.8）
1996	3,837,113	2,114,165（55.1）
1997	4,218,208	2,391,825（56.7）
1998	4,106,057	2,357,862（57.4）
1999	4,437,863	2,560,343（57.7）
2000	4,757,146	2,693,357（56.6）
2001	4,771,555	2,717,422（57.0）
2002	5,238,963	3,095,326（59.1）
2003	5,211,725	3,055,340（58.6）
2004	6,137,905	3,839,661（62.6）
2005	6,727,926	4,368,573（64.9）
2006	7,334,077	4,981,035（67.9）
2007	8,246,969	5,954,180（72.2）
2008	8,350,835	6,048,681（72.4）
2009	6,789,658	4,759,833（70.1）
2010	8,611,175	6,361,974（73.9）
2011	6,218,752	4,057,235（65.2）
2012	8,258,105	6,041,645（73.2）
2013	10,363,904	7,962,517（76.8）
2014	13,413,467	10,880,604（81.1）
2015	19,737,409	16,969,126（86.0）
2016	24,039,700	21,049,676（87.6）

注）表中，観光客の後の（　）内は総数に対するシェア（構成比）を示している．
出典）日本政府観光局編（2017）より作成．

（シェア）が年を経るとともに確実に高まっている。ちなみに、二〇一三年に訪日外国人数は一〇〇〇万人に、そして観光客は二〇一六年に二〇〇〇万人に達している。しかも訪日外国人全体において観光客の占める比率が九〇%近くに及んでいる。

いうまでもなく、こうした訪日外国人観光客の増大は、非線形的なグローバルなヒトのフローの一つとしてであり、それ自体、グローバル・ツーリズムの内容を構成するとともに変えていくものとしてある。あらためてここで考えておかなければならないのは、こうしたグローバル・ツーリズムの影響は世界中に及んでいるが、それが顕著な形であらわれているのがアジア太平洋地域であるという点である。実際、二〇一六年にアジア太平洋地域を訪れた国際観光客数は対前年比八・四%増となっており、他の地域を圧倒する高い伸び率となっている（国土交通省観光庁編 2017: 5）。詳述はさておき、ここでは、アジア太平洋地域からのインバウンド[*6]がそれらの地域へのアウトバウンド[*7]とともにある、つまり両者が裏表としてあることをおさえておく必要がある。

訪日外国人観光客増大の構造的要因

さて、みてきたような訪日外国人観光客数の飛躍的な増大をもたらした要因としてさまざまなことが考えられるが、一つには二〇〇三年に始まった政府主導のビジット・ジャパン事業（以下、VJ事業と略称する）の果たした役割が大きい。ちなみに、訪日プロモーションの官民一体の取り組みとして知られているこの事業において、特に重点市場を設けてそこに優先的に予算を投入することによって、海外旅行先としての日本の認知度が高まり、日本への送客支援が積極的におこなわれるようになったと言われている（国土交通省観光庁編 2014）。もちろん、訪日外国人観光客の増加要因はこれだけではない。VJ事業の展開とともにみられた、円高の是正による旅行費用の割安感の浸透、東アジアおよび東南アジア諸国の査証緩和措置[(3)]、LCC（ローコストキャリア）路線数の増加→座席供給量の増加や首都圏空港の発着枠の拡大なども大きく作用している（日本政府観光局編 2014; 国土交通省観光庁編 2014）。

だがそれにもまして構造的要因として注目されるのは、経済情勢の変化であろう。とりわけ東アジアおよびASEANの経済成長が果たした役割にははかりしれないものがある。これらの諸国では、経済成長が訪日を可能にする高所得層および中間所得層を増加させたのである。ちなみに、図11－1は二〇

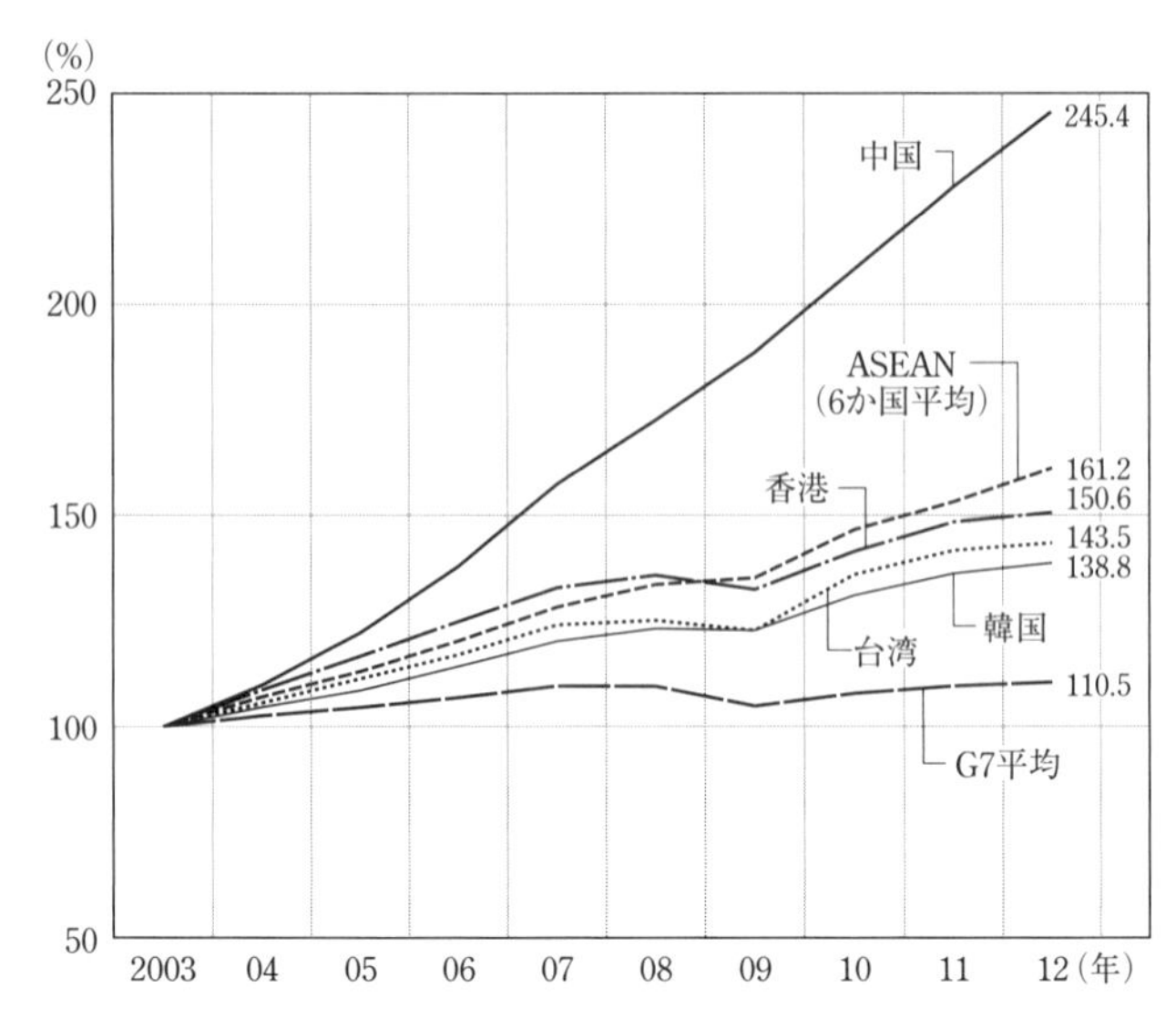

図 11-1　東アジア，ASEAN（東南アジア諸国連合）（6 か国平均）の経済成長の推移（2003 年（平成 15 年）＝100）

注 1）IMF（国際通貨基金），World Economic Outlook Database による．
2）2003 年（平成 15 年）の実質 GDP を 100 として指数化．
出所）国土交通省観光庁編（2014: 19）

〇三年を一〇〇として、それ以降一〇年間の東アジア、ＡＳＥＡＮ、Ｇ７の経済成長の推移をみたものである。同図によると、Ｇ７がほぼ横ばいであるのにたいして、中国、次いでＡＳＥＡＮの伸びが著しい。他方、図11－２は同様に訪日外国人観光客の推移をみたものであるが、中国人観光客の著増、ＡＳＥＡＮ観光客の堅調な増加が確認される。

なお、同様に二〇一六年の国別観光客数を二〇〇三年を一〇〇とする指数であらわすと、中国人観光客五七六六・三、ＡＳＥＡＮからの観光客一一〇・五、香港人観光客七八六・三、台湾人観光客五八四・二、韓国人観光客五〇〇・六、Ｇ７からの観光客二八三・

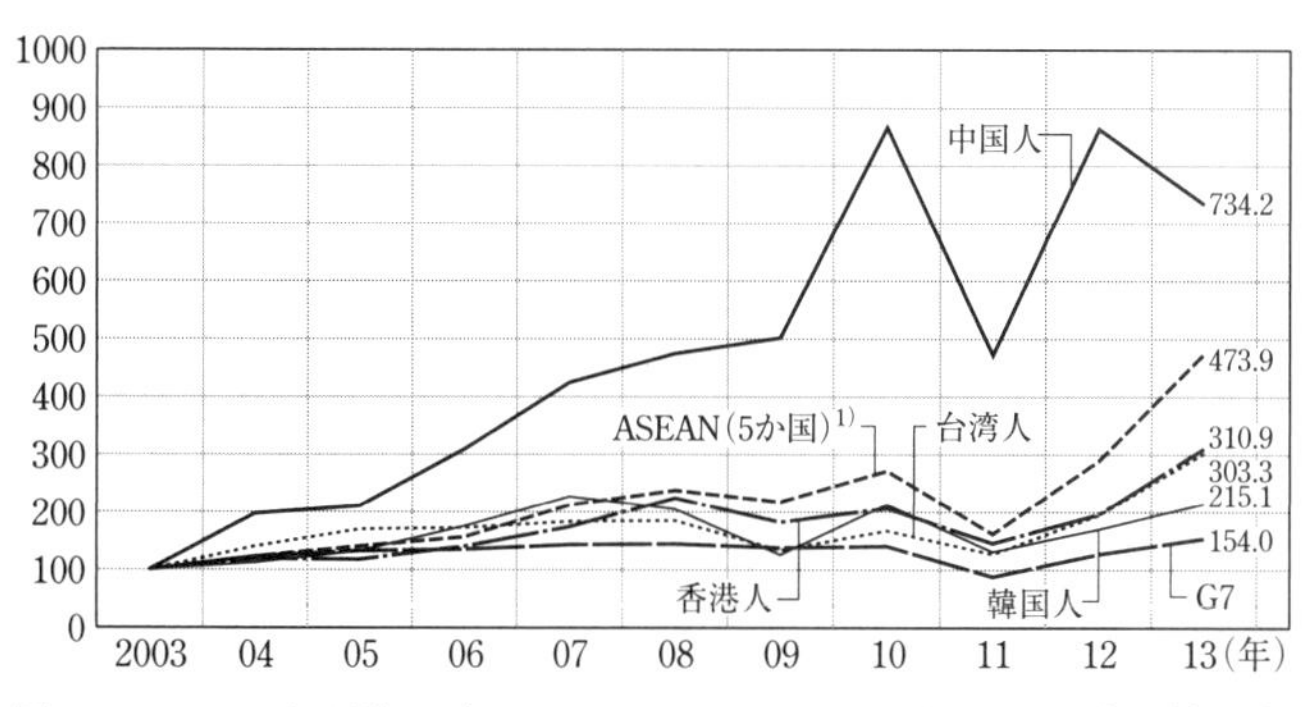

図11–2　2003年以降の東アジア，ASEAN 5か国，G7の訪日外国人観光客の推移

注 1）インドネシア，マレーシア，フィリピン，シンガポール，タイからなる．
2）2003年（平成15年）の訪日外国人観光客の水準を100として指数化．
出所）日本政府観光局編（2014）より作成．

六となり、上述の傾向は中国人観光客の突出という形で加速していることがわかる（日本政府観光局編 2017）[4]。いずれにせよ、図11－1と図11－2が共振していることは明らかである。

2　コミュニティ・イッシューとしての「安全・安心」

「異質な他者」への非寛容なまなざし

ところでここに来て、そうしたアジア系外国人観光客、とりわけ中国人観光客に特有の問題現象としてとりあげられているのが一連のマナー・トラブルである。周囲の迷惑を顧みず大騒ぎしたり、ところかまわずゴミを捨てるなどといったことが指摘されている。ごく最近では、大量のスーツケースが空港に放置されていることが取りざたされている。そしてこうしたマナー・トラブルの噴出を前にして、一部メディアのネガティヴ・キャンペーン[5]と呼応するかのように中国人観光客を「異質な他者」として忌避し、そうすることで自分たちの安寧を担保しようとするコミュニティがあちこちで立ちあらわれている。「高度経済成長期の日本人もそうであった」という声もあるが、以上のようなコミュニティのリアクションにおいて特徴的なのは、コミュニケーションの違い、作法の違いにたいしてきわめて非寛容であることである。そして結局のところ、外に閉じられた、異質なものとの交流に背を向ける従来のコミュニティが維持されることになるのである。

たとえば、外国人観光客がよく訪れることで有名な京都のK寺に隣接するある町内会では、自分たちの住まいの入り口のところに、中国語およびハングルで記された「立ち入り禁止」の立て看板を設置し、中国人観光客や韓国人観光客を自分たちの「安全・安心」を脅かすものとしてコミュニティからシャットアウトする意思を明確に示している。こうした例はあげればきりがないが、訪日外国人観光客、とりわけ中国人観光客の増大を前にして「安全・安心」がきわめて重要なコミュニティ・イッシューとなっていることはたしかである。

「安全・安心」をめぐるコミュニティのジレンマ

ところが、このコミュニティ・イッシューとしての「安全・安心」は、二〇二〇年の東京オリンピックの開催とかかわって、より大きな問題構制(プロブレマティック)となりつつある。ここでは訪日外国人観光客がもたらすトラブルがリスクとしてとらえかえされ、「安全・安心」の確立がリスク管理の文脈でコミュニティの課題となりつつある[6]。そして実際、そうした方向／ラインでの訪日外国人観光客へのまなざしが強まっているようにみえる。詳述はさておき、こうしたまなざしの下で、東京オリンピックの開催が「インバウンド観光の拡大における強力な追い風」（国土交通省観光庁編 2014: 43）になるという指摘がなされる一方で、実態としては「清潔で美しい都市」を標榜しながら「内に閉じられたコミュニティ」を再編強化する動きが強まっている。いずれにせよ、インバウンド観光を通して外に開かれたコミュニティが確立されるという方向には必ずしも向かっていないのである。

他方、「安全・安心」の確立は、コミュニティの衰退が進んでいるところでは、地域の活性化をめぐってより切実な課題となっている。今日、あちこちで空き家の増加とか居住者の頻繁な入れ替わり等によって、地域住民の地域への関わりが希薄になり、地域への愛着や帰属意識が低下している。その結果、地域住民間のコミュニケーションが疎遠になり、治安の悪化がみられるようになっている。こうしたところでは、むしろインバウンド観光を介しての交流人口の拡大によって「安全・安心」を確立し、地域コミュニティの活性化につなげていこうとする動きが強まっている（この点は後述）。

いずれにせよ、こうしてみると、「安全・安心」が一方でコミュニティを閉じる方向で、そして他方でコミュニティを開く方向で争点となっていることがわかる。この二つは真逆の方向を示しているが、今日、訪日外国人観光客の急増を見据えて「安全・安心」をどう確立するかがきわめて重要になっていることはたしかである。実際、以下にみるように、訪日外国人観光客をあらたなにぎわい、交流の主体へとおしあげ、コミュニティの活性化へとつなげようとする動きも出てきている。

3　コミュニティをターゲットとする訪日プロモーションの展開

訪日外国人観光客のコミュニティへの「呼び込み」

二〇〇三年以降、国をあげての官民一体の訪日プロモーションの取り組みがなされ、一定の成果をおさめていること、だが他方で「安全・安心」があらためてコミュニティ・イッシューとして登場していることについて、これまで述べてきた。こうしたコミュニティ・イッシューについては社会全体としてようやく議論しはじめた段階であるが、そうしたなかでいくつかの論点が浮かび上がってきている。一つは、急増するアジア系外国人観光客にたいして受け入れが「十分に追いついていない」現状を踏まえた上で、言葉や文化の違いを認めながら、いかにして相互理解を深めるかということが問われている。ここでは何よりも「異質な他者」にたいする受け入れの寛容なホスピタリティの質の充実がもとめられているが、たとえば、その一環として外国人観光客の目線に合わせた地域性や問題処理に役立つ情報の提供、そしてそのための、さまざまな情報回路を活用した多方向性のネットワーク・コミュニティの必要性が取りざたされるようになっている。

そしていま一つは、欧米系外国人観光客、とりわけ漸増しているＦＩＴ（個人の外国人旅行者）の日本の自然や景観、あるいは生活文化にたいする熱いまなざしを踏まえて、自然／景観と一体化した生活文化の掘り起こしに「異質な他者」がどうかかわるかということが問われている。ちなみに、図11－3より、米国人が日本に旅行して体験したもののうち、「日本の生活文化体験」、「日本の歴史・伝統文化

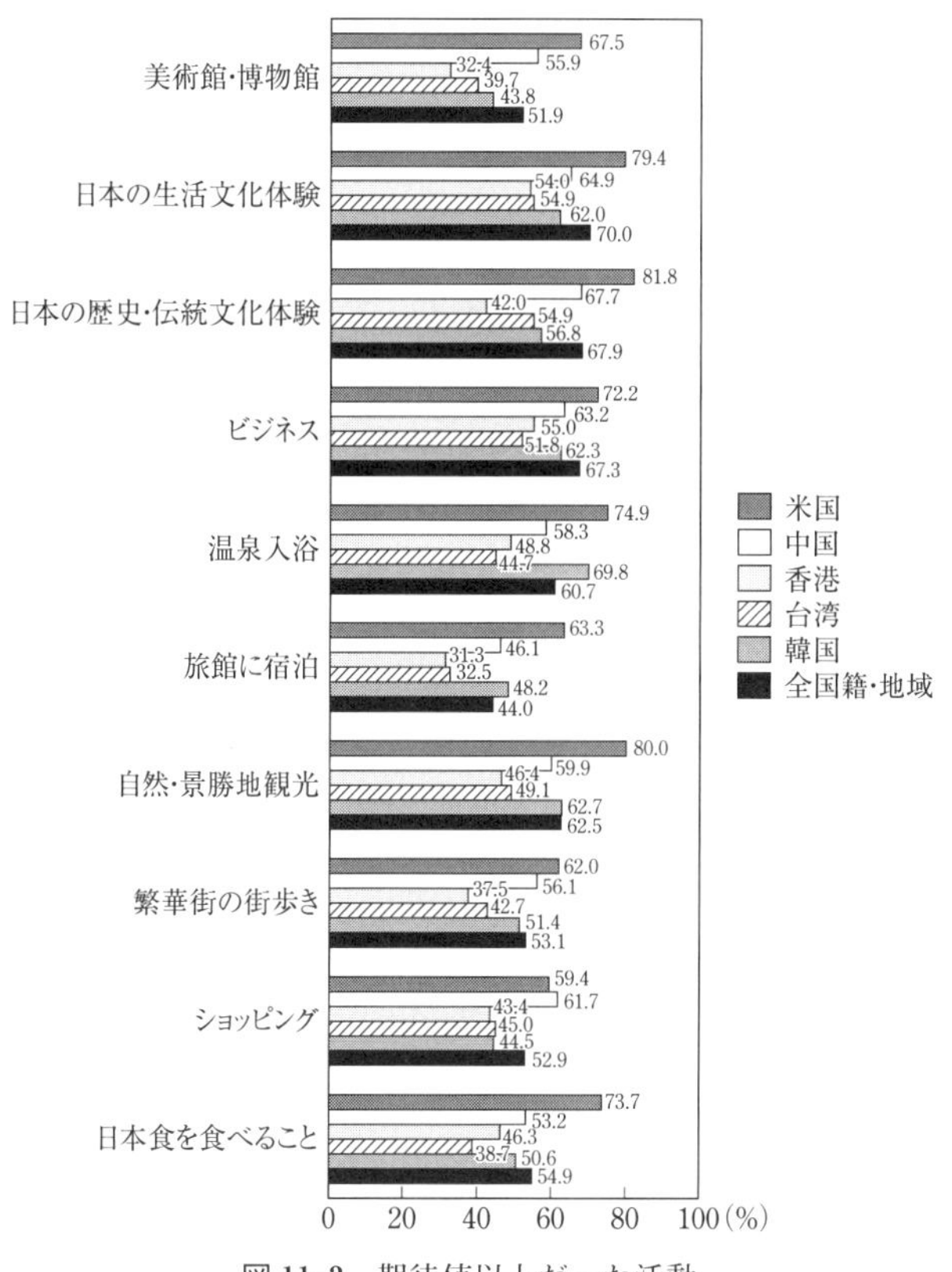

図 11-3　期待値以上だった活動

出所）国土交通省観光庁編（2013）より作成.

体験」、「自然・景勝地観光」に非常に強い満足を示していることがわかる。もっとも、こうした動向は、アジア系外国人観光客の間でもみられるようになっている。

たとえば、台湾メディアの『中国時報（電子版）』が二〇一八年二月二八日に報じたところによると、訪日台湾人観光客の間でこのところ場所の消費形式に大きな変化がみられるという。端的にいうと、従来のショッピングから日本の生活文化や民俗に触れる体験型消費へのシフトが大きな流れになっているというのである（https://news.infoseek.co.jp/article/searchina）。

実際、外国人観光客がかかわる生活文化の掘り起こしの一例として、空き家になっている古民家（京町家や農家など）を外国人観光客用のゲストハウスや民宿に転用して、そこを拠点にして外国人観光客が古い街並みや水辺の風景を地域の住民とともに愛しむようになり、そのことで地域ににぎわいがもどってきたというようなケースもあらわれている。このような場合、外国人観光客の宿泊→地域住民との交流がコミュニティの活性化につながっている。いずれにせよ、いま、訪日外国人観光客をコミュニティに積極的に呼び込むことがきわめて重要になっている。そしてあらためて、訪日プロモーションの取り組みにおいて「コミュニティに根ざすこと」（community based）の意味と可能性を問うことが避けられなくなっている。

「安全・安心」のとらえかえし——「排除」から「包摂」へ

ところで、「コミュニティに根ざす」インバウンド観光の拡充が旅館やホテルの整備・拡充を不可欠のものとしていること、そしてそこに外国人を働き手として受け入れる新たな枠組みをつくることが避けられなくなっていることを、併せて考える必要がある（磯山 2017）。これまでみられた働き手としての外国人の受け入れは、日本人の雇用を奪うとか単純労働者の受け入れが労働全体の質の低下を招くといった懸念が先行するなかで、「生活者」として受け入れる制度を欠いた状態でなされてきた。そうした受け入れの下に、もっぱら人手不足に対応するために移入された安価な外国人は、コミュニティから排除されてきた。そして前述の訪日外国人観光客、とりわけアジア系の観光客に投げかけられている、「異なる他者」にたいする同種のまなざしに晒されてきた。しかし、インバウンド観光の拡充によって訪日外国人観光客にたいするそうしたまなざしに変化がみられる（なくなったわけではない）ように、働き手としての外国人にたいするまなざしにも、これまでのような排除一辺倒ではなく包摂するような動きがみられるようになっている。

いずれにせよ、インバウンド観光の裾野の広がりとともに、安易な人手不足対策ではない外国人との共生のありようが模索されはじめている。そしてここにきて、さまざまなイニシエーションを経て日本に参入する外国人を、「異なる他者」でありながら地域社会をささえる存在として包み込む制度の設計がもとめられるようになっている。これまではこうした制度がなかったために、外国人の間で「ダブル・リミテッド[*8]」というような状況が生じ、そのことがかえって「生活者」の「安全・安心」を脅かすという面がみられたのである。先に述べた「コミュニティに根ざすこと」の意味と可能性がいまほど問われているときはないといえよう。

むすびにかえて――「開いて守る」コミュニティの形成に向けて

みてきたように、訪日外国人観光客の増大は、地域社会／コミュニティにたいして大きなインパクトをもたらしつつある。いまのところ、それをどう受け止めるかについては、ポジティヴ、ネガティヴの両様に分かれているが、ことがらは日本社会、とりわけ都市のありようにもかかわっている。日本社会、そして都市が今後もグローバル化の波にさらされ、それとともにグローバル・ツーリズムが進むと仮定すれば、訪日外国人観光客の増大はなおも続くであろう。と同時に、日本社会、そして都市にたいして「異質な他者」の文化がいっそう持ち込まれるようになり、「外から」のまなざしと「内から」のまなざしが鋭く相克することになるであろう。しかし、これは日本社会、そして都市にとって必ずしもマイナスではないであろう。たしかにグローバル・ツーリズムとともにグローバル・リスクが持ち込まれることは避け得ないが、他方で、日本の生活文化の伝統を深く湛えたローカリティが「外から」の「観光のまなざし」によって「再発見」され、新しい解釈が加えられ、そしてグローバリティを獲得する機会にもなり得る（→アーリのいう「グローカル・アトラクタ」の一つの事例を構成）。そのこと自体、「はじめに」で言及した「場所の消費」、つまり「場所の差異化／種別化」戦略に組み込まれているわけであるが、結果として地域の活性化につながる可能性があるのも否定できない(7)。

いうまでもなく、こうした文脈において立ちあらわれる地域の活性化は内に閉じられたコミュニティの上には成り立ち得ない。近年、マナー・トラブルをひきおこしている外国人観光客にたいして法令の遵守をもとめるとともに、質の悪いツアーを抑制すべきであるという声が強まっているが、むしろそれよりは異文化が交わることの難しさを理解した上で、地域が提供するさまざまな情報や体験を共有することを通してインバウンド観光の裾野を広げていくことの方がより生産的であると考えられる。いずれにせよ、こうしてみると、「開いて守る」コミュニティの形成[(8)]が訪日プロモーションの取り組みの最初に置かれるべきであろう。

ちなみに、山下晋司は、グローバルなヒトのフローが「境界のない世界」をもたらし、何よりもインバウンド観光の広がりが「多民族国家ニッポン」の形成をうながしていると主張しているが（山下 2009）、とすれば、この「多民族国家ニッポン」の向こうに透けてみえてくる「移民国家」の内実[(9)]が果たしてどのようなものであるのかを、あらためて問う必要があろう。わたしたちがこの間目にしてきたのは、モーリス＝スズキ[*9]（Tessa Morris-Suzuki）に倣っていうと、依然として「デモクフシーの普遍性を唱える」か「『固有の文化』という想像上の壁の後方に避難する」かであった（モーリス＝スズキ 2002: 261）。しかしここでみてきたインバウンド観光の拡充、そしてその界面でみられる外国人の受け入れの進展からみえてきたのは、そうした二者択一的なアジェンダ設定がもはや意味をなさないということである。それに代わって求められるようになっているのは、さまざまな形をもってあらわれつつある「開いて守る」コミュニティの形成がそうしたアジェンダ設定をどのようにして内破しようとしているのかを明らかにすることである。いうまでもなく、それはすぐれて都市的な問題構制としてある。

【注】

(1) ここで想起されるのは、かつてルフェーヴルが空間／場所が「第二の産業循環」となることによって資本主義の存続が可能になっている、と述べたことである (Lefebvre 1973)。詳述はさておき、今日、ツーリズム、そしてこれと結びついたエコロジーが空間／場所に組み込まれることによって、「第二の産業循環」はより厚みが加わるようになっている。それとともに、ルフェーヴルに倣っていうと、剰余価値形成のメカニズムがいっそう複雑になっている。

(2) ビジネスと国家の施策、そして「観光のまなざし」は相互に共振している。後述するＶＪ事業はこの三者の共振関係を解く鍵になると思われる。この場合、国家の役割を「猟場番人」に見立てるバウマンの見解が有益である。ちなみに、ここでバウマンが「猟場番人」として含意しているのは、国家が資本 (＝猟師) の価値増殖 (＝獲物の獲得) を支える／うながすための環境整備を積極的ににになうゲート・キーパーの役割を果たすということである。詳細は Bauman (1987=1995) を参照されたい。

(3) 中国にたいして、二〇一〇年七月より査証要件が大幅に緩和された (年収要件を二五万元程度から三～五万元程度まで拡大)。東南アジア諸国にたいしても、二〇一三年七月より査証要件が緩和され、数次査証が導入された。

(4) なお、二〇一六年の訪日外国人観光客数を国別で上位一〇位までみると (以下、単位千人)、中国 (五五三五)、韓国 (四五九三)、台湾 (三九八一)、香港 (一七九三)、米国 (九六二)、タイ (八三八)、豪州 (三九八)、マレーシア (三五五)、シンガポール (三二四)、フィリピン (二八五) の順になっている。ここで注目されるのは、中国人観光客の対外国人観光客総数 (二一〇四九) 比が二六・三%に達していることである (日本政府観光局編 2017)。実に四人に一人が中国人観光客なのである。ちなみに、二〇一三年時点での訪日中国人観光客数は七〇四・七（千人）であり、訪日香港人観光客数（七〇九・〇）を下回っていた（同上 2014）。

（5）これまで週刊誌等で大々的に報じられてきた。たとえば、『週刊ポスト』二〇一三年一一月一日号では、「中国人観光客——食事や宿泊フロアを隔離するホテルも存在する」と、そのマナーの悪さをセンセーショナルに取り上げている。同時に、相手にたいする無理解の上に、嫌悪感ばかりつのらせているというような指摘もある（『京都新聞』二〇一〇年八月二四日）。

（6）リスク管理のためのコミュニティの動員が主テーマになっているように思われる。詳述はさておき、動員が可能になるには、コミュニティが「外」にたいして一定程度閉じられていることが要件となる。しかし外国人観光客との接点づくりが課題となっているコミュニティでは、逆に「外」にたいして開かれていることがもとめられる。ここに東京オリンピック開催に向けての「清潔で美しい都市」の構想が矛盾を抱えることになる。

（7）ただし、新自由主義的な機制の下では、「場所の消費」＝「場所の差異化／種別化」→地域の活性化を短絡的に理解することはできない。なぜなら、そこには資本戦略としての一貫性がみられる一方で、場所の個性を文化とか歴史性の文脈で取り込もうとするスタンスが見え隠れしているからである。そこにまた共同体主義的に語られる場所が新自由主義に「簒奪」されるフェイズを読み込むことができる。

（8）「開いて守る」コミュニティについては、吉原（2007）を参照されたい。ここでのテーマ設定とは異なるが、「安全・安心」にかかわるコミュニティへの基本的視角が提示されている。

なお、ここでの文脈には必ずしも位置づかないが、「開いて守る」コミュニティの形成は最終的にはビジネス・チャンスの拡大につながると考えられる（もっとも、筆者はこのビジネス・チャンスの拡大については評価を留保している）。この点については、『地域開発』五五七（二〇一一年二月）の諸論稿を参照のこと。

（9）　日本は長い間「単純労働は受け入れない」という方針の下に移民国家を許容してこなかった。しかしたとえば、インバウンド観光の拡充にともなって、「旅館の客室係」のような職種に外国人を充てざるを得なくなっている。しかし上記のような方針のため「生活者」として受け入れる素地ができあがっていない。結果として移民国家としての環境が整わないままに、「気がついたら移民国家」ということになってしまっている。ちなみに、山下は「多民族国家ニッポン」の可能性を「混じり合い、かつ混じり合わない―アンビヴァレンス」（山下 2009: 176）にもとめている。このアンビヴァレンスはまさに都市の美学／美質を成すものであるが、それがそのまま移民国家の共生の枠組みにつながるわけではない。

【用語解説】

＊1**ヘリテージ・ツーリズム**　産業遺産に出向き、当該地域の住民や元従業員などの「仲介者／解説者」を通して、地域に累積されてきた産業技術およびそれと不可分にむすびついて存続してきた生活・文化のありようを学ぶ旅のことであるが、地域住民の側でもそこを訪れた旅人とのコミュニケーションを通して地域遺産にたいする再発見／再審の機会を得ることになる。

＊2**場所の消費**　アーリは、近代のツーリズムにおいて「場所」がすぐれて視覚的消費の対象になっている、という。すなわち観光地の景観を記号やイメージとして消費する視覚中心主義が広く生まれていると主張している。アーリによると、この視覚中心主義は、実物（オリジナル）の対象とは異なった位相において観光地にまなざしを向けることから派生している、という（↓＊4）。

＊3**場所の差異化／種別化**　新自由主義的な資本戦略が世界を席捲するなかで場所間競争が激化している。そして場所の個性を取り込むこと、すなわち場所を差別化し「わがもの」とすることによって競争における「勝者」に

なることが、今日グローバルな資本において有力なモチベーションになっている。

＊4**観光のまなざし**　アーリによると、近代の観光はひとえに観光地を日常生活空間から乖離した風景として、すなわちプレモダンの「手つかずの自然」として一方的に〈まなざす〉ことにあるとしている（→＊2）。そしてそのことによって、ツーリストが「秩序だった近代人」として自己認識することが可能になっているという。そこにはフーコーのいう、「自然／文化のディコトミー」に着目する「まなざし」の概念が活きづいている。

＊5**ハイブリッド化する社会**　異質な諸要素が混淆もしくは融合して新たな質の関係性や集合性が生み出されている社会のこと。文化次元に照準を合わせると、さまざまな文化的要素が出会うことによって、包摂と排除、受容と拒絶、同調と衝突、選択と取捨等の諸過程を経てできあがる文化圏のこと。いずれにせよ、何らかの統体のようなものが想到されるが、社会組成原理からすると、多中心的であり、創発的（emergent）であることがメルクマールとなる。

＊6**インバウンド**　インバウンド・ツーリズムの略語。外国人の訪日旅行のこと。

＊7**アウトバウンド**　アウトバウンド・ツーリズムの略語。インバウンド・ツーリズムの対義語。日本からの海外旅行のこと。

＊8**ダブル・リミテッド**　日本語ができない上に地域社会にも溶け込むことができないために誰とも十分な言語的コミュニケーションが取れない状態が生じている。京都などではこうした状況を見据えてインバウンドを支援する、大学生を中心とするNPOが生まれているが、活動は緒に就いたばかりである。

＊9**モーリス＝スズキ**　一九五一年生まれ。オーストラリア国籍の歴史学者で専門は日本思想史、日本経済史。長い間、オーストラリア国立大学教授をつとめた。民族や国家にとらわれない脱境界的な地域協力や市民社会のありようを模索／構想する卓抜した論稿を数多く発表しており、日本でもよく知られている。

むすび——二一世紀都市社会学のゆくえ

都市社会学が誕生したのは、一九世紀末から二〇世紀初頭の世紀転換期シカゴであった。そこは、艱難辛苦の旅を経てヨーロッパからアメリカに渡った移民たちによってつくられた、「背中の痛む」都市であった。しかし移民たちにはどこか笑みがみられた。そして都市じたい、希望を宿していた。しかし一〇〇年後の二一世紀の劈頭においてわれわれが目にしている都市は、吹き荒れる排外主義の真只中にあり、無権利状態に置かれた人びとで溢れかえっている。絶望と無秩序が都市をあつく覆っている。二〇世紀初頭には、誰がこのような都市を予想したであろう。

長い間、多様性、異質性とともに「共に生きること」が都市の理念の中心をなしてきた。そして都市社会学もまた、「共に生きること」から派生する共同性を価値軸と分析軸の中心に据えてきた。もはや繰り返すまでもないが、この共同性は本書の第I部および第II部に通底するテーマであり、第III部において垣間みた都市的現実の向こうにみえてくるものでもあった。一見したところ、新自由主義の都市は、この共同性の否定の上にあるようにみえる。しかし二一世紀のいま、ポスト新自由主義の都市のありようをめぐって、再びこの共同性が取りざたされるようになっている。それを、「共に生きること」に立ち返って練り直すことがもとめられるようになっているのである。

ポスト新自由主義時代の都市社会学にとって、まず問われるのは、「共に生きること」はもはや絵空事であるといった訳知り顔の物言いにたいしてどう向き合うかという点である。考えてみれば、ヨーロッパやアメリカ、とりわけアメリカでは、都市は大規模になればなるほど、種々のエスニック・コミュニティのモザイクのようなものになっていた。だから、たとえ街路を隔てて異なるエスニシティがいがみあっていても、全体としてみれば、「異なる他者」にたいして寛容であるという、「共に生きること」の作法が存在していた。しかしいまや、グローバル化の進展とともに外から持ち込まれた分断と格差がテロの温床になり、それらが犯罪多発の要因になるにつれて、都市じたい、「異なる他者」にたいする寛容さが失われ、コミュニティの内外で、さらにジェンダー、世代、階級・階層間で「共に生きること」の作法を維持することが困難になっている。ちなみに、指摘されるような寛容さの喪失、つまり都市全体を覆うようになっているゼロ・トレランスの風景については、本書第III部、とりわけ第10章、第11章において緩やかに示しておいた。

いうまでもなく、先に言及した排外主義はこうした状況を加速させているだけでなく、都市に埋め込まれた亀裂をいっそう深め、複雑なものにしている。結果的に、都市は非常に「生きにくい社会」になっている。としてみれば、いまこそ、「共に生きること」の可能性を人びとが「生活の共同」をきりむすぶ地層に立ちかえって検討すべきであろう。そしてそのことが、まさに二一世紀都市社会学に課せられた最大の課題になっているといえよう。

そのためにはまず、「生活の共同」をきりむすぶ地層において「共に生きること」の可能性を損なっているものをあぶりだす必要がある。その場合、何よりも都市に生きる者の日々の想像力が「異なる他者」におよんでいないこと、すなわち都市に生きる者が「異なる他者」を横につながる他者として理解していないことが問われる。別の言い方をすると、都市に生きる者にとって、「異なる他者」が自分と動的にからみあう「近い他者」ではなく、自分から切り離されてますます「遠い他者」になっていることが問われるのである。では、どうすれば「異なる他者」は「横につながる他者」／「近い他者」になりうるのであろうか。

ここで想起されるのは、サイードのいうエグザイルである。サイードはエグザイルを「自分が追放／亡命の身であることを、いやでも思い知らされ」た人であるとしたうえで、かれら／かの女らの置かれている「中間的状況」、すなわち「新たな環境にすっかり溶け込んでしまうわけでもなく、かといって故国からまったくきりはなされているのでもな」い境遇に注目している（Said 1994=1995: 81）。詳述はさておき、みてきたような「異なる他者」をこのエグザイルと重ねあわせると、都市に生きる者にとって、「異なる他者」は自分たちの立ち位置を知らせてくれる「重要な他者」ということになる。まさに「異なる他者」をエグザイルとしてとらえ返す必要があるのである。

さてそのうえで、エグザイルとしての「異なる他者」を包み込み、「共に生きること」を追求するにあたって、あらためて確認しなければならないことがある。ひとつは、「異なる他者」にたいする無理解と憎しみをどう縮減するかという点である。そしていまひとつは、「異なる他者」を守るということをどう社会に埋め込む／刷り込むかという点である[1]。都市社会学はそのためにまず、「異なる他者」にたいして「あちら側」とラベリングし、「遠くにいる他者」として社会の彼方と底辺に追いやる構造を明らかにする必要がある。さらに「自分たち」と「異なる他者」との間にひかれているようにみえる線をみきわめる必要がある。ちなみに、後者についていうと、新自由主義に呑み込まれた都市では、競争の激化、自己決定・自己責任の強制とともに、むしろ「自分たち」と「異なる他者」との互換性は高まっているとさえ思われる。実際、都市に生きる者たちは、今日排除していた「異なる他者」に明日は「自分たち」がなるかもしれないという惧れを抱いている。だからこそ、「異なる他者」を守ることが「自分たち」を守ることになる都市のしくみを、「生活の共同」をきりむすぶ地層からつくりあげていく必要があるのである。そのために都市社会学は何ができるのであろうか。

考えてみれば、「異なる他者」を守ることは「異なる他者」によって守り返されるということでもある。だから、その機会を奪っているように見えながら、実は与えるかもしれない都市は奥が深いといえる。都市は驚きに充ちていると言ったのは、果たして誰であっただろう。しかしここでは、その謎解きに深入りする心算はない。ここで指摘したいのは、そのような「守り守られるという関係」は、共生の原義であるコ・プレゼンス（co-presence）という概念に立ち返って検討されるべきものとしてあるという点である。ちなみに、鷲田清一は、「『聴く』ことの力」から入って、そこからコ・プレゼンス、鷲田の言葉でいうと「居合わせること」につなげている。鷲田によると、「居合わせること」は「他者のいるその場所に特別の条件なしにともにいること」、つまり「何の留保もなしに『苦しむひと』がいるという、ただそれだけの理由で他者のもとにいるということ」になる。そういう点でいうと、この「居合わせること」は無条件に存立するものである。無条件に「傍らにいる」、「隣り合わせる」、「寄りそう」ということになるのである（鷲田 1999: 245）。

社会学からみると、鷲田の以上の議論は本質はついているものの、やや規範的な色調の強いものになっている。似田貝香門は、この点を強く意識し、コ・プレゼンスという概念を「共にあること」、「共同出現」という概念に組み替えて用いている（似田貝 2008）。

似田貝はこういう。

> 苦しみに偶然〈出会う rencontre〉人間がこの「苦しみ」と〈居合わせる co-presence〉ことにより、受難=受動の様相におかれ、ここから提起されたテーマや課題に対し、否応なく立ち上がる〈共に―ある êtreavec〉という〈共同出現〉的な主体、すなわち〈われわれ〉という〈主体の複数性〉の形成の可能性を考えたく思う（同上：4–5）。

こうした主張は、明らかにアーレントの議論を下敷きにしているようにみえるが、そこではコ・プレゼンスを実践的な文脈で静的なものから動的なものに組み替えることがいっそう強くもとめられているといえよう。いずれにせよ、ここで「共に生きること」のための始原的な認識を確立するためには、少なくともこのコ・プレゼンスの次元にまで立ち返って議論を展開していく必要があることを指摘しておきたい。そしてまさに、二一世紀の都市社会学はここをひとつの出発点にして翼を広げていくことになるだろう。

なおついでに付言しておくなら、都市がいまや不平等や格差をこえて壮大な非対称性を示す存在になっていること、そしてそうした非対称性を「生活の共同」レベルから、「共に生きること」を契機としてとらえかえす動きが立ちあらわれていることに注目する必要がある。なぜなら、そうした動きをどのように位置づけるかが、今後の都市社会学の展開にとって決定的に重要になる、と思われるからである。

【注】

(1) 先にふれた排外主義は、ひとことでいうと「異なる他者」を排除して、「自分たち」だけが社会を構成するにふさわしいと考えるものであるが、そこでの排除の根拠、それから「自分たち」をどう位置づけるかについては必ずしも明確ではない。ただ排除するには、その基準はあいまいであっても、それなりの理由がなければならない。つまり「公敵」(Said 2002=2003: 2) としての説明がもとめられる。そこで国を愛していないといったレトリックが用いられる。

あとがき

筆者がかけだしの頃、指導教授の矢崎武夫先生から強く読むようにすすめられたのが、『都市革命』にはじまるルフェーヴルの一連の著作であった。アメリカのさまざまな大学で訪問教授として教鞭を執っていたときに、とくに若手の批判的な社会学徒の間でルフェーヴルの名前がよくあがっていた、という。それでも、先生がなぜルフェーヴルをすすめたのか未だによく理解できないところがあるが、先生のルフェーヴルへの言及を契機にルフェーヴルの著作にいっそうしたしむようになったのはたしかだ。それ以降、ルフェーヴルを介してハーヴェイ、カステルの著作にも目を向けるようになった。果たして、あれから何年経っただろう。

さて筆者は、これまでに本書に連なるものとして、『都市空間の社会理論』、『都市とモダニティの理論』、『モビリティと場所』を著わしてきた（いずれも東京大学出版会から刊行）。それらは、それぞれの時点で都市社会学の理論地平を明らかにしようとするものであったが、本書がそれらを再整序したうえでめざしたのは、過去数十年にわたってさまざまな潮流をしるしてきた都市社会学の理論動向をそのときどきの思想状況とかかわらせながら考察し、そこを通底する理論的なテーマと問題群（アジェンダ）をあきらかにすることであった。それがどの程度果たされているかは、本書を手にする読者の判断にゆだねるしかないが、筆者としては、本書を通して筆者が都市にどのように向き合ってきたのか、そして現に向き合っているのかを確認し、都市に生きる一人の社会学者としての立ち位置を見定めることにつとめた。そうした点で本書は、筆者の自己を探しもとめる旅の途次にあるものといえるし、筆者が社会と往還してきた航跡をしるすものであるともいえる。

筆者は、本文のなかで「都市は驚きにみちている」と述べた。そしてそれがいかようのものであるのかを示すために、ヤングのいうエロティシズムの世界、すなわち都市に生きる人びとが新奇なもの、非日常的なものに出会い、興奮し魅せられることになるという経験を取りあげた。本書の各章では、そうしたエロティシズムの基底にあるものをすくいあげることの重要性を示唆したつもりである。しかしいまやわたしたちが目にする都市では、こうしたエロティシズムにひそむ生活の息吹を感じ取ることがきわめてむずかしくなっている。本書はそうしたエロティシズムの拠って立つ源（ルーツ）をさぐり、それを新たな都市社会学にどう組み込むことができるのかを考えようとした。結果として、副題にあるようなテーマ設定に落ち着いたが、わたしたちを心の底からゆるがすような驚きを新たな文脈で取り込むことが都市社会学の今後の展開にとって欠かせない、と強く感じている。

いずれにせよ、課題山積のままこのあとがきをしるすことになった。それでも本書に何らかの意義があるとすれば、そこに筆者が四〇年近くにわたって都市社会学に向き合ってきた理論的営為の所産が反映されているからであろう。実際、本書を構成する一一の章のうち九つの章は、筆者がこれまで書籍とか雑誌などに発表してきたものが元になっている（序、第7章、第10章、むすびは、基本的に書き下ろし）。ちなみに、九つの章の初出をしるすと、以下のとおりである。

第1章　「ロバート・E・パークとヒューマン・エコロジー」吉原直樹編『都市の思想』青木書店、一九九三年。
第2章　「サバーバニズムのアメリカ的形態」吉原編、同右。
第3章　「アメリカ都市社会学の基本的性格について」吉原直樹『都市社会学の基本問題』青木書店、一九八三年。
第4章　「もうひとつの都市社会学」地域社会学会編『行政と地域社会』（学会年報第三集）時潮社、一九八五年。
第5章　「ポストモダンとしての地域社会」古城利明監修『グローバリゼーション／ポスト・モダンと地域社会』（地域社会学講座2）東信堂、二〇〇六年。
第6章　「ジンメル都市論の再解読のために」『ジンメル研究会会報』23、二〇一八年。
第8章　「コミュニティの社会学から社会史へ」中野佳裕編訳、ジャン＝ルイ・ラヴィルほか編『二一世紀の豊かさ』コモンズ、二〇一六年。
第9章　「遠くて近い東南アジアの都市」実践社会学研究会編『実践社会学を探る』日本教育財団出

版局、二〇一六年。

第11章「アジア系外国人観光客急増とコミュニティ」後藤・安田記念東京都市研究所『都市問題』106-6、二〇一五年。

もっとも、どの初出論文も本書に取り込むにあたって大幅に書き改められており、ほとんどが原形をとどめていない。つまり素材としては用いられているが、書き直しと書き加えによって、いずれの章も事実上、書き下ろしに近いものになっている（ただし、第6章はほぼそのままの形で転載している）。

なお、本書執筆の背後要因として、先に記したねらいを達成したいという筆者の長年の思いがあったにしても、それだけで本書ができあがったわけではない。本書が成り立つに至った直接のきっかけは、二〇一七年度に立教大学大学院社会学研究科で社会学特別講座（集中講義）を、さらに同年度の秋学期に本務校（横浜国立大学都市科学部）で都市社会学講義を担当したことであった。この二つの講義のために作成した講義録が本書の骨子をなしている。また講座・講義における院生・学生との質疑応答が本書の内容の推敲に大いに役立った。本書がその内容のいかんにかかわらずテキストというスタイルをとっているのは、この講座・講義経験によるところが大きい。いずれにせよ、上記講座・講義を受講し、さまざまな意見や疑問を出してくれた院生・学生に感謝したい。

もちろん、本書を上梓するまでのさまざまな機会に数多くの先輩諸氏や同僚から、研究上の貴重なサゼッションや批判をいただいたことも指摘しておかねばならない。筆者はこれまで、世紀をまたいでおこなわれてきた空間論研究会やいまも存続しているモビリティ研究会、さらに現在の勤務先の仲間と毎回ポレミークな議論を交わしている都市空間研究会のメンバーからは、言葉で言いつくせないほどたくさんの知的刺戟を受けたし、現に受けている。それらの一つひとつがみえないところで本書の水脈となっていることは明らかである。この場を借りて感謝を申し上げたい。

最後になったが、都市社会学の理論的革新とともにその思想的文脈の掘り起こしに深い理解を示され、編集者の立場からここまで導いてくださった東京大学出版会編集部の宗司光治氏および奥田修一氏には、いくら感謝してもしすぎることはない。特に宗司氏は、二〇一五年に似田貝香門先生と共同で編集した『震災と市民』Ⅰ、Ⅱの編集担当者でもあったが、本書にたいしては企画段階からときとして厳しい意見を出されながらも、ここまで全面的に支えてくださった。本書の内容をテキストというスタイルで著わすことの重要性を指摘されたのも宗司氏であった。筆者自身、良くも悪くも一つの到達地平をしるすものであると考えている本書がテキストとして刊行されることを非常に欣んでいる。ともあれ、宗司氏および奥田氏は本書の生みの親であることを、擱筆するにあたって指摘しておきたい。

二〇一八年五月　新緑の西会津にて

吉原　直樹

人名索引

事項索引

ア　行

カ　行

サ　行

文　献

阿部潔，1998，『公共圏とコミュニケーション——批判的研究の新たな地平』ミネルヴァ書房.

Albrow, M., 1996, *The Global Age*, Polity.（＝2000，会田彰・佐藤康行訳『グローバル時代の歴史社会論——近代を超えた国家と社会』日本経済評論社）

Alexander, C., 2011, "A City is Not a Tree," http://www.bp.ntu.edu.tw/wp-content/（＝2013，稲葉武司・押野見邦英訳『形の合成に関するノート／都市はツリーではない』鹿島出版会）

Alihan, M. A., 1938, *Social Ecology*, Columbia University Press.

Allen, F. L., 1939, *Since Yesterday: The 1930s in America*, Perennial Library.（＝1950，福田実訳『黄昏の十年——アメリカ 1930 年以後』改造社）

——, 1957, *Only Yesterday: An Informal History of the Nineteen-Twenties*, Harper & Row.（＝1975，藤久ミネ訳『オンリー・イエスタデイ』研究社出版）

天野正子，1996，『「生活者」とはだれか——自律的市民像の系譜』中公新書.

雨宮昭一，1997，『戦時戦後体制論』岩波書店.

Appadurai, A., 1996, *Modernity at Large: Cultural Dimensions of Globalization*, University of Minnesota Press.（＝2004，門田健一訳『さまよえる近代——グローバル化の文化研究』平凡社）

Attali, J., 2009, *Survivre aux crises*, Fayard.（＝2014，林昌宏訳『危機とサバイバル』作品社）

Baran, P. A. and P. M. Sweezy, 1966, *Monopoly Capital: An Essay on the American Economic and Social Order*, Monthly Review Press.（＝1967，小原敬士訳『独占資本』岩波書店）

Barber, B. R., 2001, "Malled, Mauled, and Overhauled: Arresting Sub-

urban Sprawl by Transforming Suburban Malls into Usable Civic Space." In B. Tracy, et al., eds., *Public Space and Democracy*, University of Minnesota Press.

Bauman, Z., 1987, *Legislators and Interpreters*, Polity.（=1995，向山恭一ほか訳『立法者と解釈者——モダニティ・ポストモダニティ・知識人』昭和堂）

——, 2000, *Liquid Modernity*, Polity.（=2001，森田典正訳『リキッド・モダニティ——液状化する社会』大月書店）

Beck, U., 2006, *The Cosmopolitan Vision*, Polity Press.

Bell, C. and H. Newby, 1976, "Communion, Communalism, Class and Community Action: The Sources of New Urban Politics." In D. Herbert and R. Johnson, eds., *Social Areas in Cities*, Wiley.

Bender, T., 1978, *Community and Social Change in America*, Johns Hopkins University Press.

Benjamin, W., 1992, *Illuminations*, trans. H. Zohn, Fontana.（=1995，浅井健二郎編訳『ベンヤミン・コレクション1　近代の意味』ちくま学芸文庫）

Berger, B. M., 1960, *Working Class Suburbs: A Study of Auto Workers in Suburbia*, University of California Press.

Berger, P. L. and B., 1972, *Sociology: A Biographical Approach*, Basic Books.（=1979，安江孝司他訳『バーガー社会学』学習研究社）

Bernard, J. S., 1973, *The Sociology of Community*, Longman Higher Education.（=1978，正岡寛司監訳『コミュニティ論批判』早稲田大学出版部）

Berque, A., 1986, *Le sauvage et l'artifice—Les Japonais devant la nature*, Gallimard.（=1988，篠田勝英訳『風土の日本』筑摩書房）

——, 2000, *Écouméne: Introduction à l'étude des milieux humains*, Éditions Belin.（=2002，中山元訳『風土学序説』筑摩書房）

Blanchot, M., 1983, *La communicanté Înavouable*, Éditions de Minuit.（=1984，西谷修訳『明かしえぬ共同体』朝日出版社）

Braidotti, R., 1994, *Nomadic Subjects*, Columbia University Press.

Burgess, E. W., 1925, "The Growth of the City: An Introduction to a

Research Project." In R. E. Park, E. W. Burgess and D. Mckenzie, eds., *The City*, University of Chicago Press.（=1965，鈴木広訳編『都市化の社会学』誠信書房）

Carey, J. T., 1975, *Sociology and Public Affairs: The Chicago School*, Sage.

Castells, M., 1976a, "Theory and Ideology in Urban Sociology." In C. G. Pickvance, ed., *Urban Sociology: Critical Essays*, Tavistock Publications.（=1982，山田操・吉原直樹・鯵坂学訳『都市社会学——新しい理論的展望』恒星社厚生閣）

——, 1976b, "Is There an Urban Sociology?" In C. G. Pickvance, ed., *ibid*.（=1982，山田他訳，同上）

——, 1977a, *The Urban Question*, MIT Press.（=1984，山田操訳『都市問題——科学的理論と分析』恒星社厚生閣）

——, 1977b, "Towards a Political Urban Sociology." In M. Harloe, ed., *Captive Cities*, John Wiley & Sons.

——, 1991, *The Informational City: Economic Restructuring and Urban Development*, Wiley.

——, 2001, *The Internet Galaxy: Reflections on the Internet, Business, and Society*, Oxford University Press.（=2009，矢澤修次郎・小山花子訳『インターネットの銀河系——ネット時代のビジネスと社会』東信堂）

Chambers, I., 1990, *Border Dialogues: Journeys in Postmodernity*, Routledge.

Clifford, J., 1998, "Mixed Feelings." In P. Cheah and B. Robbins, eds., *Cosmopolitics: Thinking and Feeling beyond the Nation*, University of Minnesota Press.

Cohen, R., 1992, *Global Diasporas: An Introduction*, UCL Press.（=2001，駒井洋監訳『グローバル・ディアスポラ』明石書店）

Coser, L. A., 1978, "American Trend." In T. Bottmore and R. Nisbet, eds., *A History of Sociological Analysis*, Basic.（=1981，磯部卓三訳『アメリカ社会学の形成』アカデミア出版会）

Cox, A., 1983, "On the Role of the State in Urban Policy-making: The

Case of Inner-City and Dispersal in Britain." In V. Pons and R. Francis, eds., *Urban Social Research: Problems and Prospects*, RKP.

Cresswell, T., 2002, "Introduction: Theorizing Place." In G. Verstraete and T. Cresswell, eds., *Mobilizing Place, Placing Mobility*, Rodopi.

Davis, M., 1992, *City of Quartz: Excavating the Future in Los Angeles*, Vintage.（＝2001，日比野啓・村山敏勝訳『要塞都市 LA』青土社）

de Certeau, M., 1984, *Arts de faire*, Union générale d'éditions.（＝1987，山田登世子訳『日常的実践のポイエティーク』国文社）

Deegan, M. J., 1990, *Jane Addams and the Men of the Chicago School, 1892–1918*, Transaction.

DeLanda, M., 2006, *A New Philosophy of Society: Assemblage Theory and Social Complexity*, Bloomsbury Publishing.（＝2015，篠原雅武訳『社会の新たな哲学――集合体，潜在性，創発』人文書院）

Delanty, G., 2003, *Community*, Routledge.（＝2006，山之内靖・伊藤茂訳『コミュニティ』NTT 出版）

Deleuze, G. and F. Guattari, 1986, *Nomadology: The War Machine*, trans. B. Massumi, Semiotext.

Derrida, J., 1987, *Positions*, Athlone Press.（＝1992，高橋允昭訳『ポジシオン』青土社）

Diner, S. T., 1975, "Department and Discipline: The Department of Sociology at the University of Chicago, 1892–1920." *Minerva*, 13 (4): 514–553.

――, 1980, *A City and Its Universities: Public Policy in Chicago, 1892–1919*, University of North Carolina Press.

Faris, R. E. L., 1967, *Chicago Sociology 1920–1932*, University of Chicago Press.（＝1990，奥田道大・広田康生訳『シカゴ・ソシオロジー 1920–1932』ハーベスト社）

Faulkner, W. C., 1931, *Sanctuary*, Jonathan Cape-Harrison Smith.（＝1971，加島祥造他訳『フォークナーⅠ　サンクチュアリ』新潮社）

Fava, S. F., 1956, "Suburbanism as a Way of Life," *American Sociological Review*, 21: 34–37.

Firey, W., 1947, *Land Use in Central Boston*, Harvard University

Press.

Fischer, C. F., 1972, “Urbanism as a Way of Life: A Review and an Agenda.” *Sociological Methods & Research*, 1 (2): 187–242.

Foucault, M., 1975, *Surveiller et Punir: Naissance de la Prison*, Gallimard.（＝1977，田村俶訳『監獄の誕生――監視と処罰』新潮社）

Galpin, C. J., 1915, *The Social Anatomy of an Agricultural Community*, Agricultural Experiment Station of the University of Wisconsin.

Gans, H. J., 1962, “Urbanism and Suburbanism as a Way of Life.” In A. M. Rose, ed., *Human Behaviour and Social Processes*, Houghton Mifflin.

――, 1967, *The Levittowners! Ways of Life and Politics in a New Suburban Community*, Pantheon Books.

Gerfant, B., 1954, *American City Novel*, University of Oklahoma Press.（＝1977，岩元厳訳『アメリカの都市小説』研究社）

Gettys, W. E., 1940, “Human Ecology and Social Theory.” *Social Forces*, 18: 469–476.

Gibson, J. J., 1979, *The Ecology Approach to Visual Perception*, Routledge.（＝1986，古崎敬ほか訳『生態学的視覚論――ヒトの視覚世界を探る』サイエンス社）

Gottdiener, M., 1985, *The Social Production of Urban Space*, University of Texas Press.

原口剛，2017,「労働者の像から都市の記述へ」『理論と動態』10: 104–113.

Hardt, M. and A. Negri, 2004, *Multitude: War and Democracy in the Age of Empire*, Penguin Press.（＝2005，幾島幸子訳『マルチチュード』（上・下），NHK ブックス）

Harloe, M., ed., 1977, *Captive Cities*, John Wiley & Sons.

――, 1981, “New Perspectives in Urban and Regional Research.” In M. Harloe, ed., *New Perspectives in Urban Change and Conflict*, Heinemann Educational Books.

Harvey, D., 1973, *Social Justice and the City*, Johns Hopkins University Press.（＝1980，竹内啓一・松本正美訳『都市と社会的不平等』日

本ブリタニカ)
——, 1989, *The Condition of Postmodernity: An Enquiry into the Origins of Cultural Change*, Blackwell.（＝1999，吉原直樹監訳『ポストモダニティの条件』青木書店）
——, 2005, *A Brief History of Neoliberalism*, Oxford University Press.（＝2007，渡辺治監訳『新自由主義——その歴史的展開と現在』作品社）
——, 2009, *Cosmopolitanism and the Geographies of Freedom*, Columbia University Press.（＝2013，大屋定晴・森田成也ほか訳『コスモポリタニズム——自由と変革の地理学』作品社）
長谷川公一，1989，「第 7 回大会に参加して」『日本都市社会学会年報』7.
Hawley, A. H., 1950, *Human Ecology: A Theory of Community Structure*, Ronald Press.
Heidegger, M.（ed. by Krell, D. F.）, 1993, *Basic Writings*, Routledge.
Hillery, G. A., 1955, "Definitions of Community: Areas of Agreement." *Rural Sociology*, 20（2）: 111–123.
五十嵐太郎，2004，『過防備都市』中公新書ラクレ.
磯山友幸，2017，「日本の人手不足倒産を防げ　外国人との共生に向けた議論を」『Wedge』29（6）: 64–67.
Jacobs, J., 1961, *The Death and Life of Great American Cities*, Random House.（＝2010，山形浩生訳『アメリカ大都市の死と生』鹿島出版会）
Jensen, O., 2006, "'Facework,' Flow and the City: Simmel, Goffman, and the Mobility in the Contemporary City," *Mobilities*, 1: 143–165.
Johnson, S., 2001, *Emergence: The Connected Lives of Ants, Brains, Cities and Software*, Simon & Schuster.（＝2004，山形浩生訳『創発——蟻・脳・都市・ソフトウェアの自己組織化ネットワーク』ソフトバンク・クリエイティブ）
海津ゆりえ，2011，「オールタナティブツーリズム」山下晋司編『観光学キーワード』有斐閣.
Katznelson, I., 1992, *Marxism and the City*, Oxford University Press.
河合幹雄，2004，『安全神話崩壊のパラドックス』岩波書店.
Kemeny, J., 1983, "Economism in the New Urban Sociology: A Cri-

tique of Mullins Theoretical Perspectives on Australian Urbanization." *Australian and New Zealand Journal of Sociology*, 19(3): 517–527.

国土交通省観光庁編，2013，『訪日外国人の消費動向　平成25年次報告書』（www.mlit.go.jp/common/001032143.pdf）

——編，2014，『平成26年版　観光白書』昭和情報プロセス.

——編，2017，『平成29年版　観光白書』昭和情報プロセス.

今野裕昭，2006，「都市中間層の動向」新津晃一・吉原直樹編『グローバル化とアジア社会——ポストコロニアルの地平』東信堂.

河野哲也，2008，「アフォーダンス・創発性・下方因果」河野哲也・染谷昌義・齋藤暢人編『環境のオントロジー』春秋社.

倉沢進・町村敬志編，1992，『都市社会学のフロンティア　1　構造・空間・方法』日本評論社.

Laclau, E. and C. Mouffe., 1985, *Hegemony and Socialist Strategy towards a Radical Democratic Politics*, Verso.（＝2000，山崎カオル・石澤武訳『ポスト・マルクス主義と政治』大村書店）

Lash, S., 2005, "Lebenssoziologie: Georg Simmel in Information Age." *Theory, Culture and Society*, 22 (3): 1–27.

Lebas, E., 1980, "Some Comments on a Decade of Marxist Urban and Regional Research in France." In Conference of Socialist Economists, *Housing Construction and the State*.

Lefebvre, H., 1968, *Le Droit à la ville*, Anthropos.（＝2011，森本和夫訳『都市への権利』ちくま学芸文庫）

——, 1970, *Le Révolution Urbaine*, Gallimard.（＝1974，今井成美訳『都市革命』晶文社）

——, 1972a, *Le Droit a la ville suivi d'espace et politique*, Anthropos.（＝1975，今井成美訳『空間と政治』晶文社）

——, 1972b, *La Pensée marxiste et la ville*, Casterman.

——, 1973, *La Survie du capitalism*, Anthropos.

——, 1974, *La production de l'espace*, Anthropos.（＝2000，斎藤日出治訳『空間の生産』青木書店）

——, 1976, *De l'état, Vol. 1.—l'état dans le monde mederne*, Union

Générale des Éditions.
——, 1978, *De l'état, Vol. 4.—Les Contraditions de l'état modern*, Union Générale des Éditions.
——, 1979, "Space: Social Product and Use Value." In J. Freiberg, ed., *Critical Sociology*, Irvington.
——, 1991, *The Production of Space*, Blackwell.（＝2000，斎藤日出治訳『空間の生産』青木書店）
Levine, D. N., E. B. Carter and E. M. Gorman, 1976, "Simmel's Influence on American Sociology, I," *American Journal of Sociology*, 81（4）: 813–845.
Lyon, D., 2001, *Surveillance Society: Monitoring Everyday Life*, Open University Press.（＝2002，河村一郎訳『監視社会』青土社）
Mannheim, K., 1953, "American Sociology." In *Essays on Sociology and Social Psychology*.
Martindale, D., 1958, "Prefatory Remarks: The Theory of the City." In D. Martindale and G. Neuwirth, eds., *The City by Max Weber*, Free Press.
Martins, M. R., 1982, "The Theory of Social Space in the Work of Henri Lefebvre." In R. Forrest, J. Henderson and P. William, eds., *Urban Political Economy and Social Theory*, Gower.
松本行真，2015，『被災コミュニティの実相と変容』御茶の水書房.
松岡心平，1991，『宴の身体』岩波書店.
McKenzie, E., 1994, *Privatopia: Homeowner Associations and the Rise of Residential Private Government*, Yale University Press.（＝2003，武井隆人・梶浦恒男訳『プライベートピア』世界思想社）
Mellor, R., 1975, "Urban Sociology in an Urbanized Society." *British Journal of Sociology*, 26（3）: 276–293.
Merriam, C. E., 1970, *Chicago: A More Intimate View of Urban Politics*, Arno Press.（＝1983，和田宗春訳『シカゴ』恒文出版）
Mills, C. W., 1959, *The Sociological Imagination*, Oxford University Press.（＝1995，鈴木広訳『社会学的想像力』紀伊國屋書店）
モーリス＝スズキ，テッサ，2002，『批判的想像力のために』平凡社.

Mouffe, C., 2005, *On the Political*, Routledge.（＝2008，酒井隆史監訳『政治的なものについて——闘技的民主主義と多元主義的グローバル秩序の構築』明石書店）
Mumford, L., 1970, *The Culture of Cities*, Harvest.（＝1974，生田勉訳『都市の文化』鹿島出版会）
村井吉敬，2014，『インドネシア・スンダ世界に暮らす』岩波現代文庫.
室崎益輝，2010，「マップが地域づくりの力に」『朝日新聞』2010 年 2 月 15 日.
永野由紀子，2008，「交錯するエスニシティと伝統的生活様式の解体」吉原直樹編『グローバル・ツーリズムの進展と地域コミュニティの変容』御茶の水書房.
Nicolis, G. and I. Prigogine, 1977, *Self-Organization in Non-Equilibrium Systems*, Wiley.（＝1980，小畠陽之助訳『散逸構造——自己秩序形成の物理学的基礎』岩波書店）
日本政府観光局編，2014，『日本の国際観光統計　2013 年』国際観光サービスセンター.
——編，2017，『日本の国際観光統計　2016 年』国際観光サービスセンター.
Nisbet, R. A., 1952, “Conservatism and Sociology.” *American Journal of Sociology*, 57（2): 167–175.
——, 1967, *The Siciological Tradition*, Heinemann.（＝1975，中久郎監訳『社会学的発想の系譜』II，アカデミア出版会）
西田幾多郎（上田閑照編），1987，『西田幾多郎哲学論集』I，岩波文庫.
似田貝香門，2008，「市民の複数性——現代の〈生〉をめぐる〈主体性〉と〈公共性〉」似田貝香門編『自立支援の実践知——阪神・淡路大震災と共同・市民社会』東信堂.
能登路雅子，1993，「地域共同体から意識の共同体へ」本間長世編『アメリカ社会とコミュニティ』日本国際問題研究所.
大日方純夫，1993，『警察の社会史』岩波新書.
O’Connor, J., 1973, *The Fiscal Crisis of the State*, St. Martin’s Press.（＝1981，池上淳・横尾邦夫監訳『現代国家の財政危機』御茶の水書房）
奥田道大，1977，「コミュニティの形成基盤」山根常男ほか編『地域社会』

有斐閣.
——，2017,「刊行の言葉」クレッシャー，P. G.，桑原司他訳『タクシーダンス・ホール』ハーベスト社.
Papastergiadis, N., 2000, *The Turbulence of Migration: Globalization, Deterritorialization and Hybridity*, Polity.
Park, R. E., 1952, *Human Communities*, Free Press.
Park, R. E. and E. W. Burgess, 1921, *Introduction to the Science of Sociology*, University of Chicago Press.
Parsons, T., 1949, *The Structure of Social Action*, Free Press.
Persons, S., 1987, *Ethnic Studies at Chicago 1905–45*, University of Illinois Press.
Robertson, R., 1992, *Globalization: Social Theory and Global Culture*, Sage.（＝1997，阿部美哉訳『グローバリゼーション——地球文化の社会理論』東京大学出版会）
Said, E. W., 1994, *Representation of the Intellectual: The 1993 Reith Lectures*, Vintage.（＝1995，大橋洋一訳『知識人とは何か』平凡社）
——，2002, *War and Propaganda 4: A Collection of Essays*, Wylie Agency.（＝2003，中野真紀子訳『裏切られた民主主義——戦争とプロパガンダ 4』みすず書房）
齋藤純一，2000,『公共性』岩波書店.
——，2005,「都市空間の再編と公共性」『岩波講座　都市の再生を考える 1』岩波書店.
——，2008,『政治と複数性——民主的な公共性にむけて』岩波書店.
斎藤貴男，2004,『安心のファシズム——支配されたがる人々』岩波新書.
Sandburg, C., 1916, *Chicago Poem*, Henry Hoit.（＝1957，安藤一郎訳『シカゴ詩集』岩波文庫）
Saussure, F. de, 1916, *Cours de linguistique générale*, Payot.（＝1994，小林英夫訳『一般言語学講義』岩波書店）
Schwendinger, H. and J. R., 1974, *The Sociologists of the Chair: A Radical Analysis of the Formative Years of North American Sociology（1883–1922）*, Basic.
Seeley, R., R. A. Sim and E. W. Loosley, 1956, *Crestwood Heights*, Ba-

sic Books.
Sen, A., 1995, *Inequality Reexamined*, Sage.（＝1999，池本幸生ほか訳『不平等の再検討――潜在能力と自由』岩波書店）
Sennett, R., 1976, *The Fall of Public Man*, Cambridge University Press.（＝1991，北山克彦・高階悟訳『公共性の喪失』晶文社）
篠原雅武，2015，「人工の都市／匿名の都市」『現代思想』43（10）: 224-236.
Short, J. F., 1971, *The Social Fabric of the Metropolis Contribution of the Chicago School of Urban Sociology*, University of Chicago Press.
Simmel, G., 1896, "Das Geld in der modernen Cultur." *Zeitschrift des Oberschleisc-hen berg- und Hüttenmännischen Vereins*.（＝1999，北川東子・鈴木直訳『ジンメル・コレクション』筑摩書房）
――, 1900, *Philosophie des Geldes*, Dunker & Humblot Verlag.（＝1999，居安正訳『貨幣の哲学』（新訳版）白水社）
――, 1902, "Der Bildrahmen. Ein ästhetischer Versuch." *Der Tag*, 18.（＝1999，北川・鈴木訳，前掲訳書）
――, 1903, "Die Großstädte und das Geistesleben."（*Brücke und Tür*, 1957）（＝1976，居安正訳「大都市と精神生活」（ジンメル著作集 12）白水社）
――, 1908a, *Soziologie: Untersuchungen über die Formen der Vergesellschaftung*, Duncken & Humblot Verlag.（＝1994，居安正訳『社会学』（下）白水社）
――, 1908b, "Exkurs über den Fremden." In *Untersuchungen über die Formen der Vergesellschaftung*, Duncken & Humblot Verlag.（＝1999，北川・鈴木訳，前掲訳書）
――, 1909, "Brücke und Tür." *Der Tag*, 15.（＝1999，北川・鈴木訳，前掲訳書）
Soja, E. W., 1980, "The Socio-Spatial Dialectic," *Annals of the Association of American Geographers*, 70（2）: 207-225.
――, 1985, "The Spatiality of Social Life." In D. Gregory and J. Urry, eds., *Social Relations and Spatial Structures*, Macmillan.
――, 1989, *Postmodern Geographies: The Reassertion of Space in Criti-*

cal Social Theory, Verso.（＝2003，加藤政洋・西部均ほか訳『ポストモダン地理学——批判的社会理論における空間の位相』青土社）
Sombart, W., 1931, "Städtische Siedlung, Stadt." In *Handwörterbuch der Soziologie*, herausgegeben Von A.Vierkandt, Unveränderter Neudruck, 1959, Ferdinand Enke Verlag, Stuttgart.（＝1965，吉田裕訳「都市的居住——都市の概念」鈴木広訳編『都市化の社会学』誠信書房）
園部雅久，2014，『再魔術化する都市の社会学』ミネルヴァ書房.
Stein, M. R., 1964, *The Eclipse Community*, Harper & Row.
鈴木宗徳・伊藤美登里，2011，「はじめに」U. ベック・鈴木・伊藤編『リスク化する日本社会——ウルリッヒ・ベックとの対話』岩波書店.
田口芳明，1978，「米国におけるサバーバニゼーションと中心都市問題」大阪市立大学経済研究所編『現代大都市の構造』東京大学出版会.
高橋早苗，1993，「マニュエル・カステルと『都市的なもの』」吉原直樹編『都市の思想』青木書店.
高橋勇悦，1969，『現代都市の社会学』誠信書房.
高野麻子，2016，『指紋と近代——移動する身体の管理と統治の技法』みすず書房.
Thomas, W. I. and F. Znaniecki, 1927, *The Polish Peasant in Europe and America*, vols. 1–2, Knopf.（＝1983，桜井厚訳『生活史の社会学』御茶の水書房）
Time Life Books, ed., 1969, *This Fabulous Century 1910–1920*.（＝1985，新庄哲夫訳『アメリカの世紀 1910–1920　四輪に乗ったグッド・ライフ』西武タイム）
富田富士雄，1954，「社会生態学」早瀬利雄・馬場明男編『現代アメリカ社会学』培風館.
内田樹・白井聡，2016，『属国民主主義論』東洋経済新報社.
宇賀博，1971，『社会学的ロマン主義』恒星社厚生閣.
Urry, J., 1995, *Consuming Places*, Routledge.（＝2003，吉原直樹・大澤善信監訳『場所を消費する』法政大学出版局）
——, 2000, *Sociology beyond Societies: Mobilities for the Twenty-first Century*, Routledge.（＝2006，吉原直樹監訳『社会を越える社会学

——移動・環境・シチズンシップ』法政大学出版局）
——, 2003, *Global Complexity*, Polity.（＝2014，吉原直樹監訳『グローバルな複雑性』法政大学出版局）
——, 2007, *Mobilities*, Polity.（＝2015，吉原直樹・伊藤嘉高訳『モビリティーズ——移動の社会学』作品社）
若林幹夫，2000，「90年代社会学／都市論の動向をめぐって」『10＋1』19: 110–111.
Wallerstein, I., 1991, *Unthinking Social Science: The Limits of Nineteenth-century Paradigms*, Temple University Press.（＝1993，本多健吉・高橋章監訳『脱＝社会科学——19世紀パラダイムの限界』藤原書店）
——, 1996, *Open the Social Sciences: Report of the Glubenkian Commission on the Restructuring of the Social Sciences*, Stanford University Press.（＝1996，山田鋭夫訳『社会科学をひらく』藤原書店）
Walton, J., 1981, "The New Urban Sociology," *International Social Science Journal*, 33: 374–390.
鷲田清一，1999，『「聴く」ことの力——臨床哲学試論』TBSブリタニカ.
Whitehead, A. N., 1920, *The Concept of Nature*, Cambridge University Press.（＝1982，藤川吉美訳『自然という概念』（ホワイトヘッド著作集第4巻），松籟社）
Whyte, Jr., W. H., 1956, *The Organization Man*, Simon & Schuster, Inc.（＝1959，岡部慶三他訳『組織のなかの人間』（上・下）東京創元新社）
Wirth, L., 1938, "Urbanism as a Way of Life." *American Journal of Sociology*, 44: 1–24.（＝1965，高橋勇悦訳「生活様式としてのアーバニズム」鈴木広訳編『都市化の社会学』誠信書房）
山下晋司，2009，『観光人類学の挑戦——「新しい地球」の生き方』講談社選書メチエ.
矢崎武夫，1960，「東京の生態的形態」福武直編『社会学論集』河出書房.
——，1963，『日本都市の社会理論』学陽書房.
矢澤修次郎，1984，『現代アメリカ社会学史研究』東京大学出版会.
吉原直樹，1983，『都市社会学の基本問題』青木書店.

——, 1984,「都市社会学の新しい潮流——一つの覚書」現代社会研究会『新しい社会学のために』31: 1–15.
——, 1986,「現代都市論の新しい地平」吉原直樹・岩崎信彦編『都市論のフロンティア——《新都市社会学》の挑戦』有斐閣.
——, 1988,「マイ・シカゴ・ストーリー——1920 年代都市的世界」神奈川大学人文学会『人文研究』102: 1–28.
——, 1989,「シカゴ・ソシオロジー再考のために」『社会学史研究』11: 21–37.
——, 1990,「『都市の危機』と都市思想の現代像」井上純一ほか『東京——世界都市化の構図』青木書店 .
——, 1993a,「ロバート・E・パークとヒューマン・エコロジー」吉原直樹編『都市の思想』青木書店.
——, 1993b,「空間論の再構成のために」吉原編, 前掲書.
——, 1994,『都市空間の社会理論』東京大学出版会.
——, 2000,『アジアの地域住民組織』御茶の水書房.
——, 2004,『時間と空間で読む近代の物語——戦後社会の水脈をさぐる』有斐閣.
——, 2005,「RT/RW の沿革と制度的枠組み」吉原直樹編『アジア・メガシティと地域コミュニティの動態——ジャカルタの RT/RW を中心にして』御茶の水書房.
——, 2007,『開いて守る——安全・安心のコミュニティづくりのために』岩波ブックレット.
——, 2008a,「デサとバンジャール」吉原直樹編『グローバル・ツーリズムの進展と地域コミュニティの変容』御茶の水書房.
——, 2008b,『モビリティと場所——21 世紀都市空間の転回』東京大学出版会.
——, 2009,「曲り角に立つガヴァナンス論議」橋本和孝・藤田弘夫・吉原直樹編『都市社会計画の思想と展開』東進堂.
——, 2011a,「アジェグ・バリと自閉するまちづくり」西山八重子編『分断社会と都市ガバナンス』日本経済評論社.
——, 2011b,『コミュニティ・スタディーズ』作品社.
——, 2013a,「ポスト 3・11 の地層から——いまコミュニティを問うこ

との意味」伊豫谷登士翁・齋藤純一・吉原直樹『コミュニティを再考する』平凡社新書.
——, 2013b,『「原発さまの町」からの脱却——大熊町から考えるコミュニティの未来』岩波書店.
——, 2014a,「自治会・サロン・コミュニティ——『新しい近隣』の発見」東北社会学会『社会学年報』43: 35–47.
——, 2014b,「バリとフクシマ」近畿大学日本文化研究所編『日本文化の明と暗』風媒社.
——, 2015,「アーリの社会理論を読むために」吉原直樹・伊藤嘉高訳『モビリティーズ——移動の社会学』作品社.
——, 2017,「刊行の言葉」桑原司ほか訳『タクシーダンス・ホール』ハーベスト社.
吉見俊哉, 1995a,『「声」の資本主義』講談社.
——, 1995b,「都市的なるものと祝祭性」藤田弘夫・吉原直樹編『都市とモダニティ』ミネルヴァ書房.
——, 2016,『視覚都市の地政学——まなざしとしての近代』岩波書店.
Young, I., 1990, *Justice and the Politics of Difference*, Princeton University Press.
Ziv, D., 2002, *Jakarta Inside Out*, Equinox.
Zorbaugh, H. W., 1929, *The Gold Coast and the Slum*, University of Chicago Press.（=1997, 吉原直樹ほか訳『ゴールド・コーストとスラム』ハーベスト社）
Zukin, S., 1980, "A Decade of the New Urban Sociology." *Theory and Society*, 9: 575–601.
——, 1991, *Landscape of Power: from Detroit to Disney World*, University of California Press.

吉原 直樹
横浜国立大学大学院都市イノベーション研究院教授，東北大学名誉教授．

主要著書
『都市空間の社会理論』（1994年，東京大学出版会）
『都市とモダニティの理論』（2002年，東京大学出版会）
『開いて守る』（2007年，岩波ブックレット）
『モビリティと場所』（2008年，東京大学出版会）
Fluidity of Place（2010, Trans Pacific Press）
『コミュニティ・スタディーズ』（2011年，作品社）
『「原発さまの町」からの脱却』（2013年，岩波書店）
『震災と市民』1・2（共編著，2015年，東京大学出版会）
『絶望と希望』（2016年，作品社）

都市社会学
歴史・思想・コミュニティ

2018年10月12日　初　版

［検印廃止］

著　者　吉原　直樹

発行所　一般財団法人　東京大学出版会
代表者　吉見　俊哉
153-0041 東京都目黒区駒場 4-5-29
http://www.utp.or.jp/
電話　03-6407-1069　Fax　03-6407-1991
振替　00160-6-59964

印刷所　株式会社理想社
製本所　牧製本印刷株式会社

ISBN 978-4-13-052028-7　Printed in Japan